Brian Jackman

# SCHREIE IN DER DÄMMERUNG

## Auf Safari im wilden Afrika

Aus dem Englischen
von Range Cloyd, Helke Heino und Christliebe El Mogharbel

Mit Fotos von
Jonathan Scott und David Coulson

Rasch und Röhring

Die Deutsche Bibliothek – CIP-Einheitsaufnahme
Jackman, Brian:
Schreie in der Dämmerung : auf Safari im wilden Afrika /
Brian Jackman. – Hamburg : Rasch und Röhring, 1997
   Einheitssacht.: Roaring in the dawn <dt.>
   ISBN 3-89136-617-5

Copyright © 1995 by Swan Hill Press
Copyright © 1997 by Rasch und Röhring Verlag, Hamburg
Großer Burstah 42, 20457 Hamburg, Fax 0 40-37 13 89
Aus dem Englischen von Range Cloyd, Helke Heino und
Christliebe El Mogharbel
Mit Fotos von Jonathan Scott und David Coulson
Umschlaggestaltung: Peter Albers
Satzherstellung: Alphabeta Druckformdienst GmbH, Hamburg
Druck- und Bindearbeiten: Paderborner Druckcentrum
Printed in Germany

# Inhalt

GABON

CONGO

ZAIRE

UGANDA

KENYA

*Lake Turkana*

*L. Baringo* **Samburu Nat Park**

**Aberdare Nat Park** **Meru Nat Reserve**
**Kora**

*L. Nakuru* ▲ Mount Kenya

**Maasai Mara** *L. Naivasha*

Lake Victoria

*L. Natron* **NAIROBI**

**Serengeti** Mt Kilimanjaro & Nat Park

**Ngorongoro Conservation Area** ▲ Mt Meru **Amboseli Nat Park** **Tsavo Nat Park**

*L. Eyasi* **Arusha** Lamu Is.

Ngorongoro Crater **Arusha Nat Park** Malindi

**Manyara Nat Park** **Tarangire Nat Park** Mombasa

*L. Manyara*

TANZANIA **DAR ES SALAAM** Zanzibar

**Ruaha Nat Park** **Mikumi Nat Park**

*L. Rukwa*

*L. Malawi* **Selous Game Reserve**

Lake Banguela

MOZAMBIQUE

ANGOLA

**S. Luangwa Nat Park**

MALAWI

ZAMBIA

Lusaka

*Kunene River*

Kariba

**Mana Pools Nat Park**

*Lake Kariba*

**Victoria Falls** **HARARE**

Kasane **Matusadona Nat Park** Eastern Highlands

River Zambezi

**Etosha Nat Park** *Etosha Pan* **Caprivi Strip** **Chobe Nat Park** Hwange

Okavango Delta **Moremi Wildlife Res** ZIMBABWE

**Skeleton Coast Park** Chief's Island

Maun **Hwange Nat Park** Bulawayo

NAMIBIA

**Matobo Hills Nat Park**

**Central Kalahari Game Reserve** **Mashatu Game Reserve** **Gonarezhou Nat Park**

Kalahari Desert EASTERN TRANSVAAL **Kruger Nat Park**

Swakopmund **WINDHOEK** BOTSWANA Londolozi Malamala

*Namib Desert*

**Namib-Naukluft Park** GABARONE

Pretoria

JOHANNESBURG SWAZILAND

*Orange River* SOUTH AFRICA Ladysmith

Drakensberg Mtns NATAL

THE CAPE LESOTHO Durban

Garden Route

Wine Routes East London

CAPE TOWN Kynsna Port Elizabeth

The Equator

Tropic of Capricorn

Atlantic Ocean Indian Ocean

# Einleitung

Bevor ich das Licht ausmachte, kontrollierte ich sorgfältig, ob nicht unter meinem Bett irgendwelche Kobras oder giftigen Pavianspinnen lauerten. Mein Zimmer befand sich im neunten Stock des Nairobi Hilton, trotzdem kamen mir meine Vorsichtsmaßnahmen durchaus nicht lächerlich vor. Nairobi war Afrika, wo alles beißt, und ich war zum erstenmal dort.

Zwanzig Jahre und viele Safaris später läßt sich leicht über das Greenhorn von damals lachen. Doch es ist eine Tatsache, daß die Furcht vor Schlangen und anderen Krabbeltieren viele Leute davon abhält, auf Safari zu gehen. Warum sollte man einen Kontinent besuchen, auf dem es vor Schlangen und Skorpionen nur so wimmelt, wo man sich schon eine Bilharziose holen kann, wenn man nur den großen Zeh in einen zum Schwimmen einladenden Fluß hält, und wo ständig die Gefahr besteht (wie gering sie auch sein mag), von den größeren Bewohnern aufgespießt, niedergetrampelt oder sogar aufgefressen zu werden?

Für mich ist die Antwort ganz einfach. Es gibt keinen anderen Platz auf der Welt, der so wild und so schön ist wie der afrikanische Busch, und daß er die Heimat von Tieren ist, die unter Umständen gefährlich werden könnten, gibt einem das besondere Prickeln, das die Sinne schärft und einem gesunden Respekt einflößt.

Man sollte immer daran denken, daß der afrikanische Busch kein Zoo ist. Die Tiere sind wirklich wild, und alle, sogar das so schwerfällig wirkende Flußpferd, können viel schneller rennen als man selbst. Andererseits wäre es verfehlt, allzulange über mögliche Gefahren nachzudenken. Die meisten Tierbeobachtungen finden in der Sicherheit einer Lodge-Veranda oder vom Landrover aus statt, und die Tiere haben sich an die Touristen gewöhnt.

Während ich die Löwen des Massai-Mara-Nationalreservats im Südwesten Kenias beobachtete, ist es mir häufig passiert, daß die großen männlichen Löwen eines Rudels in der baumlosen Ebene den Schatten meines Wagens suchten und sich neben dem offenen Fenster niederließen. Sie waren so nah, daß ich sie hätte berühren können – wenn ich so dumm gewesen wäre.

Solche direkten Begegnungen sind allerdings die Ausnahme, genauso wie die Gelegenheiten, einen gelungenen Beuteschlag zu beobachten. Aber die Chance besteht natürlich immer. Einem unbedarften Beobachter mag die afrikanische Savanne so friedlich wie ein englischer Park vorkommen, aber diese schier endlose Weite aus goldenem Gras verbirgt überraschende, brutale Bilder: halb verzehrte Zebras, vollgefressene Geier sowie Hyänen, die ihre blutverschmierten Mäuler in den Bauch eines Kadavers stoßen. Das ist kein Anblick für zarte Gemüter.

Aber letztlich sind es nicht solche Schauspiele oder die kurzen Augenblicke miterlebter grausamer Wildheit, die einen beeindrucken, sondern das Gefühl von Raum und Weite. In der großen Leere der Serengeti erstreckt sich das Land bis zum Horizont, der so schwach bläulich und so weit entfernt ist, daß er wie das Ende der Welt erscheint. Und das Licht ist nicht wie unter dem pastellfarbenen Himmel zu Hause. In der reinen Luft des Massai-Hochlands ist es strahlend wie ein Diamant; und wenn es in seiner besonderen Klarheit über die offene Ebene fällt, kommt ein wildes, berauschendes Gefühl von Freiheit auf. Am stärksten wirkt es in der magischen goldenen Stunde bei Sonnenuntergang, wenn die Luft sich abzukühlen beginnt und die Tiere wieder aktiv werden; wenn die Löwen sich regen und die Geparden hervorkommen, um in den länger werdenden Schatten zu jagen.

Die besten Safaris beginnen mit einer Landkarte. Sie ist das wertvollste und zugleich sinnvollste Reiseutensil, das man sich denken kann. Wenn ich meine auseinanderfallende Karte von Botswana betrachte – kostbarer Talisman einer Reise, die ich 1983 durch den Central-Kalahari-Nationalpark machte –, verwandeln sich die braunen und gelben Flecken darauf fast automatisch in die gewaltigen Trockenregionen Südafrikas: Hier ist die Stelle, wo wir unser Zelt im Löwengebiet unter den Sternen aufschlugen, und dort hatten wir ein Loch im Benzintank, das wir mit Seife wieder stopfen konnten.

Als Junge, der in den anonymen Straßen einer Vorstadt in Surrey groß wurde, waren Landkarten für mich der konkrete Beweis dafür, daß es hinter meinem Horizont noch weitere, ferne Horizonte gab. Sie waren wie ein Fluchtweg, ein Passierschein für Gedankenreisen zu Orten, von denen ich gelesen

hatte und die zu besuchen ich mich sehnte. Doch sie schienen mir damals so weit entfernt wie die abgewandte Seite des Mondes.

Eifrig verschlang ich die Reise- und Abenteuerbücher, die mein Vater aus der Bibliothek mit nach Hause brachte. Er las mit Begeisterung Geschichten über die Großwildjagd, und es dauerte nicht lange, bis auch ich alle Namen der Tiere auf Swahili kannte: *chui* (Leopard), *ndovu* (Elefant) und *simba* (Löwe). Schon damals, als ich in den Fußstapfen der alten Elefantenjäger wie Karamoja Bell durch die dornigen Trockengebiete jener Seiten streifte, begann meine Sehnsucht nach Afrika.

Noch heute klappt mein alter Schulatlas (von 1940, ein Großteil der Welt im satten Rosa der britischen Kronkolonien) beim Aufschlagen automatisch bei Afrika auf. Da liegt er, dieser riesige, staubige Kontinent, wie ein Elefantenohr geformt und mit Namen übersät, die in meiner Phantasie wie sprechende Trommeln widerhallen. Sambesi, Nairobi, Kilimandscharo, Okavango, Ngorongoro – sie hatten meine Seele in ihren Bann gezogen.

Heute, vierzig Jahre später, kenne ich Teile des Massai-Landes besser als meine Heimat. Ich bin auf Kamelen durch das Land der Samburu geritten, die trostlose Küstenwüste Namibias hinuntergefahren und Livingstone durch die Sümpfe des Bangweulu-Sees gefolgt.

Als ich den Kontinent zum erstenmal bereiste, fiel bereits ein Schatten auf Afrika. Die Odysseen der Dhaus, die stets mit den Monsunwinden nach Mombasa und Sansibar gekommen waren, blieben aus. Der Elfenbeinkrieg, der eine dreiviertel Million Elefanten vernichten sollte, begann gerade, und die Tage des Nashorns waren fast schon vorbei. Aber zumindest kam ich gerade rechtzeitig, um noch einen Hauch der besseren Tage mitzuerleben, dort draußen im gelben Grasland, wo man immer noch die Schreie der Löwen in der Dämmerung hören kann.

Das ist das Afrika, das ich mit meinen Lesern teilen möchte. Es hat immer noch seine faszinierenden Seiten, wenn man weiß, wo und wie man sie findet, und das wissen alle, die bereits dort waren. Dieses Buch, das ich aus meinen Safari-Tagebüchern der letzten zwei Jahrzehnte zusammengestellt habe, ist sowohl eine Hommage an das wilde Afrika als auch ein Führer durch einige seiner noch bestehenden Schönheiten. Ich wünsche Ihnen viel Vergnügen auf dieser Safari.

Brian Jackman

Powerstock (Dorset/ Großbritannien), im März 1995

# Auf den Spuren der Marsch-Löwen

Dicke afrikanische Regentropfen prasselten auf die Windschutzscheibe des Landrovers. Am westlichen Horizont lag die Aberdare-Bergkette wie ein riesiger dunkler Fleck, die Gipfel des Kinangop schmollend in die Wolken zurückgezogen. Noch drei Wochen zuvor war das Vieh in der schlimmsten Dürre verendet, die Kenia in den letzten fünfzig Jahren erlebt hatte. Doch jetzt war endlich die kurze Regenzeit gekommen; das fruchtbare Kikuyu-Hochland war so grün wie die Schweiz, und die unbefestigten Straßen (Murram Roads genannt) hatten sich in Ströme von roter Erde verwandelt. »Matope mingi« (viel Matsch), seufzte mein Kikuyu-Fahrer, während wir weiter Richtung Aberdare Country Club rutschten.

Zum Mittag gab es ein Curry-Gericht in dem gemütlichen, alten Speisezimmer des Clubs aus der Kolonialzeit. Den Kaffee nimmt man dann auf der Veranda ein, von der man zwischen den Kap-Kastanienbäumen hindurch auf die Grassteppe von Naro Moru bis zum Mount Kenya sehen kann. Und weiter ging es hinauf in das dunstige Aberdare-Gebirge, durch tropfende Lichtungen und vorbei an hohen, bemoosten Bäumen – und dann zeigten sich die ersten Tiere: Warzenschweine, Buschböcke und eine Herde mürrischer Schwarzbüffel.

Kein Wunder, daß professionelle Jäger dieses wilde, schwarze Vieh mit so großem Respekt behandeln. Erst rannten die Büffel weg, aber dann wirbelten sie zu uns herum, mit erhobenen Köpfen und feuchten, flatternden Nüstern. Die großen Stiere starrten unter den mächtigen Helmen ihrer Hörner hervor wie finstere Schlägertypen auf einem Raubzug und sahen so aus, als ob sie nichts lieber täten, als uns auf die Hörner zu nehmen und in den nächsten Busch zu werfen.

Obwohl es viele frische Spuren gab, sahen wir keine Elefanten; aber tiefer im Inneren des Parks überraschten wir einen prächtigen Waldleoparden, ein großes, dunkles Männchen, das durch den Regen trottete.

Im The Ark (ein einer Arche nachempfundenes Baumhotel 2288 Meter über dem Meeresspiegel auf einer sumpfigen Waldlichtung) gab es Tee und dünn geschnittene Gurkensandwiches, ein Holzfeuer im Herd und durch große Panoramafenster den Blick auf das meistfotografierte Wasserloch Kenias. The Ark ist in einer dreistündigen Autofahrt von Nairobi aus zu erreichen und bietet einen sanften Einstieg in das wilde Afrika. An diesem gemütlichen Zufluchtsort muß man nicht im Auto durch den Busch holpern, um wilde Tiere zu sehen. Sie kommen direkt dorthin, angelockt von den wichtigen Mineralsalzen in der morastigen Uferböschung des Wasserlochs. Die Dunkelheit bricht mit dem schrillen Quaken der Frösche herein, und die sumpfige Lichtung mit ihren geisterhaften Graureihern und Gelbschnabelenten verwandelt sich in eine Flutlichtarena, ein Amphitheater, in dem jede Nacht allerhand Dramen aufgeführt werden.

In der Lodge sind die Stimmen gedämpft. Es herrscht eine erwartungsvolle Spannung, wie im Theater, kurz bevor sich der Vorhang hebt. Letzte Woche konnten die versammelten Beobachter tatsächlich die Geburt eines Elefanten miterleben. Und wer weiß, was dieser Abend bringen wird?

Diese Nacht blieb allerdings ruhig: ein paar Schwarzbüffel, ein massiges Spitzmaulnashorn mit einem langen, dünnen vorderen Horn und eine Familie Riesenwaldschweine, die im Matsch herumwühlten. Keine Elefanten, keine Leoparden und auch keine Bongos – seltene, scheue, kastanienbraune Waldantilopen, die sich früher aus den hohen Bambuswäldern heruntergewagt hatten, aber jetzt in den Aberdares fast ausgestorben sind.

Es machte mir nichts aus. An der Grenze zu Tansania im Südwesten Kenias würde es in den weiten Gras- und Buschsavannen des Massai-Mara-Nationalreservats noch viel mehr Tiere geben. Dort findet man – nur vierzig Minuten Flugzeit von Nairobi entfernt – die stärkste Konzentration von großen Raubtieren und Savannenwild in Afrika.

Am nächsten Tag flog ich durch einen heftigen Regenguß, und während wir auf der erdigen Landebahn nahe des Governor's Camp aufsetzten, jagten Zebras unter unseren Flügelspitzen hinweg. Das Flugzeug rollte aus, und ich stieg hinunter auf die nasse Erde. Ich freute mich, wieder im Gebiet des Musiara-Löwenrudels zu sein, dessen Leben ich früher mit dem Fotografen Jonathan Scott aufgezeichnet hatte.

Wir nannten sie die »Marsch-Löwen«. Sie waren eines von mehreren großen Rudeln, die in dem fast eintausend Quadratkilometer großen Reservat umherzogen. Aber die führenden Männchen, die mir einmal so vertraut gewesen waren wie alte Freunde, waren alle tot – Mkubwa mit seinem von Kämpfen gezeichneten Maul, Brando und der majestätische Scar.

Jetzt beherrschten neue Männchen die Marsch, und schon während ich darauf wartete, daß mein Gepäck ausgeladen wurde, trotteten zwei große Löwen, die ich nicht kannte, mit prächtigen, zotteligen Mähnen weniger als hundert Meter entfernt über das Ende der Landebahn.

Das Hochland der Mara hat meistens ausreichende Regenfälle, aber auch hier hatte die letzte Dürreperiode großes Leiden verursacht. Insbesondere die Schwarzbüffel hatte es hart getroffen. Viele waren nur noch Haut und Knochen und so schwach, daß ein einzelner Bulle – normalerweise ein furchterregender Gegner – von nur einem Löwenmännchen geschlagen werden konnte.

Jetzt aber war die Dürre vorbei, und die Zeit der Erneuerung war gekommen, in der das Gras frisch aus den verdorrten Ebenen schießt und die schöne Topi-Antilope ihre schlaksigen, rötlichbraunen Kälber wirft.

Es regnete nicht ständig. Die Tage waren heiß und sonnig, aber jeden Nachmittag brauten sich Gewitterwolken über dem Siria Escarpment zusammen. Zebras galoppierten in vollem Sonnenschein über die grüne Ebene, und ihr gestreiftes Fell bildete einen strahlenden Kontrast zu dem dunkler werdenden blauen Himmel.

Der trommelnde Regen brachte die Termitenhügel zum Ausbruch; überall erhoben sich silberne Fontänen fliegender Ameisen von der Erde. Das wiederum brachte ganze Schwärme von vorüberziehenden Störchen dazu, aus dem Himmel herabzu-

stürzen, um dieses flüchtige Festmahl in sich hin-
einzuschlingen.

In diesem Hochland ist der Himmel niemals leer.
Wie die Löwen in der Steppe, so herrschen die Adler
in den Strömungen und der Thermik der oberen
Luftschichten. Hier leben der Raubadler und der seltene Kaffernadler, der hübsche Gaukler, der sich mit
ausgestreckten Flügeln in der Luft wiegt, und der
große Kampfadler, der Herr der Steppe, mit seiner
Hermelinbrust und der Henkerskapuze. Felsenbus-
sarde zeigen ihre leuchtenden, kastanienbraunen
Schwanzfedern, und wunderschöne kleine Schwarz-
milane schweben mit der Leichtigkeit von Turmfal-
ken umher. Und überall sieht man Geier, Afrikas
dunkle Todesengel, die auf der Suche nach Aas über
der Grassteppe ihre Kreise drehen.

In den vielen Jahren, in denen ich auf der Suche
nach den Marsch-Löwen bereits beim ersten Tageslicht unterwegs war, hatte ich stets neidvoll beobachtet, wie die beiden riesigen, bunten Heißluftbal-
lons Zwillingssonnen gleich hinter dem Flußwald
am Little Governor's Camp aufstiegen. Sie trugen
ihre Passagiere hoch hinauf in das Reich der Adler,
eine neunzigminütige Spritztour, die mit einem
Champagner-Frühstück endete.

Es war mir immer so genußsüchtig und überflüs-
sig vorgekommen, ein bißchen wie Jahrmarkt, eine
technische Spielerei, die so gar nicht zu der einfachen, ja spartanischen Existenz paßte, die das Leben
im Busch ausmachte. Und es war sehr teuer. Aber
ich sehnte mich danach, das Mosaik aus Grassteppe,
Dickicht und Wildspuren aus der Perspektive der
Geier zu sehen, wenn sie hoch oben in der Luft ihre
Kreise zogen. Und schließlich gab ich nach und
wurde nicht enttäuscht.

Dann kam der Moment der Wahrheit. Der Drei-
fachgasbrenner donnerte in der Morgendämmerung. Die langen Flammen leckten aufwärts. Der
dreißig Meter hohe Ballon schwoll unter dem Druck
von acht Tonnen heißer Luft an – und plötzlich
schwebten wir.

Schnell waren wir auf Höhe der Baumwipfel und
erschreckten einen Schreiseeadler, der fast von seinem Ast fiel. Wir waren so nahe dran, daß unser
Fahrer John Coleman sich herauslehnen und einen
kleinen Zweig aus der Krone eines Abyssinica-Bau-
mes brechen konnte. »Das ist für Sie«, sagte er ga-
lant und gab den Zweig einer meiner Mitreisenden,
»eine Massai-Rose«.

Für Angst war keine Zeit, denn es galt so viele andere Eindrücke aufzunehmen. Der schönste Moment war, als Coleman den Brenner abschaltete und
wir in einer tiefen Stille dahinschwebten, die nur
durch den bellenden Schrei eines Gauklers und von
den Geräuschen des Busches dreihundert Meter unter uns unterbrochen wurde.

Ballonfahren über Afrika ist wie im Picknickkorb
in den Himmel fliegen. Bequem an den Rand des
Weidekorbs gelehnt, konnte ich die Windungen des
Mara-Flusses durch den üppigen Wald glitzern sehen und die blaue Wand des Siria Escarpment sowie
die großen Ebenen bis hin zur Serengeti bewundern.

Selbst ohne Fernglas war es möglich, die typischen Formen der Tiere zu erkennen: Eine einsame
Topi-Antilope stand bewegungslos auf einem Ameisenhügel, eine Gruppe von Giraffen warf lange
Schatten über das Gras vor der Kichwa-Tembo-
Lodge, und – am faszinierendsten von allem – eine
Zebraherde direkt unter uns flüchtete plötzlich panisch, als zwei Löwinnen durch eine Wiese mit ho-
hem Rothafer schlichen.

Das Beobachten dieser großen Katzen aus einer
so ungewöhnlichen Perspektive erinnerte mich

daran, daß es Löwen waren, die mich vor fast zwei Jahrzehnten das erstemal in die Mara gelockt hatten. Hier habe ich meinen ersten wilden Löwen gehört, früh an einem kalten, klaren Morgen. Der Tau hing noch an den hohen Stielen des Rothafers, und der Löwe stand auf einem Termitenhügel, vielleicht vierhundert Meter entfernt.

Als Neuling in Afrika war ich überrascht von seiner Art zu brüllen. Nicht mit weitaufgerissenem Maul wie der gute alte MGM-Filmlöwe, nein, die Geräusche kamen aus der Tiefe seines Brustkorbs durch das halbgeschlossene Maul. Bei jedem Grunzen konnte ich deutlich sehen, wie sein Atem zu warmen Dampfwolken kondensierte. Heute, zwanzig Jahre später, zieht mich der Gesang der Löwen immer noch zurück in die Mara, und er hat nichts von seinem Reiz verloren.

Es war noch dunkel, als wir das Kichwa-Tembo-Camp verließen. Jonathan Scott brachte den Motor seines Toyota Landcruisers auf Touren, und wir fuhren los, am Fuße des Siria Escarpment entlang. Löwen brüllten in der Ferne, wie sie es immer tun, bevor die Morgendämmerung über dem Aitong-Berg heraufkommt. Die Luft war so schneidend wie ein Massai-*simi* (Speer), und ich zitterte unter meinem Pullover.

Jonathan und ich waren an diese frühmorgendlichen Starts gewöhnt. Seit er das Leben der Marsch-Löwen beobachtete, kam ich jedes Jahr wieder hierher, und unsere Tage begannen immer wie dieser. Denn die Morgendämmerung ist die beste Zeit, um Raubtiere beim Jagen zu beobachten. Und wenn man sie, wie Jonathan, fotografieren will, muß man vor Sonnenaufgang bereits im Gelände sein.

Das Licht unserer Scheinwerfer traf die geisterhaften Gestalten von Zebras, die durch die Dornen-

büsche am Straßenrand zogen. Ein Schwarm grüner Augen wurde zu einer Impala-Herde, die vom Lichtstrahl gebannt zu sein schien. Wir schalteten die Scheinwerfer aus, und sie sprangen davon in die Nacht.

Die Morgendämmerung kommt sehr schnell in der Mara. Als wir den Mara-Fluß überquerten, begann schon dünnes, graues Licht über den östlichen Horizont zu sickern. Und als wir abbogen und in das eigentliche Reservat fuhren, ging die Sonne wie eine riesige, geschwollene Blase auf und zeigte am Horizont die scharfe Silhouette einer langen Reihe von galoppierenden Weißbartgnus. Ein neuer, langer Tag in Afrika begann.

Die Morgensonne tauchte die Ebene in goldenes Licht und warf lange Schatten auf das glitzernde Gras. Jonathan fand die Stelle, an der die Reifenspuren von seinen vorherigen Ausflügen zu einer entfernten Hügelkette führten. Trotz des Motorenlärms konnte ich die Hyänen heulen hören, und bald sahen wir sie auch, als sie in dem hohen Gras an uns vorbeiliefen, das offene Maul zu einem gräßlichen Grinsen verzogen, als ob sie sich schon auf das Festmahl freuten, das nicht weit entfernt war.

Löwen hatten in der Nacht ein Weißbartgnu erlegt. Die Hyänen hatten seine verzweifelten Schreie gehört, gefolgt von dem turbulenten Crescendo aus Brüllen und Grunzen, als der Rest des Löwenrudels herbeigestürzt kam. Jetzt beeilten sich die Aasfresser ihren Teil abzubekommen, und die Beutestelle war zu einem Schlachtfeld geworden. Aber wir hielten uns nicht auf, sondern fuhren auf die Hügelkette hinauf. Wir wußten, daß dort eine Leopardin mit ihren drei kleinen Jungen lebte.

Wie alle Leoparden fühlte sich die Mutter in der offenen Ebene nicht wohl. Ohne Felsen oder Bäume war sie der Aufmerksamkeit von Löwen ausgesetzt, die viel größer waren als sie selbst, oder der von Hyänen, die viel zahlreicher waren.

Aber der Hügelkamm war ideal. Er erstreckte sich über mehr als anderthalb Kilometer und wurde eingerahmt von dem dunklen Gehölz wilder Olivenbäume, dornigem Dickicht und grauen Findlingen, die wie versteinerte Elefanten aussahen. Hier gab es eine Million Plätze, an denen eine Leopardin sich und ihre Jungen verstecken konnte. Dies war der Mittelpunkt ihres Reviers, eine langgestreckte Zuflucht, die manchmal auch von dem großen Leoparden besucht wurde, der ihre Jungen gezeugt hatte.

Jonathan machte den Motor aus; wir warteten und beobachteten den Kamm mit unseren Ferngläsern. Ich konnte die Höhle sehen, in der die Jungen geboren worden waren, aber Klippschliefer sonnten sich auf dem Sims darüber. Klippschliefer sind kleine, graue Tiere, die wie Meerschweinchen aussehen, aber durch eine Laune der Natur näher mit den Elefanten verwandt sind. Die Felsen waren von ihrem kristallisierten Urin weiß getüncht – ein Monument für die Inkontinenz einer ganzen Spezies –, und ihre unbesorgte Anwesenheit war ein sicheres Zeichen dafür, daß die Leopardin nicht zu Hause war.

Zehn Minuten vergingen; zehn Minuten, in denen ich das Auftauchen der Leopardin mit aller Kraft herbeiwünschte. Vor meinem geistigen Auge sah ich ihre verstohlene Gestalt in jedem Schatten lauern. Dann hob Jonathan sein Fernglas wieder an die Augen. »Schau«, flüsterte er. Seine scharfen Augen hatten eine plötzliche Bewegung wahrgenommen. Etwas schlich sich geräuschlos durch das Gras. Es war die Leopardin.

Zu meinem Erstaunen schien sie die Anwesenheit unseres Autos sehr gelassen hinzunehmen. Normalerweise sind Leoparden die am schwierig-

sten zu beobachtenden Raubkatzen überhaupt – scheu, einzelgängerisch und schnell wieder verschwunden, ein Schatten in einem gefleckten Fell. Leoparden sind Nachttiere, Bewohner der Dunkelheit und der verborgenen Dickichte. Sie nutzen das Überraschungsmoment, um ihre Opfer zu schlagen, und verschwinden beim ersten Anzeichen eines sich nähernden Fahrzeugs.

Aber nicht diese Leopardin. Den Schwanz in einer eleganten Kurve aufgestellt, spazierte sie nonchalant vorbei, nur wenige Meter von der Stelle entfernt, an der wir völlig gebannt saßen.

Sie bewegte sich mit geschmeidiger Würde. Im Morgenlicht schimmerten die Rosetten seidenweich auf ihrem glänzenden Fell, wie auch die Kette aus schwarzen Tupfen, die den weißen Pelz an ihrem Hals schmückte. Wir beobachteten, wie sie sich in dem hohen Gras an einen Hasen heranschlich. Sie stürzte sich, die Pfoten wie ein Serval zusammengebündelt, auf den Hasen, verfehlte ihn aber. Einen Moment lang stand sie da, schnuppernd, mit ärgerlich zuckendem Schwanz, und blickte über ihre Schulter zu uns zurück, um uns mit ihren steingrauen Augen zu fixieren. Dann entließ sie uns und verschwand zwischen den Felsen und dem Dickicht auf dem Hügelkamm.

»Schon bevor ich überhaupt erstmals afrikanischen Boden betrat, waren Leoparden die Tiere, die ich am liebsten sehen wollte«, erzählte Jonathan, nachdem die Leopardin verschwunden war. Seine Leidenschaft für Leoparden geht bis in seine Kindheit zurück. Er wuchs in England auf einer Farm in Berkshire auf, und der alljährliche Höhepunkt war ein Besuch im Londoner Zoo. »Ich weiß noch genau, wie ich völlig fasziniert vor einer öden Einfriedung stand, in der ein riesiger männlicher Leopard auf- und ablief«, erinnert er sich. »Manchmal stoppte er und sah mich durch die Gitterstäbe an, bevor er seine endlose Wanderschaft wiederaufnahm. Dieser Blick hat mich nie mehr losgelassen.«

Seinen ersten wilden Leoparden sah er 1975 im Serengeti-Nationalpark in Tansania während einer Reise von England nach Botswana auf dem Landwege. Er hatte an der Queen's University in Belfast Zoologie studiert und wollte unbedingt im afrikanischen Busch leben und arbeiten. Es war aber eher seine künstlerische Ader als seine akademische Neigung, die ihm die Verwirklichung dieses Traumes erlaubte. Nach zwei Jahren in Botswana kehrte er nach Kenia zurück, um das überreichliche Steppenwild in der Massai Mara zu zeichnen und zu fotografieren.

Seitdem ist er sowohl einer der besten Wildlife-Fotografen Ostafrikas als auch ein erfolgreicher Autor von Büchern über Leoparden, Hyänenhunde und die Wanderungen der Serengeti-Weißbartgnus. Aber als ich ihn das erstemal traf, chauffierte er noch für Jock Anderson, einen der erfahrensten professionellen Führer Kenias, Safari-Touristen durch die Mara.

Es war in den späten siebziger Jahren. Ich war im Auftrag von *The Sunday Times* in die Mara gekommen. Jock Anderson hatte ich bei einem meiner früheren Besuche kennengelernt, und er hatte Jonathan gebeten, mir das Reservat zu zeigen. Während unserer Fahrten zur Wildbeobachtung begann er mir über die Löwenrudel zu berichten, die in der Nähe des Governor's Camp in der Musiara-Marsch lebten und jagten.

Eines Abends am Lagerfeuer zeigte er mir seine Aufnahmen und auch das Tagebuch, in dem er in kurzen Notizen alles festhielt, was er auf seinen Fahrten gesehen hatte. Immer wieder sprang mir der Ausdruck »Marsch-Löwen« ins Auge.

Der Name faszinierte mich. Er hatte einen besonderen Nachklang und barg etwas Ungewöhnliches. Normalerweise denkt man bei Löwen nicht an Marsch, und ich begann Jonathans Lieblingsrudel mit seinen Augen zu sehen: nicht als eine anonyme Gruppe von Tieren, sondern als wiedererkennbare Individuen, die alle eine eigene, dramatische Geschichte über das Jagen, Paaren und Kämpfen erzählen konnten.

Inzwischen war ich vollkommen süchtig nach Afrika und wollte unbedingt ein Buch darüber schreiben. Jonathan wollte gern Anerkennung und ein größeres Publikum für seine erstklassigen Fotografien. So entstand die Idee für das Buch *The Marsh Lions*. Unsere Zusammenarbeit erstreckte sich über die nächsten vier Jahre, in denen wir das Schicksal des Musiara-Rudels verfolgten und seine Geschichte so wahrheitsgetreu wie möglich aufzeichneten.

Natürlich waren die Musiara-Löwen nicht das einzige Rudel im Reservat. Es gab insgesamt eine Population von etwa fünfhundert Löwen, einschließlich einiger Nomaden aus der Serengeti. Vom Governor's Camp aus gesehen auf der anderen Flußseite ist das Gebiet des Kichwa-Tembo-Rudels. Flußabwärts leben die Seronera-Löwen und das Paradise-Plain-Rudel auf beiden Seiten des Flusses. Im Norden streifen das Gorge-Rudel und das Mara-Buffalo-Rudel schon außerhalb des Reservats umher. Im Südosten jagen andere große Rudel entlang des Flusses Talek sowie um die Keekorok-Lodge und Ol Kiombo.

Die Tage mit den Marsch-Löwen gehören zu den glücklichsten Zeiten meines Lebens. Der Tourismus in der Mara war noch in den Kinderschuhen. Die Grassteppe war noch nicht mit Reifenspuren übersät oder von Besuchern überlaufen. Wir konnten den ganzen Tag von der Morgendämmerung bis zum Sonnenuntergang alleine mit den Löwen verbringen.

Es ist ein außergewöhnliches Privileg, an ihrer Welt teilzuhaben und ihre komplexen sozialen Verhaltensweisen aus nächster Nähe zu beobachten. Wenn wir den Männchen des Rudels hinaus zur Mwiti Mbili (Zwei-Baum-Ebene) folgten, kamen sie manchmal auf uns zu, mit hängender Zunge wegen der Hitze. Sie sackten im Schatten unserer Fahrzeuge zusammen, streckten sich aus, legten den mächtigen Kopf auf ihre Pranken und behandelten uns mit erstaunlicher Gleichgültigkeit.

Die latente Kraft, verborgen unter ihrem glatten, gelbbraunen Fell, war furchteinflößend. Von Zeit zu Zeit hob Scar (Narbe) den Kopf und öffnete sein riesiges Maul zu einem Gähnen. Dabei kamen die gelben Eckzähne zum Vorschein, die so groß wie meine Daumen waren, und ich erinnerte mich an die Worte von Myles Turner, dem legendären Jagdaufseher in der Serengeti: »Es gibt nichts Erbarmungsloseres auf der Welt als den unheilvollen Blick eines Löwen.«

Scar war das Ebenbild eines männlichen Löwen in seiner Blütezeit. Vom Maul bis zur schwarzen Schwanzquaste war er fast drei Meter lang. Seine Mähne war so dicht, daß seine Ohren fast nicht zu sehen waren; eine glänzende Matte aus tabakfarbenen Haaren mit kastanienbraunem Schimmer. Er war genau, wie ein Rudelmännchen sein sollte: breite Brust, kraftvoll und mit einer gewissen Ausstrahlung, sein Gang ein gebieterisches, fast unverschämtes Stolzieren, das sein ungemeines Selbstbewußtsein widerspiegelte.

Wenn ich ihn und seinen Rudelgenossen Mkubwa ansah, versuchte ich mir immer vorzustellen, wie man sich wohl als Löwe fühlen mußte. Wie

Scar würde auch ich den Wind im Gras hören und die düsteren Weisen der Waldtauben nachmittags in den Luggas, den ausgetrockneten Wasserläufen. Wärmte uns nicht dieselbe Sonne? Es gab viele Sinneseindrücke, die wir teilten, aber man konnte unmöglich feststellen, was hinter diesen unnachgiebigen gelben Augen vorging.

Draußen in der Ebene zitterte die Luft und flirrte auf den felsigen Hügelketten. Nichts bewegte sich. Überall ruhten die Tiere sich aus und suchten den Schatten des Kroton-Dickichts oder der vereinzelten Akazien. Die Warzenschweine zogen sich in ihre Höhlen zurück. Die Büffel lagen in ihren Suhlen. Die Elefanten wanderten tiefer in den Flußwald hinein und kühlten sich mit ihren wedelnden Ohren. Und die Löwen schliefen immer noch und sparten ihre Energie. Sie bewegten sich nur, wenn sie durch Hunger oder Sex getrieben wurden oder wenn sie ihr Territorium verteidigen mußten.

Gegen Sonnenuntergang weckte sie die abkühlende Luft. Sie setzten sich auf und sahen, daß die Herden wieder unterwegs waren; der grasbewachsene Horizont war mit den Hörnern der Topi-Antilopen und Thomson-Gazellen gespickt. Dann kamen die Löwen auf die Beine und schnupperten in den Wind. Sie lauschten mit halbgeschlossenen Augen, als ob sie sich konzentrieren müßten, und hörten die entfernten Geräusche von Zebras und Weißbartgnus in der Marsch. Bald darauf, als die Löwinnen wieder auf Jagd waren, machten sie sich in gemächlichem Tempo in Richtung Musiara davon, zwei dunkle, zottelige Gestalten in einer löwenfarbenen Landschaft mit wogenden Gräsern und länger werdenden Schatten.

Während der Wanderungen der Weißbartgnus folgten auch wir manchmal den Marsch-Löwinnen, wenn sie einen Hinterhalt vorbereiteten. Sie waren zu fünft – die Talek-Zwillinge und die drei Schwestern –, fünf gelbbraune Katzen, die durch das hohe Gras ausschwärmten, den Bauch am Boden, Kopf unten und die Ohren angelegt. Dann kam der plötzliche Vorstoß, gefolgt von der wilden Stampede der Weißbartgnus, die in Panik um ihr Leben rannten. Bis auf eines, das von einer Löwin in einer verhängnisvollen Umarmung umklammert und mit einem Biß in die Kehle getötet wurde. Sobald der Staub sich wieder gelegt hatte, sah man auch die anderen Mitglieder des Rudels zur Beutestelle eilen.

Die große Wanderung verändert die Mara. Es ist der Höhepunkt des Jahres; das kühle, bedeckte Juliwetter ist zu Ende, und bis zu den Regenfällen im November werden jetzt die heißen, strahlenden Tage zurückkehren. Keine zwei Wanderungen laufen gleich ab, aber die Zebras sind immer die ersten, eine rastlose, 250 000 Tiere starke Vorhut, die den groben, hüfthohen Rothafer abfrißt und so die Ebenen für die wählerischeren Weidetiere öffnet.

Die Weißbartgnus sammeln sich am Ufer des Mara-Flusses wie eine Belagerungsarmee und schicken riesige Staubwolken in den blauen Himmel. Die Flußüberquerungen sind ein unglaublich spektakulärer Anblick, allerdings mit einem Anflug von Tragik. Die Gnus kommen in einer ächzenden, verzweifelten Lawine herüber, sie schwimmen Schulter an Schulter auf das gegenüberliegende Ufer zu und werfen dabei ihre Köpfe hin und her und rollen mit den Augen. Viele schaffen es nicht. Jedes Jahr werden Tausende zerquetscht oder ertränkt oder von den riesigen Mara-Krokodilen hinabgezogen. Nach so einer Flußüberquerung ist die Luft schwer vom Gestank des Todes.

Für die Raubtiere kündigt die Wanderung eine Zeit des Überflusses an. Wo man auch hinsieht, die Ebenen sind schwarz von grasenden Herden, und die Löwen werden fett. Jeden Morgen deutet ein Wirbel von herabstoßenden Geiern auf den Ort eines frischen Beuteschlags hin. Jeden Tag liegt das Marsch-Rudel wartend im Schilf oder entlang des ausgetrockneten Flußbetts, das seinen Namen *Bila Shaka* (»Ohne Zweifel«) der Tatsache verdankt, daß man hier immer Löwen finden kann. Für die Löwen der Kichwa Tembo und der Paradise Plain und sogar für die unbeholfenen jungen Nomaden, die sich erst noch ein Rudel und ein Gebiet erkämpfen müssen, ist das Beutemachen jetzt leicht.

Doch im September werden die Weißbartgnus wieder unruhig. Schon bald ziehen die schwerfälligen Kolonnen wieder gen Süden und verschwinden im nördlichen Waldland der Serengeti, durchqueren das Seronera-Tal, um sich dann auf dem kurzen Gras der Ebenen um den Naabi Hill und den Gol Kopjes zu versammeln, wo sie im Februar ihre Jungen zur Welt bringen.

So geht es seit dem Pleistozän immer und immer weiter, eine uralte Geschichte ohne Anfang und ohne Ende – goldene Sonnenuntergänge und blutrote Morgendämmerungen, der Wind im Gras und die endlosen Wanderungen der wilden Herden, die dem Regen durch dieses riesige Land folgen.

Dieses Gefühl der Weite ist berauschend; das Licht, die Entfernung, das Gefühl, daß man weiterfahren könnte, ohne jemals an das Ende dieses schönen Landes zu gelangen oder davon genug zu bekommen. Es ist ein Grassteppen-Land, und das Vergnügen hindurchzufahren ist wie das, auf See zu sein; die Samenkapseln zischen und wirbeln um einen herum, sie rollen in langen, wogenden Kämmen auf einen Horizont zu, der so zartblau und so weit weg ist, daß er das Ende der Welt zu sein scheint.

Das gesamte Land gehörte einmal den Massai, Schäfernomaden mit roten Umhängen und blitzenden Speeren. Sie nennen die Geier heute noch »die Vögel der Krieger« und erinnern damit an die Zeiten, in denen blutige Fehden und Viehdiebstähle ihren Tribut auf den Ebenen forderten und die geflügelten Aasfresser erschienen, um die Augen der Toten herauszupicken.

Heute lassen die Massai ihr buckliges Vieh immer noch auf den umliegenden Weideflächen grasen, die sie sich mit den umherziehenden Wildtieren teilen. Aber durch den Fortschritt hat die Landschaft ihre ursprüngliche, reine Wildheit und damit an Reiz verloren. Im Osten wurde der größte Teil der Loita-Ebene bereits urbar und zu Weizenfeldern gemacht. Im Mara-Reservat ist die Savanne durch unzählige Reifenspuren zerfurcht – ein unschönes Vermächtnis aus der Zeit, in der noch jeder ohne Beschränkungen mit seinem Allradfahrzeug überallhin fahren konnte. Und außerdem ist die Mara als Touristenziel inzwischen so populär geworden, daß man kaum noch Geparden oder Löwen auf Beutejagd antrifft, ohne daß sich um sie ein Kreis von Fahrzeugen mit Zuschauern gruppiert wie die Geier um ein Aas.

Mit jedem Jahr werden die Probleme drängender. Kenia braucht die Devisen der Touristen, genauso wie die Mara. Ohne das Geld, das die Besucher bringen, würde das Land mit Sicherheit für die Landwirtschaft nutzbar gemacht werden, um die schnell wachsende Bevölkerung versorgen zu können. Also ist es für die Tiere der sicherste Weg zu überleben, wenn sie ihren Lebensunterhalt selbst verdienen.

Aber man kommt an einen Punkt – und viele um die Mara besorgte Naturschützer glauben, daß der bereits erreicht ist –, an dem das Reservat keine weitere Steigerung der Besucherzahlen verkraften kann, ohne dabei zugrunde zu gehen. Und an dem das Abenteuer Wildnis durch die schiere Masse abgewertet wird. In Afrika sind solche Entscheidungen sehr schwer zu treffen; aber Kenia hat trotz der Zerstörungen durch Wilderer einen guten Ruf im Naturschutz, und die Mara ist nach wie vor verdientermaßen das meistbesuchte Großwildgebiet.

Kenia ist nicht mein Heimatland. Meine Wurzeln sind in England, wo ich geboren wurde und wo ich auch immer noch lebe. Aber es vergeht kaum ein Tag, an dem ich nicht mit unerträglicher Sehnsucht an die Mara denke.

Dann vermisse ich die klare Morgenluft, die Art, wie das Licht durch das Blätterdach der Akazien fällt, und den warmen Duft der Sonne auf dem Gras. Ich vermisse den heiteren Klang der Swahili-Stimmen im Camp, das entfernte Schreien der Zebrahengste und die Rufe der Flötenwürger, Tauben und Fischadler. Und dann wünsche ich, ich wäre dort, denn ich weiß, daß alles an seinem Platz ist; die Leoparden ruhen sich auf ihren felsigen Hügelkämmen aus, die Geparden in den Ebenen; das Löwengebrüll klingt durch die Musiara-Marsch.

Die Kenianer wissen, was die Löwen sagen: *Hii nchi ya nani? Hii nchi ya nani? Yango ... yango ... yango.* »Wem gehört dieses Land? Wem gehört dieses Land? Mir ... mir ... mir.«

# Wie fängt man ein Zebra?

Unser Turkana-Fährtensucher sah ihn als erster: einen einzelnen Zebrahengst in der offenen Ebene der nördlichen Provinz Kenias, etwa anderthalb Kilometer entfernt. Sofort setzte Don Hunt den Fangwagen, einen offenen Toyota, in Bewegung, und wir schlingerten durch die kühle Wüstendämmerung auf den weit entfernten, grauen Punkt zu. Nyangau, er hatte wirklich Adleraugen, versicherte uns, daß dieser Fleck das Grevy-Zebra sei, dessen Spuren er gestern entdeckt habe.

Don Hunt war 1977 wahrscheinlich der beste Tierfänger in ganz Afrika, und er wollte dieses Zebra unbedingt haben. Er wußte, wenn wir es nicht schafften, war das Schicksal des Hengstes besiegelt. Entweder würde er von Wilderern abgeschossen und sein Fell auf den Fußboden des Penthouses eines reichen Mannes genagelt werden. Oder er würde aus dem offenen Land, seiner natürlichen Heimat, vertrieben und in den Busch davonziehen, wo die Löwen nur auf ihn warteten.

Grevy-Zebras sind die schönsten Wildpferde der Welt, und in den 70er Jahren sah es so aus, als ob sie bald aussterben würden. Durch die großen Ohren, eine Mähne so stolz wie der Federbusch eines Zenturios und ein elegantes Fell mit schlanken Streifen unterscheidet es sich deutlich von seinem zahlreicheren Verwandten, dem Gemeinen oder Steppen-Zebra. Irgendwie wirken die Grevy-Zebras edler als die anderen Zebras. Die dicht gemaserten Streifen flimmern wie ein Op-art-Gemälde und sehen, zu einer modischen Handtasche verarbeitet, ungleich schöner aus. Zu dieser Zeit brachte so eine Tasche in Nairobi 70 Pfund. Und für 40 Pfund konnte man einen handgenähten Telefonbuchumschlag aus Grevy-Fell bekommen, oder für 350 Pfund einen Mantel. Und als der Repräsentant des kenianischen WWF in Nairobi in ein Kaufhaus ging, wurden ihm gleich zweihundertfünfzig Grevy-Felle auf einmal angeboten.

Früher war das Grevy-Zebra in dem ganzen Bereich verbreitet, der als NFD, Northern Frontier District (nördlicher Grenzbezirk), bekannt ist. Von den Ufern des Turkana-Sees bis zum Fluß Tana und hinauf bis nach Somalia und Äthiopien galoppierten sie in Herden von mehreren hundert Tieren. Allein in Kenia wurde ihre Zahl auf über 15 000 geschätzt. Das war in den 60er Jahren, bevor Wilderei in großem Stil die Ebenen leer fegte. Ein Jahrzehnt später waren sie für immer aus Somalia und Äthiopien verschwunden. Und in Kenia, ihrem wichtigsten Verbreitungsgebiet, war die Population auf nicht mehr als tausend gesunken.

Don Hunt war einer der ersten, der bemerkte, daß im NFD etwas nicht in Ordnung war. Er ist ein massiger, sonnengegerbter genialer Amerikaner, der damals zusammen mit dem Hollywoodstar William

Holden die Mount Kenya Game Ranch führte. Hunt war zu der Zeit Mitte Vierzig und hatte eine erfolgreiche Fernsehkarriere in Detroit hingeschmissen, um in Kenia zu leben. Er begann als Jäger, aber bald widerte ihn das Blutvergießen an, und er wurde Tierfänger.

Während er Tiere für die kenianische Regierung fing und diese als Geschenke nach Ghana oder Nigeria verschickte, wurde ihm die Notlage der Grevy-Zebras bewußt. »Jedesmal wenn man wieder zurückkam«, sagte er, »mußte man feststellen, daß schon wieder weniger Zebras da waren.«

1975 legte Major Ian Grimwood, seinerzeit Berater der International Union for the Conservation of Nature, einen aufrüttelnden Bericht über die Grevy-Zebras vor. Seine Zahlen zeigten, daß die Population in Kenia von 15 000 auf 1500 geschrumpft war. Dafür konnte es nur einen Grund geben: Wilderei.

Es mußte schnell etwas geschehen, um das Überleben des Grevy-Zebras zu sichern. »Wir taten uns mit den Wildhütern der Nationalparks zusammen«, sagte Don Hunt, »und traten gemeinsam an die Regierung heran.« Das Ergebnis war die uneingeschränkte Unterstützung für die »Operation Zebra« – nach diesem Plan konnte Hunt einhundertvierzig Grevy-Zebras fangen und aus dem NFD in die vergleichsweise sicheren Wildreservate bringen. Dreißig oder vierzig sollten in das Samburu-Wildreservat verlegt werden und die restlichen hundert ihr Glück in Tsavo-West versuchen, dem riesigen Nationalpark an der Grenze zu Tansania, wo sie unter den wachsamen Augen des obersten Wildhüters Ted Goss und seinen mit Hubschraubern ausgerüsteten Anti-Wilderer-Patrouillen leben würden.

Es war ein umstrittener Plan, und Hunt war eine umstrittene Figur, denn er war in einer Branche tätig, die den meisten Naturschützern ein Greuel ist. Aber, wie er sagte: »Eins ist sicher. Die Grevy-Zebras sind außerhalb der Reservate zum Tode verurteilt. Wenn die Wilderer sie nicht abschießen, werden die Löwen sie fressen. In zwei Jahren werden sie alle verschwunden sein.«

Hunt nahm an, daß in den letzten Jahren mindestens achttausend Grevy-Zebras gewildert worden waren; der Preis für ein Fell war von 150 auf 2000 Dollar in die Höhe geschnellt. »Diese Preise haben sie in die Elfenbeinklasse katapultiert«, sagte er. »Denken Sie nur mal darüber nach – wenn es da noch tausend Grevy-Zebras gibt, bedeutet das, da draußen galoppieren zwei Millionen Dollar herum.«

Die schlimmsten Wilderer waren die gut organisierten somalischen Banden, *shifta* genannt. Sie waren schwer bewaffnet und gefährlich. Wenn die *shifta* eine Aktion starteten, heuerten sie aus der ansässigen Bevölkerung Träger, Fährtenleser und Abdecker an. Die Bandenbosse behielten die wertvollen Teile: Elfenbein, Rhinozeros-Hörner und Grevy-Felle. Die Helfer vor Ort bekamen den Rest als Lohn: Fleisch, Felle oder Trophäen von anderen Tieren. Das Ergebnis war, daß aus ganzen Bereichen Nordkenias alles verschwand, was sich bewegte – vom Elefanten bis zu den Dik-Diks, Afrikas kleinsten Antilopen.

Für Don Hunt begann das Jahr des Zebras im Januar 1977. Als ich im Mai zu ihm stieß, hatte ihn die ganze Aktion bereits 28 000 Dollar gekostet, oder, wie er es ausdrückte: »Fast tausend Dollar für jedes Zebra, das ich gerettet habe.«

Das Einfangen eines Zebras war eine gefährliche Sache. Tagsüber bestand immer die Gefahr, von den *shifta* beschossen zu werden. Nachts wanderten die Löwen um Hunts Camp, angelockt vom Geruch der

Zebras, die in ihrem dornigen *boma* (Schutzgeflecht) eingesperrt waren. Aber die größte Gefahr war die Ebene selbst. Sie war übersät mit Schweinesuhlen und unsichtbaren Luggas, diesen ausgetrockneten Wasserläufen, die plötzlich unter den Rädern auftauchen, wenn man gerade mit fast einhundert Stundenkilometern durch den Busch braust. Dieses Problem hatte in der Woche, bevor ich eintraf, bereits zwei Leute aus Hunts Fängerteam mit gebrochenen Knochen ins Krankenhaus gebracht.

Und hier war ich also in ebendiesem Toyota und raste auf den allein im Morgenlicht stehenden Hengst zu. Als wir noch etwa dreihundertfünfzig Meter entfernt waren, lief er in leichtem Galopp davon. Wir erhöhten unsere Geschwindigkeit, und er begann voll zu galoppieren. »Er will in den Busch«, rief Hunt, und bei dem Versuch, ihn abzudrängen, schleuderten wir in einer erstickenden Staubwolke herum.

In der Hitze des Gefechts war plötzlich jegliches Gespür für Gefahr verschwunden. In der Aufregung rasten wir nur wenige Zentimeter an einem Ameisenbärloch vorbei, das uns alle hätte begraben können. Wir krachten durch Dornbüsche und zermalmten sie in eine Million kleiner Stücke, die im Fahrtwind über uns hoch aufspritzten. Dicke Klumpen roter Erde, die von den Zebrahufen hochgeschleudert wurden, klatschten gegen unsere Windschutzscheibe.

Wieder und wieder kamen wir bis auf wenige Meter an unser Opfer heran. Ngatia, der Kikuyu-Fänger, stand in einem Gummireifen, der seine Rippen schützte, und schwang die Schlinge eines Lassos an einer langen Bambusstange, bis sie sich unmittelbar über dem zurückgeworfenen Kopf des Hengstes befand. Aber es war zum Verrücktwerden: das Zebra wich immer im letzten Moment aus und schlug Ha-

ken wie ein Rugby-Spieler, so daß wir mit unserem Allradantrieb hin und her schleuderten.

Wieder einmal rasten wir neben dem Zebra her, und diesmal machte Ngatia keinen Fehler. Die Schlinge fiel über den Kopf des Zebras, das Seil lief aus, und der Toyota kam schleudernd zum Stehen. Der Hengst tobte am anderen Ende des Seils wie ein kämpfender Marlin.

Die ganze Fangprozedur war inzwischen zu einem wahren Kunststück geworden. Die Jagd war relativ kurz, weil das Tier sonst an Erschöpfung und Schock eingehen würde. Sobald es gefangen war, kam ein weiterer Lastwagen mit zusätzlichen Hilfskräften herbei. Jetzt galt es, das Zebra an den Ohren und am Schwanz festzuhalten, ohne sich dabei von seinen Zähnen und Hufen verletzen zu lassen, ihm die Beine zusammenzubinden, es zu betäuben, eventuelle Wunden mit Antibiotika zu versorgen und es dann in eine Kiste zu befördern.

»Verdammt«, sagte Don Hunt bewundernd, »das war das raffinierteste Zebra, das ich je in meinem Leben gefangen habe.« Später gab er zu, daß er es normalerweise nicht solange verfolgt hätte, aber es hatte eine eitrige Narbe an seinem Hinterteil, die ihm die Klauen eines Löwen beigebracht hatten. »Diese Wunde war so schwer, daß es daran wahrscheinlich sowieso gestorben wäre, und so versuchte ich es wenigstens.«

Wir fingen an diesem Tag keine weiteren Zebras. Am nächsten Morgen versuchten wir es in einer anderen Gegend und fuhren bereits eine Stunde vor Morgendämmerung los, damit wir unser Ziel erreichten, solange der Tag noch kühl war.

Normalerweise ist der Norden Kenias eine karge Wildnis mit sonnengebleichten Sträuchern und verkrüppelten Dornenbüschen. Aber der lange Regen war ungewöhnlich heftig gewesen, und die Ebenen waren so grün wie eine irische Wiese. Die Erde war über Nacht aufgeblüht, und wir bestaunten die Samburu-Krieger in ihren blutroten Umhängen, wie sie mit ihrem Vieh durch die Wogen weißer Sturmlilien zogen.

Jenseits des abgeflachten Bergs Ololokwe erstrecken sich merkwürdige, wie Haifischflossen geformte Bergspitzen bis in die Ferne und geben dieser rätselhaften Landschaft die surreale Perspektive eines Gemäldes von Salvador Dalí. Hier stießen wir völlig überraschend auf eine Herde mit fünfzig Grevy-Zebras. Noch vor fünf Jahren waren Herden mit Hunderten von Tieren keine Seltenheit, aber die ständige Verfolgung hatte ihre Stärke stark dezimiert.

Die Sonne ging gerade am weiten Horizont auf, als wir voller Erwartung die Jagd aufnahmen. Lerchen erhoben sich singend in den Himmel, und auf beiden Seiten neben uns rannten Spießböcke und Elenantilopen durch stacheliges Akaziengehölz davon.

Langsam begannen wir den Abstand zwischen uns und den Zebras zu verkleinern. Während ich ihre strahlenden schwarzweißen Körper betrachtete, die sich wie ein einziger wanden und drehten und dabei eine Staubwolke aufwirbelten, die im ersten Tageslicht wie Gold schimmerte, wurde mir klar, daß ich Zeuge eines bedeutenden Ereignisses war. Hier spielte sich etwas ab, das vielleicht nie wieder zu sehen sein würde: Eine Herde wilder Grevy-Zebras rannte frei wie der Wind durch die Ebene, die schon ihre Heimat war, bevor der Mensch geboren wurde.

Glücklicherweise war meine Ahnung falsch. Als die Notlage der größten Zebra-Art Afrikas immer bekannter wurde, verbesserte sich deren Schutz, und der Fellhandel ließ nach. Heute sind die Zebras immer noch bedroht und kommen fast nur noch in den kargen Ebenen und den Dornbusch-Savannen in Nordkenia vor, aber ihre Anzahl scheint sich bei einigen Tausend stabilisiert zu haben. Somit bleibt auch der herrliche Anblick erhalten, den ich mit Don Hunt in der Ebene unter dem Ololokwe erleben durfte.

Nordkenia ist ein rauhes und unversöhnliches Land, aber seine Schönheit ist unbestreitbar, und seine Wildheit ist unübertroffen. Sobald man hier die Trampelpfade verläßt und den Elefantenspuren folgt, die sich durch die obstplantagenartigen Commiphora-Dickichte schlängeln, scheint die Zeit zurückgedreht, und man fühlt sich zurückversetzt in das Afrika des letzten Jahrhunderts, in dem es keine Fahrzeuge gab, die den Weg durch den Busch erleichterten.

Julian McKeand hatte es fertiggebracht, diese Zeit zurückzubringen, wenn auch immer nur für eine Woche oder so. Er organisierte Kamel-Safaris durch das Samburu-Land. Sie starteten von seinem Haus in den Lewa Downs aus, im Schatten des Mount Kenya.

McKeand war früher einmal Wildhüter gewesen und hatte sogar eine Zeitlang mit dem legendären George Adamson zusammengearbeitet; später wurde er ein professioneller Jäger im Mount Kenya Safari Club. Mitte der 70er Jahre verbot Präsident Jomo Kenyatta die Trophäenjagden; ein vergeblicher Versuch, die Elefantenwilderei unter Kontrolle zu bekommen. Da kam McKeand auf die Idee, der steigenden Zahl von Touristen, die jetzt Kenia besuchten, Kamel-Safaris anzubieten.

Kamelreiten hat gegenüber dem Reiten auf einem Pferd einen großen Vorteil: Man braucht keinerlei Vorkenntnisse. Die Kamele werden von einem Mann an einem Seil geführt und bewegen sich nie schneller als mit Schrittgeschwindigkeit. Sie schlurfen ohne jede Anstrengung dahin. Alles, was man tun muß, ist hinaufzuklettern, in einen gepolsterten Ledersattel zu sinken und sich an dem Messingknopf festzuhalten, sobald das Tier sich mit gefährlichem Vor- und Zurückschaukeln erhebt.

Auf McKeands Safaris ist alles so authentisch wie nur möglich: von den hölzernen Kamelglocken, die die Tiere um den Hals tragen, bis zu den Sätteln, die einmal der britischen Armee gehörten und allesamt Sammlerstücke sind, hergestellt bei Makhanbal & Sons in Bikaner (Indien) in den letzten Tagen der Herrschaft des Radscha.

Wir bildeten eine bunte Karawane, als wir in der kühlen Helligkeit der Morgendämmerung in die kenianische Wüste hinausmarschierten. Vorne die sechs berittenen Kamele, dann zwanzig Lasttiere, beladen mit zusammengerollten Schlafsäcken, Kochtöpfen und all den Utensilien, die man für eine Woche Camping im afrikanischen Busch braucht.

Am Kopf der Kolonne schritt McKeand selbst, und neben ihm schlenderte der unermüdliche Moloi, sein Gewehrträger aus alten Jagdtagen, einen roten *shuka* um seine knochigen Hüften geschlungen.

Danach kam McKeands ausgezeichnetes Team von Fährtenlesern, Köchen und Kamelpflegern, die meisten von ihnen waren rotgewandete Laikipiak-Massai, bis an die Zähne bewaffnet mit Speeren und Elefantenflinten, die aber vor allem der Show dienten.

Wir selber, wir waren die *wageni*, die Fremden; zwölf Ahnungslose aus Europa und den USA, die sich entschieden hatten, die Fesseln des Großstadtlebens für eine Woche abzustreifen, um sich durch den Busch Nordkenias zu schlagen. In den nächsten Tagen würden wir völlig von der Zivilisation abgeschnitten sein. Es würde kein Fernsehen und keine Zeitungen geben, kein modernes WC oder Verkehrslärm. Sobald wir das Basiscamp in den Lewa Downs verließen, würden wir nicht einmal mehr auf Reifenspuren stoßen. Nachts würden wir, nur durch ein hauchdünnes Moskitonetz geschützt, unter den Sternen schlafen und den Löwen lauschen, tagsüber in der tiefen Stille der Berge wandern oder reiten, und nur die dünnen weißen Kondensstreifen der Jets, die hoch oben den wolkenlosen Wüstenhimmel kreuzten, würden uns an die Welt dort draußen erinnern.

Jeder Tag begann gleich: Die kalte Dämmerung wurde mit dem Chor der Tauben eingeläutet, der rote Schimmer der Sonne ließ den Rücken der noch schlafenden Hügel erglühen – eine Träumerei, die durch das bellende Klagen der Kamele beim Satteln unterbrochen wurde, ein schreckliches, krächzendes Geräusch, das klingt, als ob jemand am Grunde eines Brunnens mit Kies gurgelt.

Schüsseln mit heißem Wasser zum Waschen und Rasieren dampften in der kalten Luft. Dann gab es Tee oder Kaffee, um die morgendliche Kälte zu vertreiben, gefolgt von frischen Papaya und Eiern mit Schinken. Dann brachen wir das Camp ab und saßen auf. Es war besser, in diesen frühen Stunden des Tages zu reisen; mittags war es zu heiß.

Unter diesem riesigen afrikanischen Himmel, in diesem wilden, überwältigenden Land fühlte ich mich auf absurde Weise glücklich. Die Massai waren ebenfalls glücklich. Ihr Schritt war leicht, und sie sangen, während sie die Kamele auf den Trampelpfaden der Wildtiere kreuz und quer durch die dornigen Büsche führten. Sie sangen von den blauen Bergen über uns, wo die Großen Kudus über die steinigen Pfade ziehen. Sie sangen von der Schönheit ihrer Kühe, die ihnen mehr wert sind als alles andere auf der Welt. Sie sangen mit ihren hellen, klaren

Stimmen und dachten sich die Lieder aus, während sie dahinwanderten. Jede improvisierte Solokadenz wurde durch ein mitreißendes *hunhh-hunhh* beantwortet, so daß sich meine Nackenhaare sträubten.

Die Farbe der Kamele variierte von staubigem Braun bis zu einem blassen, cremefarbenen Beige. Zuerst fand ich, daß sie häßliche, schlechtgelaunte Biester seien, aber mit der Zeit begann ich ihre düsteren Gesichter, ihre merkwürdige Würde und ihre unermüdlich dahintrottende Gangart zu mögen. Wie gut doch die Bezeichnung »Wüstenschiffe« zu ihnen paßt. Wenn wir hoch oben saßen und durch das bernsteinfarbene Licht des frühen Morgens schwankten, dann waren wir nicht länger *wageni*, sondern die Herren der Wüste.

Vor uns lag eine Landschaft von riesiger Weite, übersät mit kahlen Hügeln, die wie Grabsteine aus der grauen Flut der Büsche herausragten. Die Luft war mit dem Geruch afrikanischen Salbeis gewürzt. Die Sonne glitzerte zwischen den Dornensträuchern hindurch und schien auf die grünen bajonettartigen Blätter der Sansevierien und die entstellten blaugrauen Zweige der Commiphora-Büsche, aus deren Harz die biblische Myrrhe gewonnen wird. Wir hörten bei unserem Marsch die spöttischen Schreie des Rotschnabeltokos, beobachteten Elenantilopen, die durch den Busch davongaloppierten, und fanden neben dem Pfad im ziegelroten Staub die frischen Abdrücke eines großen Löwenmännchens.

Mittags hatten wir unser erstes Lager in einem schattigen Akaziengehölz an den Ufern eines Sand-Luggas aufgeschlagen. Es gab Tusker-Bier, das in Wassereimern aus Leinwand kühl gehalten wurde, kaltes Hühnchen mit Salat und danach eine willkommene Siesta.

Nach einer Tasse Tee so gegen vier Uhr nachmittags führte McKeand uns auf einem frühen Abend-spaziergang zu einer wunderschönen Schlucht mit Würger-Feigenbäumen und gelbrindigen Akazien. Paviane stießen bei unserem Erscheinen einen Warnschrei aus; das Echo ihrer Stimmen setzte sich von einem Felsvorsprung zum nächsten fort und schreckte drei Kudus mit prächtigen Korkenzieherhörnern auf. Sie rannten schnell einen steilen Hang hinauf, wobei ihre Hufe einen klappernden Steinregen in das ausgetrocknete Flußbett am Fuße der Schlucht schickten. Dann verschwanden sie lautlos wie Rauch in die Berge hinauf.

Zurück im Lager, wurden schnell Leinwandeimer mit heißem Wasser gebracht, die mit Seilen über einen passenden Ast hochgezogen und befestigt wurden, so daß das Wasser durch einen Gießkannenkopf wie eine Dusche auf den Darunterstehenden fiel.

Die Schatten wurden länger, und die Abenddämmerung brach schnell herein. Schon hatte einer von McKeands pyromanischen Massai-Kriegern mit einer Fackel ein gewaltiges Feuer entfacht, das von ganzen Baumstämmen genährt wurde, die bei der letzten Flut das Flußbett heruntergespült worden waren. Wir saßen im Kreis um das Feuer, die Funken flogen in die Höhe, während Joffrey, der junge Meru-Koch, das Abendessen vorbereitete.

Joffrey war ein Lagerfeuer-Zauberer, dessen Asbestfinger unempfindlich gegen Schmerz zu sein schienen, wenn er beiläufig brennendheiße Topfdeckel anhob. Er entlockte einem Bett heißer Asche wundervolle Käse-Soufflés, und er backte köstliche Apple-pies in alten Munitionskisten. »Schade, daß er nur auf offenem Feuer kochen kann«, sagte McKeand, »er könnte in London ein Vermögen verdienen.«

An diesem Abend servierte Joffrey uns Steaks und frische Avocado. Später, als ein heller »Jägermond« über den Bäumen aufging, drehte sich das Gespräch um die alten Zeiten, als Julian George Adamson und Elsa, die Löwin aus *Frei Geboren*, auf eine Safari zum Turkana-See begleitet hatte.

Ich dachte an das letzte Mal, als ich mit einer von McKeands Kamel-Safaris unterwegs gewesen war. Zusammen mit Denis Zaphiro folgten wir dem Seya Lugga durch die Matthews-Berge. Genau wie Julian war auch Denis ein alter Ex-Jäger und Wildhüter, dessen Safari-Klientel von Hemingway bis zu Prinz Charles reichte. Ich hatte fasziniert zugehört, als die beiden unter dem Sternenhimmel ihre Geschichten erzählten, wohl wissend, daß das, was ich da hörte, das letzte authentische Echo eines Kenias war, das es schon fast nicht mehr gab.

Sie redeten über die Elefanten, die sie geschossen hatten, die Büffel und die Nashörner, die sie fast umgebracht hätten, die Camps, die sie besucht hatten, und die unbegrenzte Freiheit des Busches. »Weißt du«, sagte Denis mit einem geistesabwesenden Blick ins Feuer, »es gibt keinen Tag, an dem ich nicht Gott dafür danke, daß ich dieses Land noch in der alten Zeit kennenlernen durfte.«

Später, als sich alle zurückgezogen hatten, lag ich in meinem Feldbett und sah hinauf zu den Sternen. Das dünne Moskitonetz war unsichtbar in der Dunkelheit, und ich hatte das ungemütliche Gefühl, daß ich jedem zufällig vorbeikommenden Tier ungeschützt und verletzlich ausgesetzt war.

Plötzlich begann ein Löwe zu brüllen, was die im Lugga zusammengetriebenen Kamele mit ihren Fußfesseln zu einiger Bewegung und ängstlichem Gebrummel veranlaßte. In der folgenden Stille konnte ich mein Herz schlagen hören. Dann brüllte der Löwe wieder, viel näher diesmal; seine rauhe Stimme verebbte in einer Reihe von kratzenden Grunzlauten, die die Luft zum Zittern zu bringen

schienen. Das erstemal im Leben fühlte ich die Angst, möglicherweise ein Opfer zu werden.

Ich stellte mir vor, daß sich die Zebras so fühlen mußten, deren alarmiertes Gewieher jetzt in der schwarzen, silbernen Nacht zu hören war. Ich starrte in die Dunkelheit, versuchte die kleinste Bewegung zu erkennen, strapazierte meine Ohren, um das verstohlene Tappen der Samtpfoten zu hören. Aber der Löwe brüllte nicht noch einmal, und schließlich zog ich mir die Decke über den Kopf und schlief tief und fest bis zur Morgendämmerung.

Nach einer Weile liefen die Tage in einer angenehmen Routine ab. Wir hatten jedes Zeitgefühl verloren und standen mit der Sonne auf, zogen weiter, solange es noch kühl war, suchten zu Mittag den Schatten und gingen früh schlafen. Dies war das Leben, wie es sein sollte, ohne jede Trivialität und ohne Habgier, süß und sauber, aber auch mit einem Hauch von Traurigkeit um eine Wildnis, die, wie ich schon damals wußte, keinen Bestand haben konnte. McKeand wußte es auch. »In der alten Zeit«, sagte er, »hätte man niemals durch dieses Land ziehen können, ohne daß ein Nashorn aus dem Busch hervorschoß und die Kamele auseinandertrieb.«

Jetzt sind die Tage des Nashorns fast vorüber. Es ist immer noch schön, diese Welt zu durchwandern. Aber wie ich McKeand durch diese überwältigende Leere folgte und den Klang der Kamelglocken und den Gesang der Massai hörte, dessen Worte ich nicht verstand, schien es mir, als ob ich einem Requiem für ein untergehendes Afrika lauschte, das bald nur noch in der Erinnerung existieren würde; wie die Nashörner, die einst durch dieses Land stürmten und heute nur noch Staub sind.

Die Erzählung von Julian McKeand über seine Safari mit George Adamson und Elsa zum Turkana-

See hatte meine Lust, diesen Ort, den ich schon immer besuchen wollte, seit ich John Hillabys hervorragendes Buch *Journey to the Jade Sea* gelesen hatte, erneut geweckt. Hillaby hatte den schweren Weg gewählt und war auf dem Kamel von Wamba, südlich der Matthews-Berge, geritten. Das war in den frühen 60er Jahren, bevor der Tourismus bis in diese entlegene Ecke Ostafrikas vorgedrungen war. Heute kann man ganz bequem zum See fliegen oder mit dem Landrover fahren. Allerdings ist dieser Autotrip nicht die sanfteste Lösung; die siebenstündige Fahrt von Maralal nach Turkana ist das Überland-Pendant zur Kap-Hoorn-Umsegelung.

Maralal ist das Verwaltungszentrum des Samburu-Landes und bildet einen totalen Gegensatz zu den heißen, trockenen Tiefebenen. Es ist von Zedernwäldern und hohen, grasbedeckten Hügeln umgeben, die nach dem Regen aussehen, als wären sie irgendwo in Surrey. Aber sehr schnell läßt man die grünen Hügel hinter sich. Vor einem liegt nun die staubige El-Barta-Ebene, verlassen bis auf ein paar kleine Gruppen von Eritrea-Spießböcken und Grevy-Zebras. Und dahinter sieht man die Luftspiegelung zersplitterter Berge, die in der unerbittlichen Wüstenhitze flirren.

In Baragoi, einem seelenlosen Dorf aus *dukas* mit Blechdächern, wurde uns der Tankdeckel gestohlen. Die Straße – eine sehr schmeichelhafte Bezeichnung für diese knochendurchschüttelnde Piste – war mörderisch. Als wir South Horr Gorge erreicht hatten, war sie gar nicht mehr zu erkennen, und wir schlingerten von Stein zu Stein auf einer Spur, die nichts als ein ausgetrocknetes Flußbett zu sein schien.

Inzwischen war die Hitze auf Backofentemperatur angestiegen, die Landschaft war wie betäubt, und nichts regte sich. Selbst der allgegenwärtige afrikanische Staub war von den heftigen Winden davongeblasen worden, die vom Mount Kulal herunterfegten und nichts als die geschwärzten Knochen alter Lavaströme übrigließen; sie sahen aus wie Anhäufungen verbrannter Schädel, viel zu heiß zum Anfassen.

Dann tauchte plötzlich der See auf: eine Fläche reinster Jade, hell leuchtend unter den dunklen, vulkanischen Gipfeln, glitzernd bis an den Horizont. Der See ist langgestreckt und schmal; er erstreckt sich fast dreihundert Kilometer nördlich nach Äthiopien. Im Osten ist nichts außer der Chalbi-Wüste, im Westen das an Uganda grenzende, von Gangsterbanden geplagte Ödland.

Der erste Entdecker, der den See erreichte, war der Österreicher Graf Teleki von Szek im März 1888. Er nannte ihn Rudolf-See zu Ehren des Kronprinzen von Österreich. Als Kenia unabhängig wurde, bekam der See den Namen Turkana, nach einem zähen, in der Wüste lebenden Volksstamm, der dieses nördliche Gebiet mit den Galla, den Boran und den Rendille-Nomaden teilt.

In Loyengalani am Südostufer gibt es eine Lodge, deren lauwarmer Swimmingpool etwas Erholung von der gnadenlosen Hitze bietet. Als ich Mitte der 70er Jahre zum erstenmal dort war, wurde die Lodge von einer bezaubernden Italienerin namens Isa Barini geführt. Ostafrika hat etwas an sich, das die Einsamen, die Mutigen und die Extrovertierten anzieht – und Isa war alles drei. Sie war Juwelierin in Italien gewesen und als Touristin nach Kenia gekommen. Sie hatte sich in Loyengalani verliebt und alles verkauft, um die Lodge erwerben zu können.

»Natürlich gibt es Zeiten, zu denen ich italienisches Essen und die Gesellschaft von Menschen vermisse, die meine Sprache sprechen«, erzählte sie mir. »Aber das einzige, auf das ich nicht verzichten kann, ist italienische Musik. Wenn ich mich einsam fühle, gehe ich in meine kleine Hütte am Strand und höre mir die Opernkassetten an.«

Isa saß am Steuer des Landrovers, und aus den Lautsprechern dröhnte *La Traviata* in voller Lautstärke. So fuhren wir mit höchster Geschwindigkeit am Seeufer entlang, um nach Krokodilen Ausschau zu halten und Angehörige des El-Molo-Stammes zu treffen, die hier vom Fischfang lebten und ihr Vieh mit Pflanzen fütterten, die sie aus dem Wasser zogen. Und wie jeder Loyengalani-Besucher ging ich den Nilbarsch fischen. In weniger als zehn Minuten hatte ich einen am Haken und holte einen etwa einen Meter langen Fisch heraus, ein wunderschönes grünsilbernes Geschöpf mit Schuppen so groß wie kenianische Schillinge. Für mich war dieser Fang reif für das Buch der Rekorde, aber nach Turkana-Standard war es ein kleiner Fisch. Der Bootsführer machte sich nicht einmal die Mühe, ihn zu wiegen.

Wieder an Land, war die Hitze unerträglicher als je zuvor. Der Turkana-See ist einer der heißesten Plätze dieser Erde. Ein erbarmungsloser Ort mit einem Herzen aus Stein. Es war Oktober. Seit März war kein Regen gefallen, und auch damals hatte es nur zwei Stunden lang geregnet. Und doch gab es einige flüchtige Momente in der Morgen- und Abenddämmerung, wenn die schroffen Gipfel durch die lavendelblauen Schatten gemildert wurden und die Flamingos mit klagenden Schreien in langen Reihen am Ufer entlangflogen, in denen Sonnenaufgang und Sonnenuntergang dieses prähistorische Inferno in einen Ort überirdischer Schönheit verwandelten.

# Das Revier der Speerfische

Wie ausgeblichene, zerzauste Schmetterlinge wehten sie nach Mombasa hinein, die großen, ozeantauglichen Dhaus aus Arabien. Jeden Winter kam die Flotte mit dem von Dezember bis März wehenden Nordostmonsun Kaskazi vom Golf herübergesegelt.

Sie waren mit Baluch-Teppichen und süßen Basra-Datteln, Haifischflossen, messingverzierten arabischen Truhen und Salz aus Dschibuti beladen und blieben bis zum Frühjahr im Hafen von Mombasa. Im Frühling blies der Südmonsun Kusi sie dann, beladen mit frischem Tee und Kaffee, Holzkohle, Sesamöl und Mangrovenstämmen, wieder zurück in ihren Heimathafen.

So spielte es sich seit Tausenden von Jahren ab, aber die Zeiten haben sich geändert. Nach dem Zweiten Weltkrieg gab es wegen des auf dem Öl der Golfregion basierenden Wohlstands für die Besatzungsmitglieder der Dhaus weniger anstrengende Jobs. Dampfschiffe übernahmen den traditionsreichen Handel mit Mangrovenstämmen.

Die Folgen waren unvermeidlich. In der Blütezeit der Dhaus, den späten 40er Jahren dieses Jahrhunderts, konnte man zweihundert Dhaus im Alten Hafen von Mombasa beobachten. Als ich 1977 das erstemal nach Mombasa kam, hatten nur acht Dhaus die lange Fahrt nach Süden auf sich genommen. »Was wir hier erleben«, sagte Dr. John Jewell, Autor und Chronist des Dhau-Handels in Mombasa, »ist das Ende einer Ära.«

Von Dr. Jewell lernte ich als erstes, daß es »die Dhau« gar nicht gibt. Statt dessen nennt man die Schiffe je nach Bauart und Herkunft *Booms, Sambuks, Zarooks, Kotias* oder *Jahazis*.

Booms sind große Boote von etwa dreißig Metern Länge, bei denen Heck und Bug gleich sind; sie werden in Kuwait und dem Iran gebaut. Sambuks sind kleinere Boote aus dem Roten Meer mit einem hohen Galeone-Heck. Zarooks haben einen Krummsäbelbug und kommen aus dem Jemen. Die farbenfrohen Kotias stammen aus Indien und die Jahazis von der kenianischen Insel Lamu.

Keine zwei Dhaus sehen gleich aus, aber alle haben einen gemeinsamen Vorfahren, wie man an dem unverwechselbaren Lateiner-Segel mit dem deutlich nach vorne geneigten Mast erkennen kann. Sie alle werden noch nach dem gleichen alten Konstruktionsprinzip gefertigt, das sich seit den Tagen von Salomon und der Königin von Saba kaum verändert hat.

Dhaus werden traditionell auf Holzspänen mit biblischen Werkzeugen gefertigt: Axt und Dechsel. Die einzige Maschine, die zum Einsatz kommt, ist ein primitiver Bohrer, den der Zimmermann wie ein wild gewordener Geiger mit einem Bogen antreibt, und die einzige Blaupause ist das scharfe Auge des Schiffbauers.

Sie riechen nach dem Holzöl, mit dem sie getränkt sind. Allmählich nehmen die handbehauenen Bootsrümpfe Gestalt an; die aus Teakholz gefertigten Spanten sehen aus wie der Brustkorb eines prähistorischen Seeungeheuers. Die einzige Konzession an das zwanzigste Jahrhundert sind röhrende Dieselmotoren statt Passatwind-Segeln und eiserne Nägel statt der alten genähten Nähte.

Sharif Mohamed Abdulla Shatry war von dem Rückgang des Dhau-Handels empfindlich getroffen worden. Seine Familie lebte seit sechshundert Jahren in Mombasa, und er war früher Mitglied des alten gesetzgebenden Rats von Kenia gewesen. Er war eine imposante Erscheinung, wenn er in seinem weißen *kanzu* in der höhlenartigen Düsternis seines Lagerhauses im Alten Hafen saß, umgeben von Perserteppichen, Messing-Kaffeekannen aus Lamu mit ihren typischen kegelförmigen Deckeln und messingbeschlagenen Truhen aus Sansibar.

»In der alten Zeit stapelten sich die Teppiche bis unter die Decke«, seufzte er. »Aber in diesem Jahr waren die Dhaus halb leer. Alles, was sie brachten, waren vierzig Teppiche und einige Truhen.«

Während sie in Mombasa darauf warten, daß der Monsunwind dreht, kielholen die *nakhodas*, wie die Dhau-Kapitäne genannt werden, ihre Schiffe vor der Heimreise und reiben eine eklige Mischung aus Kamelfett, Limonensaft und Fischtran in die Rümpfe, um das Holz zu konservieren.

Noch in den späten 70er Jahren war es möglich, eine Überfahrt mit einer Dhau zu organisieren. Der Preis wurde bei einer Tasse gewürzten Kaffees ausgehandelt und betrug etwa sieben Pfund für die Fahrt von Mombasa nach Lamu. Man konnte auch für weniger als 300 Pfund die ganze Reise bis zum Golf machen. Das war allerdings keine Luxuskreuzfahrt: Die meisten Dhaus verströmen den typischen Geruch eines Fischmarkts – die unvermeidliche Folge ihrer Ladung aus getrocknetem Fisch. Das Klo ist ein Donnerbalken, der einfach über dem Heck hängt, und die Besatzung lebt von einer spartanischen Diät aus Kaffee, Brot und Reis, die manchmal durch Ziegeneintopf angereichert wird.

Abgesehen von den Touristen-Dhaus, die zwischen den Hotels von Mombasa und Malindi verkehren, ist die Insel Lamu vor Kenias Nordküste heutzutage der beste Platz, um eine Segel-Dhau zu besteigen.

Lamu ist eine träge, gelassene Mischung aus Afrika und Arabien. Man findet ein Labyrinth aus verwitterten Häusern mit geschnitzten Holztüren, Moscheen und Cafés; schmale Gassen, die auf sonnendurchflutete Plätze, Durchgänge und versteckte Höfe führen, Räume in Räumen, wie ein Satz ineinanderpassender Schachteln. Es gibt keine Autos auf Lamu; man reist entweder per Esel oder per Dhau. In der Abenddämmerung schlüpfen verschleierte Frauen aus den Häusern und flattern in ihren schwarzen *bui-buis* durch die Straßen.

Auf Lamu traf ich einen Mann namens Obo, der der beste Fischer der Insel sein sollte. Er nahm mich auf seiner kleinen Fischer-Dhau mit zur Insel Manda, wo wir entlang verlassener Mangrovenbuchten stakten und zwischen frischen Elefantenspuren an Land wateten, um die Ruinen der verlorenen Stadt Takwa zu erforschen.

Noch interessanter war der Besuch von Matondoni, auf der anderen Seite der Insel Lamu. Hier liegt, versteckt zwischen Mangobäumen und Kokospalmen, der wohl letzte Platz in Afrika, wo noch Dhaus gebaut werden. Sogar jetzt noch hatten die örtlichen Händler genug zu tun, um die Jahazis aus Lamu zu beschäftigen: Mangrovenstämme, Korallen, Sand und Zement wurden von und nach Mombasa gebracht; manchmal gab es auch eine weite Fahrt mit Kaffee und Holzkohle für Mogadischu und die Golfregion. Klar, in den 80er Jahren wurden einige Dhaus auch dazu benutzt, um gewilderte Rhinozeroshörner in den Jemen und Elefantenstoßzähne in die Arabischen Emirate zu schmuggeln. Dort hatten die chinesischen Elfenbeinbarone geheime Fabriken für die Elfenbeinschnitzerei errichtet. Sie umgingen so das Gesetz, das den Import von Rohelfenbein nach Hongkong verbietet.

Heute sind die Dhaus von Lamu die letzten ihrer Art, die die Küsten Kenias zieren. Was die arabischen Dhau-Kapitäne, die Söhne Sindbads, und ihre verschwundene Flotte betrifft, hatte sich John Jewells Prophezeiung leider bewahrheitet. »Bald schon«, hatte er gesagt, »werden die Monsunwinde, die ihren Lebensunterhalt sichern, sie aus unseren Gedanken geweht haben wie einen romantischen Traum.«

Jetzt sind die großen ozeantauglichen Booms und Sambuks aus Dubai und Khorramshahr nur noch eine Erinnerung, aber unten in Malindi setzen die einheimischen Fischer immer noch die Segel auf ihren Booten, den *Ngalawas* mit den primitiven Auslegern.

Auch ich stach von Malindi aus in See und fuhr mit Angus Paul, einem jungen Profi-Hochseeangler, hinaus zur Speerfischjagd. Wenn der Nordostmonsun Kaskazi Ende November einsetzt, kommen die Speerfische aus der Tiefe des Ozeans herauf.

Wir fuhren mit einer frischen Morgenbrise im Rücken hinaus auf das Meer. Der Wind blies stetig über das Wasser und trug eine Geruchsmischung aus Gras, Mangobäumen und warmer, feuchter Erde herüber – den Duft Afrikas. In Kenia nennt man diesen Landwind *umande* und betrachtet ihn als gutes Omen für einen erfolgreichen Fischfang.

Sobald wir die hohe See erreichten, wo die großen Fische leben, würde der Wind auf Nordost drehen und der Monsun einsetzen. Aber im Moment war es in Küstennähe noch ruhig, und die einheimischen Fischer setzten ihre Segel und nutzten die Brise aus. Wie wir waren sie auf dem Weg zu den Untiefen und Tiefen hinter den Riffen, wo die Speerfische leben.

Unser Boot, die *Tina*, war kein einfaches einheimisches Schiff, sondern eine rassige, zehn Meter lange Striker-Yacht, die in Holland gebaut worden war. Dank ihres Ford-Sabre-180-PS-Doppeldiesels konnte sie eine Geschwindigkeit von bis zu zwanzig Knoten erreichen. An der Turmbrücke und den Auslegern, die wie lange weiße Barthaare aus ihren Aufbauten herausragten, konnte man sofort erkennen, wofür sie gebaut war. Darauf deutete auch der Kampfstuhl im Heck hin, in dem der Angler sitzt, die Füße gegen die Quersprosse gestemmt und den Schaft seiner Angel in einer Messinghalterung verankert, um so seine gesamte Kraft gegen die riesigen Speerfische des Indischen Ozeans zu konzentrieren.

Für Angus Paul beginnt die Saison im November, wenn die Speerfische in den zweihundert Kilometer langen Fischgründen auftauchen, die sich von der Küste Malindis bis nach Shimoni erstrecken. Hier bleiben sie und fressen sich an den kleineren Fischen – Bonitos, Knochenhechten, Malindi-Heringen – satt, bis der Südwestmonsun Anfang März wieder einsetzt. Dann ziehen sie zum Laichen davon, und niemand weiß, wohin sie ihre weite, geheimnisvolle Wanderschaft führt.

Speerfische sind Nomaden, die mit ihren kräftigen, stromlinienförmigen Körpern für die Wanderschaft durch die weiten Ozeane wie geschaffen sind. Es gibt fünf Arten – Schwertfisch, Segelfisch, Schwarzer Marlin, Blauer und Gestreifter Marlin –, von denen jede einen unterschiedlich geformten knöchernen Schnabel trägt, der allerdings nicht dazu dient, die Beute aufzuspießen, sondern sie mit einer kräftigen Seitwärtsbewegung des Kopfes totzuschlagen.

Der Schwarze Marlin ist am größten, er kann deutlich über 450 Kilogramm wiegen und trifft auf den Köder wie ein angreifender Büffel. In Malindi ist die beliebteste Beute aber der Segelfisch, der in großer Anzahl in der Mündung des Sabaki-Flusses anzutreffen ist. Abgesehen von Costa Rica sind dies hier die besten Gewässer, und meistens fängt die *Tina* zwei Segelfische bei jeder Fahrt.

Die Segelfische sind die Windhunde des Meeres. Sie jagen in Gruppen von bis zu zwanzig Fischen und schwimmen mit einer Geschwindigkeit von etwa 65 Stundenkilometern. Alles an ihnen ist auf größtmögliche Schnelligkeit getrimmt. Sogar ihre Bauchflossen verschwinden in einem Schlitz im Bauch, um den Strömungswiderstand im Wasser zu reduzieren.

Auch sie wachsen zu einer imposanten Größe heran, werden aber nicht so groß wie die Marline; der kenianische Rekord liegt bei 65 Kilogramm. Was die Liebhaber des Hochseeangelns nach Malindi lockt, ist aber nicht das Gewicht, sondern die außerordentliche Schönheit der Segelfische, wenn sie am Ende der Angelleine springen und tanzen: violett und silberglänzend mit schimmernden, pfauenblauen Punkten auf der großen Rückenflosse.

Trotz der großen Anzahl von gefangenen Speerfischen bleiben sie ein großes Rätsel. »Wir wissen immer noch nichts über die Regeln, die ihre Wanderungen bestimmen«, sagt der Besitzer der *Tina*, Herbie Paul. »Einige Leute glauben, daß sie in großen Kreisen bis zu den Seychellen wandern, aber wir wissen nur, daß sie für vier Monate hierher kommen, um zu fressen. Dann verschwinden sie einfach für den Rest des Jahres.«

Vater Herbie und Sohn Angus Paul sind die besten Hochseeangler an der kenianischen Küste. 1986 fingen sie zusammen an einem einzigen Morgen sechzehn Segelfische. Herbie, der altgediente Präsident des Malindi Hochseeangelclubs, wurde vor sechzig Jahren in Rostock geboren und kam schon als sechs Monate altes Baby nach Kenia. Als junger Mann arbeitete er eine Zeitlang mit den einheimischen Dhau-Fischern, die – als Nahrungsmittel – mit Netzen Haifische fingen. Später versuchte er sich auf einer Sisalfarm, aber seine Liebe zum Meer war zu stark, und so kehrte er als Charter-Skipper für die Speerfischjagd nach Malindi zurück. Außerdem betreibt er mit seiner Frau Katerina zusammen die kleine, luxuriöse Lodge Kingfisher in Malindi. Wenn er nicht gerade angelt, führt er zusammen mit seinem zweiten Sohn Alistair Touristen-Safaris im Nationalpark Tsavo-Ost durch.

Er hat schon immer am liebsten Marline gejagt. Viele Leute bitten Herbie, sie zum Haifischangeln mitzunehmen, aber das lehnt er immer ab. »Ich mag Haie«, sagt er und zwinkert mit seinen durchdringenden blauen Augen. Dann wird er für einen Moment ernst: »Sie existieren schon so lange. Sie sind die älteste lebende Kreatur im Meer.«

Heute hat er auch am Speerfischangeln keinen echten Spaß mehr und überläßt Angus gerne die Yacht. »Hochseeangeln ist wie Jagen«, erzählte er mir. »Nach einer Weile möchte man einfach nicht mehr töten.«

Angus ist anders. Schlank und wortkarg wie sein Vater, reizt ihn als jungen Mann noch der Nervenkitzel der Jagd, die Chance, einen Rekordfisch herauszuholen. »Bisher hat noch niemand an dieser Küste einen 450 Kilogramm schweren Marlin an die

Angel bekommen«, sagt er, »aber es gibt sie da draußen.« Obwohl erst 28 Jahre alt, war dies bereits seine elfte Saison als professioneller Charter-Skipper.

Jetzt saß er barfuß in zerrissenen Shorts, mit T-Shirt und Segelkappe am Ruder und unterhielt sich auf Swahili mit seiner Besatzung. Mahomed, der Kapitän, arbeitete seit vielen Jahren mit den Pauls zusammen. Wie Saidi, der Decksmann, ist auch er Moslem, ein Bajuni aus Lamu, und beide Männer sind Experten darin, die tückischen, fünf Zentimeter großen Haken mit einem Köder zu versehen.

Die besten Köder, so Angus, sind frische Malindi-Heringe oder ein Streifen aus dem goldglänzenden Bauch einer Dorade. Sie werden am Haken befestigt, mit einer bunten Auswahl von Blinkern und künstlichen Ködern bestückt und dann achtern nachgeschleppt.

Obwohl ich der einzige Kunde an Bord war, fischten wir mit sieben kurzen Glasfaserangeln, von denen jede mit ihrem metallenen Ende in einer Halterung an den Dollborden verankert war. Um das Verheddern der Leinen zu verhindern, halten Ausleger, an denen Zugwinden und Federklemmen befestigt sind, die beiden äußeren Leinen vom Boot weg. Sobald ein Fisch beißt, lösen sich die Federklemmen, und die Leine läuft wieder ganz normal direkt aus der jeweiligen Angelrute.

Inzwischen hatten wir Mambrui hinter uns gelassen und schleppten unsere Angeln mit sechs Knoten durchs Wasser, wobei sich das Boot in der unruhigen Dünung hin- und herrollte wie ein Schwein in seiner Suhle. Der verschlammte Sabaki-Fluß war durch den Novemberregen angeschwollen und hatte eine enorme Menge jadegrünen Wassers über acht Kilometer weit in das Meer gedrückt. Genau an dieser Stelle, wo die grünen Fluten auf das unbefleckte Blau des Ozeans trafen, hielten sich die Speerfische am liebsten zum Fressen auf.

Hinter Mambrui war die Küste verlassen; sie bestand aus einer Wüste mit Sandbergen, die nordwärts nach Somalia verläuft. Als der Tag wärmer wurde, bildete die aufsteigende Luft große Wolkengebirge am Himmel. Im Westen glänzten die Korallensandstrände von Malindi und Watamu in der Sonne, aber im Landesinneren konnte ich Regenschleier in Richtung des Elefantenlandes im Tsavo-Nationalpark davonziehen sehen.

Vor uns schwebten große Seeschwalbenschwärme, dicht wie Moskitos, über einem See. »*Ndege mingi* (viele Vögel)«, rief Saidi aufgeregt. Die Vögel waren ein gutes Zeichen. Sie jagten die Brut, die von Knochenhechten und Bonitos an die Oberfläche getrieben wurde, die wiederum selber von größeren Meeresbewohnern verfolgt wurden: Segelfischen, Thunfischen, Wahoos und Königsmakrelen.

Als wir näher kamen, sahen wir, daß es im Wasser von jungen Heringen nur so wimmelte und die Seeschwalben wie verrückt über sie herfielen. Jetzt konnte ich auch Schwärme junger Bonitos beim Fressen beobachten, ihre glänzenden Rücken schlingerten durch die Wellentäler, während sie durch die Schwärme der kleineren Fische jagten.

Ohne Vorwarnung begann plötzlich eine der Rollen zu kreischen, und Saidi schubste mich in den Kampfstuhl. Das Ende der Angelrute war fest in der Halterung zwischen meinen Knien verankert, und ich begann den Fisch heraufzuholen: hoch mit der Rute, dann vorwärtslehnen und aufrollen. Ich hatte keine Ahnung, was sich am anderen Ende der Leine befand, aber es war so schwer wie ein Pferd, und meine Unterarme schmerzten durch die Belastung.

Minuten später erschien tief unten, aber langsam näher kommend ein dunkler Schatten. Ein glänzender, bronzefarbener Körper, gedrungen und gekrümmt mit Flossen wie ein Klappmesser. Die Rute rüttelte stark, als der Fisch sich mit all seiner Kraft wand und an der Leine zerrte, aber Saidi war schnell mit dem Speer. In einer einzigen, schnellen Bewegung fand er sein Ziel, und der Fisch wurde über die Reling gezogen und hauchte auf dem Holzdeck sein Leben aus. Das erste Blut, das ich vergoß: ein Thunfisch mit gelben Flossen, geformt wie ein Geschoß.

Es blieb keine Zeit, seine irisierenden Makrelenfarben zu bewundern. Angus rief bereits vom Ruderhaus und deutete nach hinten, wo eine riesige blaue Flosse unser Kielwasser kreuzte. »Ein Segelfisch!«

Und dann ertönte auch schon wieder das nervtötende Kreischen einer Rolle, und wieder stolperte ich hektisch in den Stuhl, um den Kampf aufzunehmen. Dieses Mal tauchte der Fisch tief hinab und zog die Leine so lange hinter sich her, daß es mir fast endlos vorkam. Dann war plötzlich überhaupt keine Spannung mehr vorhanden.

Hatte ich ihn verloren? Ich rollte die Leine schnell auf, fühlte das Rütteln an der Rute und sah ihn aus dem Wasser springen, die riesige Rückenflosse steil aufgerichtet. Einen Moment lang sah es aus, als ob er in der Luft schwebte, sein über zwei Meter langer Körper glänzte purpurn und silbern in der Sonne. Dann tauchte er wieder glatt ins Wasser ein, und wie bei einem Tümmler ging als letztes seine sichelförmige Schwanzflosse unter, und die Leine lief wieder aus.

Nach dem ewigen Hieven und Aufrollen war er langsam erschöpft. Ich blickte ins Wasser und sah die Sonnenstrahlen durch die kobaltblaue Tiefe dringen. Ein großer brauner Schatten kam langsam an die Oberfläche. Sobald er dicht genug war, lehnte Mahomed sich über die Reling und faßte ihn an seinem knochigen Schnabel, schlug ihm auf den Kopf und legte ihn in voller Länge auf dem Deck nieder.

Wir angelten bis zum frühen Nachmittag weiter; die Yacht stieg und fiel in den Wellenbergen des blauen Wassers, die Sonne schien heiß, die Seeschwalben kreischten, und dunkle Gewitterwolken türmten sich am östlichen Horizont.

Manchmal konnte man, verstümmelt durch atmosphärische Störungen, die Stimmen anderer Charter-Skipper über das Funkgerät hören, wenn sie sich wie Kampfflieger miteinander unterhielten. »Tina, Tina, Tina. Wie läuft es? Over.« Ein Boot hatte gerade einen großen Segelfisch verfehlt, der aus dem Wasser gesprungen war und den Haken verloren hatte. Ein anderes Schiff hatte einen anständigen Thunfisch im »Kochtopf« gefangen, einer berühmten Angelstelle vor Watamu, wo das Wasser durch Unterwasserbänke und die verschiedenen Strömungen heftig brodelte.

Aber für uns gab es keine großen Fische mehr. Nur noch eine polierte grüngoldene Dorade, die mit blauen Punkten übersät war, als ob sie gerade mit Tinte bespritzt worden wäre, und eine vier Kilogramm schwere Königsmakrele mit Kiefern wie eine Bulldogge und rasiermesserscharfen Zähnen.

Am späteren Nachmittag fuhren wir an einer Schildkröte vorbei, deren glänzender brauner Panzer so groß wie eine Badewanne war und die sich gelassen von der Strömung treiben ließ. Angus erzählte, daß man manchmal Manta-Rochen auf ihren drei Meter großen Flügeln durch die Tiefe gleiten sehen könne oder auch einen Walhai, einen sanften, planktonfressenden Riesen, der größer als unser Boot ist.

Als wir durch eine Lücke im Riff zurückkehrten, setzten wir den roten Stander des Triumphes – das traditionelle Zeichen eines Malindi-Bootes mit einem Segelfisch an Bord (blau für einen Marlin, gelb für einen Hai). Aber inzwischen tat es mir unendlich leid, daß ich diesen großartigen Fisch getötet hatte.

Ich starrte auf seinen lederartigen Körper. Wie schnell doch die lebhaften Farben verblaßt waren. Die stumpfe Scheibe seines kalten Fischauges, die im lebendigen Zustand so glänzend und wild erschien, starrte mich jetzt vorwurfsvoll an. Ich hatte die Art seines Todes nicht genossen und fragte mich nun, ob ich an diesem Tag wohl der einzige Angler auf dem Wasser war, der sich wünschte, nicht noch einen Fang zu machen.

Irgendwie schien die Größe das Verbrechen zu verschlimmern. Es war viel schlimmer, einen Segelfisch zu töten, als eine Makrele zu fangen. »Mach dir keine Sorgen«, sagte Angus, als ob er meine Gedanken lesen könnte, »kein Gramm wird verschwendet. Segelfische werden geräuchert und an die Hotels entlang der Küste verkauft. Es ist eine große kenianische Delikatesse. Und der Rest des Fangs geht an die Einheimischen.«

In Malindi wurde der Fang in hölzerne Handkarren geworfen, zum Wiegen gefahren, an einen Portalkran gehängt und ausgestellt. Mein Segelfisch wog fast dreißig Kilogramm, nicht schlecht, aber auch kein Rekordfang. Es war mir egal. Ich wollte auch nicht für ein Bild posieren, sondern brauchte dringend ein Bier. Ich ging fort, um Herbie Paul an der Bar des Malindi-Hochseeangelclubs zu treffen.

Das Clubhaus liegt direkt am Wasser unter einem scheunenartigen Dach aus Casuarina-Stämmen, die mit Makuti-Stroh bedeckt waren. Drinnen rührten Ventilatoren die warme Luft um, die direkt vom Meer hereinkam. Herbie schenkte mir ein Tusker-Bier ein und deutete auf den Kopf eines Schwarzen Marlin, der an der Wand hing. Es war ein 375 Kilogramm schweres Monstrum, das 1980 von der *Tina* gefangen worden war. Das Gespräch drehte sich um vergangene heroische Kämpfe mit großen Fischen, wie etwa dem 290 Kilogramm schweren Mako-Hai, der 1964 vor Shimoni erlegt worden war und dabei versucht hatte, über die Reling zu springen, um den Mann im Kampfstuhl zu erreichen – ein authentischer Vorläufer für den Film *Der Weiße Hai*.

Das war eine Erzählung nach dem Geschmack Hemingways, der 1954 in Malindi und im Pemba-Kanal geangelt hatte. Inzwischen wurde ein Luxushotel an der Küste von Watamu nach ihm benannt, das sich bereits einen guten Ruf für das Hochseeangeln von Speerfischen erworben hat. Innerhalb von vier Monaten nach Eröffnung hatte eines der Hotelboote, die *Ol Jogi*, einen »Grand Slam« geschafft, eines der seltensten Ereignisse im Hochseeangeln: ein Segelfisch und alle drei Marlin-Arten an einem einzigen Tag.

Gary Cullen führt das Hemingway's; er zeigte mir einen seiner wertvollsten Schätze: ein ausgeblichenes Exemplar von *A Farewell to Arms*, vom Autor für seinen alten Anglerfreund Oberst »Benji« Horton signiert. »Aber das Hochseeangeln hat sich seitdem sehr stark verändert«, sagte Cullen. »In Hemingways Tagen war es noch ein echter Kampf. Du mußtest da sitzen und es mit dem Fisch bis zum Ende austragen. Jetzt fahren wir das Boot rückwärts zum Fisch hin, während du nur noch kurbelst und kurbelst und kurbelst.«

Cullen selbst war noch bis vor wenigen Jahren ein professioneller Golfspieler in einem der wichtigen europäischen Zirkel. Er gab alles auf, um Hochseeangler zu werden wie vor ihm schon sein Vater

Anthony Cullen, dessen Buch *Crash Strike* ein Klassiker über das Hochseeangeln in Ostafrika ist.

»Golf ist toll«, sagte Gary, »aber immer wenn die Zeit der Marline kommt, fürchte ich, daß ich einfach aussteige und mich nach Kenia aufmache. Speerfische sind so königlich, so kraft- und würdevoll und doch so verletzlich. Sie faszinieren mich, und mir geht es so wie Herbie. Ich fange sie nicht mehr gerne selbst, obwohl ich es mag, Leute zum Angeln hinauszufahren. Aber auch dann erwische ich mich dabei, daß ich mir wünsche, die Fische möchten entkommen, insbesondere wenn der Kunde sie nicht verdient.«

Traurigerweise, für Kenia und für den Rest der Welt, sind die Tage dieser riesigen Ozeanwanderer gezählt. Die Japaner mit ihren *long-liners* und den einer Todesmauer gleichenden Kiemennetzen plündern die kenianischen Hoheitsgewässer seit 1977 mit tödlicher Effektivität.

»Sie können die Fische mit elektronischen Geräten verfolgen«, sagte Cullen. »Sie können tagelang hinter einem Schwarm herschleichen. Ein japanischer *long-liner*, der fünftausend Haken auf mehrere Kilometer verteilt auslegt, kann in einer Nacht so viele Fische fangen wie Kenias gesamte Sportanglerflotte in einem Jahr. Es ist die gleiche Geschichte wie mit den Elefanten. Die Speerfische verschwinden, und keiner kümmert sich darum.«

Als die Sonne hinter den arabischen Häusern der Altstadt unterging, kehrte ich an den Strand von Malindi zurück. Der Monsunwind war eingeschlafen, und die einheimischen Fischer-Dhaus lagen mit eingerollten Segeln im seichten Wasser.

Ich bemerkte einen merkwürdigen, dunklen Schatten im Sand. Es war der große, abgeschlagene Kopf eines riesigen Marlin, den die Fischer heute in ihren Netzen gefangen hatten. Der Körper war auf den Markt gebracht und der Kopf am Strand zurückgelassen worden, wo die Flut ihn wegspülen würde. Jetzt lag er in der einbrechenden Abenddämmerung da, der Schnabel zeigte nach oben in den afrikanischen Himmel, während das Meer hinter dem Riff langsam golden und dann blutrot wurde: ein Mahnmal für eine zum Aussterben verurteilte Art.

# Zurück von den Toten

Wir fuhren langsam durch Tsavo, eine rote Staubwolke hinter uns herziehend, während wir die Augen über die Umgebung wandern ließen, um irgendwelche Bewegungen auszumachen. Irgendwo da draußen, in diesem Meer aus graugrünem Dornendickicht, waren die *shifta*, somalische Banditen und Elfenbeinwilderer. Die *shifta* waren gefährlich, bewaffnet mit automatischen Waffen, und wir wollten ihnen nicht über den Weg laufen.

Das war 1988, als einige Teile von Kenias tierreichsten Gebieten für Touristen als zu gefährlich galten und zu Sperrgebieten erklärt wurden und Soldaten, die Polizei und Anti-Wilderer-Patrouillen die Elfenbeinbanden in blutige Auseinandersetzungen verwickelten, die Tote und Verwundete auf beiden Seiten zurückließen. Ich war trotzdem hingefahren, um für *The Sunday Times* über den Wildererkrieg zu berichten, der Tsavo in einen Elefantenfriedhof aus verrottenden Kadavern und bleichen Knochen verwandelte.

Mein Führer war Marcus Russell, ein Tsavo-Fan, der seine erste Safari bereits als Dreijähriger auf den Schultern seines Vaters erlebt hatte. Jetzt war er Anfang Zwanzig und führte selbst Safaris durch – ein zäher, dunkelhaariger junger Mann in verblichenen grünen Busch-Shorts und Wüstenstiefeln. Unten an der Küste und in Nairobi sagte man, daß Marcus ein ziemlich wilder rebellischer Typ sei. Aber nachdem er in Tsavo Zeuge des Gemetzels geworden war, veränderte er sich und verschrieb sich mit ganzem Herzen dem Kampf zur Rettung der Elefanten.

Er sprach fließend Swahili und hatte eine nette Art, so daß er sich schnell mit den einheimischen Wildhütern anfreundete. Er lernte einiges über die Korruption, in welche viele der Parkangestellten verstrickt waren, seitdem der Elfenbeinrausch eingesetzt hatte. Ich war auf seine direkte Bitte nach Kenia gekommen, um über das Abschlachten der Elefantenherden in diesem Land zu berichten. Marcus war sich der Risiken bewußt, die er auf sich nahm, aber er war überzeugt davon, daß nur der Druck der Weltöffentlichkeit diese Massenschlächterei in Tsavo stoppen könnte. Und nun waren wir, zusammen mit einem drahtigen, kleinen Samburu-Fährtenleser namens Leparowan, tief im Gebiet der *shifta*.

Schließlich waren es die Geier, die uns den Weg wiesen. Dutzende von ihnen kauerten wie widerliche Früchte in den nackten Bäumen. Als wir näher kamen, wurde die trockene, saubere Tsavo-Luft von dem übelkeiterregenden Gestank des Todes verpestet.

Es waren sechs Kadaver: eine ganze Familie war auf dem Weg zum Wasserloch mit Maschinengewehren niedergemäht worden. Es waren junge Elefanten, und sie waren dort umgefallen, wo die Wilderer sie erwischt hatten. Einer war auf die Knie gefallen, seine Ohren waren abgespreizt, als ob er noch lebte. Ein grotesker Anblick: ein Elefant mit abgetrenntem Rüssel und herausgehackten Stoßzähnen.

Ich konnte die Einschußlöcher sehen, wo die Kugeln der Wilderer eingedrungen waren. Die Elefanten waren erst seit zwei Wochen tot, aber vierzehn Tage in der Sonne hatten sie zu Zelten aus roter Haut schrumpfen lassen, übersät mit Geier-Exkrementen und ausgehöhlt von den Hyänen.

Als wir wegfuhren, blies der Wind über die Ebene und trieb einen Regenvorhang zwischen uns und die Sagala-Berge, als ob Gott versuchte, den Anblick dessen zu verbergen, was Menschen seiner majestätischsten Kreatur angetan hatten.

Doch selbst mitten in diesem Gemetzel war es unmöglich, nicht die Pracht dieses schroffen Landes zu bemerken, das schon so lange an den Tod gewöhnt war (der Name »Tsavo« ist ein Wakamba-Ausdruck für Abschlachten). Es war besonders beruhigend zu entdecken, daß seine immensen Ausblicke immer noch vor Leben vibrierten.

Die Luft hatte diesen wundervollen Geruch von Erde, nachdem es geregnet hatte. Goldene Pipits flatterten zwischen unseren Reifen auf; eine Gruppe von Spießböcken galoppierte davon; die Hörner glitzerten im Morgenlicht, und sie machten den Eindruck, als ob sie aus purer Lebensfreude dahinrannten.

Die Landschaft strahlte Schönheit, Wildheit und grenzenlose Freiheit aus, aber es hingen auch Tragik und ein großer, unerträglicher Kummer an Tsavos Bergen und Ebenen, wie ein alter Blutfleck. Die drohende Gewalt war so deutlich zu spüren wie immer.

Eine Woche später ermordete dieselbe Bande weitere sechs Elefanten, aber diesmal hatten sie kein Glück. Während sie zurück in ihr Versteck in den Kulalu-Bergen fuhren, wurden sie aus der Luft von Joe Kioko, dem amtierenden Hauptaufseher des Parks, entdeckt. Innerhalb von zwanzig Minuten waren seine Anti-Wilderer-Patrouillen ausgeschwärmt, und in der nun folgenden erbitterten Schießerei wurden zwei Wilderer getötet und drei weitere festgenommen. Es waren alles Somalis.

Tsavo ist der größte Nationalpark in Ostafrika, eine karge Wildnis von der Größe Wales', die überwiegend mit Commiphora-Büschen bedeckt ist. Die Unendlichkeit der Ebenen wird nur von einigen Flüssen oder den entfernten, blauen Bergketten unterbrochen.

Dieses Gebiet war der wilden Tier- und Pflanzenwelt nur deshalb überlassen worden, weil man mit dem von der Sonne ausgedörrten Trockenland nichts anderes anzufangen wußte. In unserer enger werdenden Welt boten diese zwanzigtausend Quadratkilometer – trotz des jahrelangen Gemetzels der Elfenbeinwilderer – langfristig gesehen einer großen Anzahl von Tieren die besten Überlebenschancen, verglichen mit allen Parks in Afrika. Nicht nur Elefanten, sondern auch Löwen, Leoparden, Geparden, Büffel, Giraffen, Zebras, Antilopen und Gazellen.

Allein Tsavos Größe ist seine besondere Stärke, allerdings gleichzeitig ein Alptraum für die Patrouillen. Das Gebiet kann sich selbst erhalten und ist zäh genug, um die schlimmsten Naturkatastrophen durchzustehen. Welcher andere Park hätte die fürchterliche fünfjährige Dürre überlebt, die 1970 begann und allein neuntausend Elefanten tötete? Doch 1988 schien es, als ob die Wilderer auf dem besten Wege waren, die Herden endgültig auszurotten. In diesem Jahr hätte Tsavo sein vierzigjähriges Bestehen als Kenias bestes Elefantenschutzgebiet feiern sollen. Statt dessen waren die Elefanten auf der Flucht vor der schlimmsten Wilderer-Attacke, die das Land jemals erlebt hatte.

Auf meinem Weg nach Tsavo hatte ich Dr. Iain Douglas-Hamilton, den führenden Elefantenforscher der Welt, in Nairobi aufgesucht. Iain stammt von einer alten schottischen Familie ab; einer seiner Vorfahren war »Black Douglas«, der 1330 auf dem Weg in das Heilige Land in einer Schlacht in Spanien umgekommen war. Iain war 1965 als Oxford-Student erstmals nach Ostafrika gekommen. Er arbeitete an seiner Dissertation über Tierverhalten und hatte die Wahl, Mäuse in England oder Elefanten in Tansania zu studieren. Natürlich entschied er sich für die Elefanten.

Die nächsten fünf Jahre verbrachte er in einem abseits gelegenen Buschcamp im Lake-Manyara-Nationalpark. Bei ihm war nur der tansanische Wildhüter Mhoja Burengo. Iain versuchte, Elefanten als Individuen zu identifizieren, um so die ersten systematischen Studien über ihr Verhalten in der Wildnis durchführen zu können. In dieser Zeit lernte er Oria, seine spätere Frau, kennen; gemeinsam schrieben sie einen Bestseller über ihre glücklichen Tage in Manyara: *Among the Elephants.*

Ich hatte Iain bereits 1974 bei meinem ersten Afrikabesuch getroffen. Am Ende meines Aufenthaltes hatte er mit typisch kenianischer Gastfreundlichkeit darauf bestanden, mich zum Flughafen zu fahren, wo ich meine Maschine zurück nach London besteigen sollte, und seitdem waren wir Freunde. In den dazwischenliegenden Jahren aber war viel passiert. In Manyara wimmelte es inzwischen von Wilderern; seit ihre Idylle zerstört worden war, fuhren Iain und Oria unermüdlich durch Afrika, zählten die Elefantenpopulationen und versuchten, die Welt auf das furchtbare Elefantensterben aufmerksam zu machen.

Und es war schließlich vor allem Iain, der mit seinem unermüdlichen Engagement und klaren wissenschaftlichen Fakten die Welt davon überzeugte, daß man Stoßzähne nicht einfach ernten und wieder nachwachsen lassen kann. Doch 1988 war er noch eine einsame Stimme in der Wüste, und niemand – am allerwenigsten die Wissenschaftler, Politiker und Naturschützer, die am Schicksal der Elefanten etwas ändern konnten – hörte ihm zu.

Iain war verzweifelt. »Laß dich nicht täuschen«, sagte er zu mir. »Was wir hier heute in Afrika sehen, ist die größte Tiertragödie dieses Jahrhunderts. Das Schicksal der Elefanten wird sich daran entscheiden, was hier in Tsavo passiert.«

1974 hatte es überall in Tsavo Elefanten gegeben. Jetzt schien dieses riesige Land völlig verlassen zu sein. Vom Yatta-Plateau bis zu Mtito Andei, von der Kilaguni-Lodge durch das Ngulia-Tal und bis hinunter zum Mudanda-Berg sah ich nicht einen einzigen Elefanten. Und was noch schlimmer war, auch von ihren kübelgroßen Fußabdrücken und von den riesigen grünen Dunghaufen, die ihre Wege markieren, fehlte jede Spur. Nur einige bleiche Schädel, selbst für Hyänen zu groß, um sie aufzubrechen, wiesen auf die Tragödie hin, die sich hier abspielte.

Ich fand sie erst, als ich die Touristen-Lodge in Voi verlassen hatte und dem Fluß Voi zum Kanderi-Sumpf folgte. Da hatte sich wunderbarerweise eine Herde von etwa 150 Tieren versammelt, um sich an dem saftigen Sumpfgras satt zu fressen. Überraschenderweise waren sogar noch ein oder zwei Bullen mit großen Stoßzähnen unter ihnen; aber es gab auch eine unnatürlich große Anzahl von Jungtieren – verwaiste Dumbos mit großen runden Ohren und lächerlich kleinen Rüsseln, ein klares Zeichen für die große Anzahl von Muttertieren und Leitkühen, die den Kugeln der Wilderer zum Opfer gefallen sein mußten.

Während ich die Herde beobachtete, kamen noch mehr Elefanten aus dem Busch, bis schließlich etwa 350 Tiere friedlich fraßen. Nur hier, tief im Nationalpark und nahe einer vielbesuchten Touristenroute, fühlten sie sich sicher.

»Genieße es, solange es noch geht«, sagte Marcus. »Vielleicht siehst du ihresgleichen nie wieder. Du blickst gerade auf etwa 30 Prozent dessen, was von den Herden in Tsavo-Ost noch übrig ist.« Noch ein Jahr zuvor hatte er Herden mit 600 Tieren gesehen. Aber die Wilderer hatten ihren schrecklichen Tribut gefordert. In den letzten sechs Monaten waren mindestens 500 Tiere erschossen worden, die 300 hilflose Jungtiere für die Löwen zurückließen.

An diesem Tag sahen wir keine lebenden Elefanten mehr, aber auf dem ganzen Weg zum Sala Gate kam ich an Knochen und Schädeln vorbei – die Wilderer waren fleißig gewesen. In Tsavo wurden solche Opfer *roadsiders* genannt, Tiere, die aus dem Auto heraus erschossen worden waren. Diese Bezeichnung macht deutlich, daß korrupte Parkangestellte ebenfalls tief in den Elfenbeinhandel involviert waren. Aber die große Masse der Tötungen ging fast ausschließlich auf das Konto der *shifta*.

In diesen schrecklichen Tagen war die Anzahl der toten Elefanten in Tsavo-Ost größer als die der lebenden. In einem kleinen Bereich des Parks zählte ich fünfunddreißig Kadaver, jeder mit herausgehackten Stoßzähnen. Alle waren in den letzten sechs Wochen getötet worden. Ein Tier hatte es geschafft, sich trotz acht Einschüssen davonzuschleppen, und sein zerschmettertes Bein fast vierhundert Meter über den steinigen Grund gezogen. Es verendete dann einige Meter von dem Fluß entfernt, den es unter großen Schmerzen zu erreichen versucht

hatte. Eine Elefantenkuh war erschossen worden, während sie ihr Junges gebar, und lag dort mit ihrem toten Kalb neben sich.

Im gleichen Zeitraum sah ich in diesem riesigen Land nur elf weitere lebende Elefanten. Unter ihnen eine erwachsene Elefantenkuh mit fünf verwirrten Jungen – sie waren die einzigen, die von einer vierhundert Tiere starken Herde übriggeblieben waren, die Marcus nur wenige Monate zuvor noch gesehen hatte.

Als Tsavo 1948 gegründet wurde, ging es vor allem darum, diese riesigen wandernden Herden, mit die größten Afrikas, zu schützen. Hier konnten die Elefanten noch frei über das weite, staubige Antlitz Afrikas ziehen. Das war zumindest die Idee.

Aber der Park wurde von Anfang an von Wilderern heimgesucht. In den frühen Tagen waren es die einheimischen Wakamba- und Waliangulu-Bogenschützen – gute Jäger, die in den Park kamen, um die großen Bullen mit vergifteten Pfeilen zu erlegen. Einigen dieser Wilderer wie beispielsweise dem legendären Galo-Galo Kafonde wurde der Tod von vielen hundert Elefanten zugeschrieben, und doch hatte ihre Jagd bis etwa 1970 nur wenig Auswirkung.

Seit Jahren war der Preis für 500 Gramm Elfenbein unverändert bei einem Pfund gewesen. Aber 1969 und 1972 verdreifachten die Preise sich; das war fast eine Verzehnfachung des Preises in nur drei Jahren. Es gilt als sicher, daß dieser Boom von einigen großen internationalen Händlern und Spekulanten hervorgerufen wurde, die ihre Vorräte zurückhielten. So wurde Elfenbein über Nacht zu einem Wertgegenstand, der – wie Gold – in einem Banktresor weggeschlossen wurde, entweder als Schutz gegen Inflation oder um Währungskontrollen zu umgehen.

Das sprach sich schnell bis zu den Wilderern im Busch herum, und der Elfenbeinrausch begann. Von Kenia aus griff der illegale Handel sehr schnell auf das benachbarte Uganda und Tansania über und verbreitete sich dann weiter wie eine Seuche, bis jeder Bereich des Elefantengebiets betroffen war.

1974 befand sich Tsavo im Belagerungszustand. Mit der Ankunft der Wilderer aus Somalia hatte sich die Situation nochmals verschärft. Sie waren mit halbautomatischen Waffen aus dem vom Krieg erschütterten Horn von Afrika bewaffnet. Die gut organisierten Truppen unter der Führung von David Sheldrick, dem gefürchteten Oberaufseher des Parks, stießen an die Grenzen ihrer Möglichkeiten, hatten das Gebiet aber immer noch unter Kontrolle.

Dann wurde 1976 die kenianische Nationalparkbehörde mit der für Wildtiere verschmolzen, ein Schritt, der von Naturschützern mit Bestürzung und Mißtrauen gesehen wurde – und das mit gutem Grund. Schon damals wurde die Abteilung für Wildtiere der Korruption verdächtigt. Für das kleinere, aber nicht korrupte Tierpark-Amt war dies der Anfang vom Ende. Sheldrick wurde unerklärlicherweise aus Tsavo verwiesen; sechs Monate später starb er an einem Herzinfarkt. Während des folgenden Chaos hatten die Wilderer völlig freie Bahn.

Als eine seiner letzten Handlungen als Aufseher hatte Sheldrick einen Bericht über Elfenbeinwilderei in Tsavo erstellt. Er unterstrich darin seine Besorgnis über die wachsende Macht der Somalis. »Ihr plötzliches, überaus zahlreiches Auftauchen ist höchst wahrscheinlich politisch motiviert«, schrieb er mit prophetischer Weitsicht. »Sie nehmen sich durch die Besetzung das, was sie mit Waffengewalt nicht bekommen konnten. Sie sind planmäßig in großer Zahl eingedrungen und stellen im Tsavo-Park eine außerordentlich ernste Bedrohung dar.«

Wie groß diese Bedrohung war, wurde im Februar 1988 deutlich, als Iain Douglas-Hamilton im Auftrag von Perez Olindo (dem damaligen Direktor des Amtes für Schutz und Verwaltung der Wildtiere Kenias) eine Luftzählung der Elefanten in Tsavo organisierte. Olindo wußte, daß eine weitere, deutliche Erhöhung des Elfenbeinpreises eine neue Flut von Tötungen im Park ausgelöst hatte.

Die Erhebung bestätigte die schlimmsten Befürchtungen. Die Herden in Tsavo waren von 17 487 auf 4327 Tiere geschrumpft – ein Verlust von 75 Prozent seit der letzten großen Zählung 1972.

Für die Naturschützer war diese Situation ein deprimierendes Déjà-vu-Erlebnis. 1975 hatte es einen großen Skandal gegeben, als die britische Presse aufdeckte, daß Familienmitglieder von Präsident Jomo Kenyatta in den illegalen Elfenbeinhandel verwickelt waren und einige der höchsten Beamten des Ministeriums für Wildtiere dies schweigend duldeten. Als Daniel Arap Moi 1978 Präsident wurde, entließ er diese Beamten sofort, und eine Zeitlang sah es so aus, als ob die Wilderer in Kenia unter Kontrolle wären. Aber in den frühen 80er Jahren begann das Töten von Nashörnern und Elefanten erneut und ging unvermindert weiter, bis innerhalb von zehn Jahren schließlich nur noch vierhundert Nashörner und 15 Prozent der Elefanten übrig waren.

Die beiden Fragen, die sich jedermann stellte, waren: Wer brachte Kenias Elefanten um? Und wer war schuld daran?

In Tsavo zweifelte niemand daran, daß dieser neue Anstieg der Wilderei fast ausschließlich auf das Konto der somalischen *shifta* ging – auch wenn sie Hilfe von kenianischen Händlern in Mombasa und Malindi hatten und vermutlich von korrupten Beamten im Ministerium für Wildlife und Tourismus geduldet wurden.

Die Angaben über die tatsächliche Zahl der Wilderer wichen stark voneinander ab. Einige berichteten von Banden mit neunzig Mitgliedern, aber das war höchstwahrscheinlich eine Übertreibung. Meistens arbeiteten sie in Gruppen von sechs bis fünfzehn Leuten, die Hälfte bewaffnet und der Rest angeheuert, um die Stoßzähne herauszuhacken. Einige waren Kenianer somalischer Abstammung, aber viele waren direkt aus Somalia, unter ihnen Deserteure und Guerillas, die im Buschkrieg trainiert waren.

Sie zogen zu Fuß durch den Park und lebten von dem, was das Land hergab. Sie erpreßten Geld und Vorräte aus den umliegenden Dörfern und jagten wahllos, um sich mit Fleisch zu versorgen. Nur ein paar Tage vor meiner Ankunft hatte eine Patrouille eine tote Giraffe gefunden. Die Wilderer hatten nur die Zunge zum Verzehr herausgeschnitten und den Rest den Geiern überlassen.

Tagsüber schliefen die Bandenmitglieder im Dickicht und ließen eine Wache in einem Baum zurück. Sie kochten nur nachts, wenn der Rauch des Lagerfeuers sie nicht verraten konnte. Wenn sie von den Anti-Wilderer-Patrouillen überrascht wurden, flüchteten sie immer in Richtung Berge. Dort hatten sie ihre Hauptverstecke und Beobachtungsposten.

Mit der Abenddämmerung zogen sie los, um frischen Spuren zu folgen oder Wasserlöcher zu beobachten. Die gefährlichste Zeit für die Elefanten waren Vollmondnächte. Dann konnten die Wilderer ungestört zuschlagen, denn sie wußten, daß die Beobachtungsflugzeuge des Parks erst bei Morgendämmerung wieder starten konnten.

Seit dem Beginn dessen, was Iain Douglas-Hamilton als »Kalaschnikow-Revolution« bezeichnete, waren moderne Waffen in Ostafrika billig zu bekommen. Die Unruhen in Idi Amins Uganda und die endlosen Kriege am Horn von Afrika überschwemmten den Kontinent mit überschüssigen Waffen und Munition. 1988 konnte man ein Automatikgewehr für nur 500 kenianische Schillinge (ca. 17 Pfund) erwerben. Diese Art Waffen verschaffte den Wilderern gegenüber den Patrouillen einen deutlichen Vorteil. Denn die mußten noch mit ihren alten, aus dem Zweiten Weltkrieg stammenden .303ern schießen.

Nachdem sie einen Elefanten getötet hatten, hackten sie die Stoßzähne mit Äxten heraus und versteckten sie in Warzenschweinhöhlen, bis ein genügend großer Vorrat entstanden war, der dann aus dem Park geschafft werden mußte. Die Stoßzähne wurden zu Fuß sogar bis zur Hauptstraße gebracht, die Mombasa mit Nairobi verbindet und den Tsavo-Park in zwei Teile teilt. Es gibt keine Zäune, und das Gebiet ist so riesig, daß es ein leichtes gewesen sein muß, ein unbeobachtetes Treffen an der Straße mit einem Mittelsmann zu arrangieren – insbesondere, seit die Somalis auch Kenias Lastfernverkehr dominierten.

1988 erhielten die Wilderer für 500 Gramm Stoßzähne etwa vier Pfund, abhängig von der Größe und der Qualität des Elfenbeins. Obwohl die Größe der Stoßzähne im Durchschnitt zurückgegangen war, die Banden hatten ja bereits die meisten der großen Bullen und Leitkühe getötet, ging die Wilderei weiter.

Tonnen von Stoßzähnen, viele nicht größer als Kerzen, gingen durch die Hände der asiatischen und arabischen Händler in Mombasa, Malindi und Lamu, von wo sie mit einer Dhau über den Pazifik nach Dubai geschmuggelt wurden. Dort wurden sie »gewaschen« und dann ganz legal als »bearbeitetes Elfenbein« in den Mittleren und Fernen Osten exportiert.

Es waren ungefähr ein Dutzend großer und einige kleinere Händler beteiligt. Die meisten waren der Polizei bekannt, aber diese *mafuta mingi*, die Fetten, wie sie auf Swahili genannt werden, waren sehr reich und hatten die besten Verbindungen. Und obwohl bereits einige Händler von der Polizei verhört worden waren, war bisher noch keinem die Lizenz entzogen worden.

In den Jahren 1987 und 1988 fand eine wachsende Anzahl von Stoßzähnen ihren Weg auch nach Somalia. Dort war das Elefantenjagen verboten, da die Herden auf unter viertausend Tiere geschrumpft waren. 1987 wurde kein Elfenbein aus Somalia exportiert, aber es begannen Gerüchte zu kursieren, daß die Regierung einen Vorrat aus »konfisziertem« Elfenbein anlegen würde, das vorher in Kenia mit aktiver Unterstützung der somalischen Regierung gewildert worden war.

Im Juni 1988 gab Somalia bekannt, es wolle fünftausend Stoßzähne exportieren, und erhöhte diese Zahl nur fünf Monate später auf achttausend. Da diese Zahl viertausend tote Elefanten bedeutete – die gleiche Menge, die Somalias gesamten Bestand ausmachte –, muß man denen, die daran zweifelten, daß dieses Elfenbein aus Somalia stammte, ihr Mißtrauen nachsehen. Tatsächlich kamen die meisten Stoßzähne mit an Sicherheit grenzender Wahrscheinlichkeit aus Tsavo.

Das Abschlachten der Tsavo-Herden und die wachsende Bedrohung durch die Banden wirkten sich nachteilig aus: Die blühende, auf Wildlife-Safaris basierende Tourismus-Industrie ist die Haupteinnahmequelle Kenias. Das Töten der Elefanten und das Ausbleiben der Besucher würden Kenias Wirtschaft zusammenbrechen lassen.

Ziemlich ungläubig vernahmen die Naturschützer George Muhohos (Kenias Minister für Wildlife und Tourismus) Behauptung, die Effizienz beim Wildtierschutz sei verbessert worden. Er sprach auf einer Pressekonferenz in Nairobi, nur zwei Tage nachdem somalische Wilderer drei Wildhüter im Kora-Nationalreservat erschossen hatten; dort lebte auch George Adamson mit seinen Löwen. Muhoho gab zu, daß die Wilderer in den letzten drei Monaten 92 Elefanten erschossen hätten (die tatsächliche Zahl lag viel höher), und drückte sein »Bedauern« darüber aus, versicherte aber seinen Zuhörern, daß die betroffenen Gebiete trotzdem für Touristen sicher seien.

Das war zuviel für Richard Leakey, den angesehenen Paläontologen und Vorsitzenden der East African Wildlife Society. Zwei Tage später veröffentlichte er eine wütende Attacke gegen Muhoho. Er sei unfähig, die Wilderei zu bekämpfen, und sein Ministerium gebe reine Lippenbekenntnisse für den Naturschutz ab. Leakey forderte Muhoho auf, die Wahrheit über die Ermordung der Elefanten zu sagen.

Am nächsten Tag schlug Muhoho zurück. Warum, fragte er, zweifele die East African Wildlife Society die Zahlen an, die er bekanntgegeben habe und die zeigten, daß in Kenia immer noch 22 000 Elefanten lebten? Und er forderte Leakey auf, die Namen hochgestellter oder weniger hochgestellter Personen zu nennen, die in die Wilderei verwickelt seien.

Leakey brachte das nicht zum Schweigen. Die Zahl 22 000 sei irreführend, sagte er. Ende 1988 seien nicht mehr als 20 000 Elefanten, vielleicht sogar weniger, in Kenia gewesen. Und dann ließ er die Bombe platzen. Der Minister, sagte er, habe bereits eine vertrauliche Liste mit Namen von Leuten in seinem eigenen Ministerium erhalten, die an der Wilderei beteiligt seien. Das Dokument sei Muhoho vor über einem Monat übergeben worden und habe seitdem nur Staub angesetzt.

»Ich weiß aus zuverlässiger Quelle, daß diese Sache bereits von der Polizei verfolgt wird, und somit ist es der Minister, der Namen nennen sollte«, erklärte Leakey. »Ich weiß, daß der Minister eine Kopie dieses Dokuments bekommen hat. Ich habe keine bekommen.«

Muhohos einzige Reaktion war, Leakey wegen seiner »frechen weißen Art« anzugreifen, womit er – fälschlicherweise – andeuten wollte, daß nur die Weißen in Kenia sich um den Schutz der Wildtiere sorgten.

Für Muhoho, einen ehemaligen Jesuiten-Priester und den Bruder der Witwe von Präsident Kenyatta, Mama Ngina, war dies ein verhängnisvoller Auftritt. Aber zumindest hatte der erbitterte Streit mit Leakey die Krise auf die Spitze getrieben und eine nationale Debatte über das Schicksal der Elefanten und die chronische Unfähigkeit des Ministeriums für Wildlife und Tourismus ausgelöst, die Wilderer und Elfenbeinhändler zur Strecke zu bringen.

»Wie viele Wildhüter müssen wir noch verlieren, bevor wir merken, daß dies nicht nur eine Bedrohung für die Wildtiere, sondern auch für uns ist?« schrieb Hilary Ng'weno, Kenias angesehenste Journalistin im *Nairobi Weekly Review*. »Es sollte mit Sicherheit mehr unternommen werden, als nur mutige Presseerklärungen zu verbreiten. Wenn es stimmt, wie die Regierung ja selbst zugibt, daß einige Angestellte von Nationalparks, Reservaten und dem Amt für Wildtiere mit den Wilderern kooperieren, dann müssen sie nicht nur gefeuert, sondern auch festgenommen und für ihre Verbrechen angeklagt werden.«

Inzwischen wurden die Wilderer immer dreister. Im September 1988 wurde ein Tourist angeschossen und schwer verwundet, als eine Bande einen Safari-Minibus im Meru-Nationalpark aufhielt und ausraubte. Zwei Wochen später, nachdem Präsident Moi allen Beamten der Nationalparks befohlen hatte, auf Wilderer zu schießen, sobald sie diese zu Gesicht bekämen, wurde ein Lastwagen mit einer Acht-Mann-Patrouille der kenianischen paramilitärischen General Service Unit (GSU) von fünfzig bewaffneten Wilderern im Gebiet nahe Tsavo-West überfallen. In der vierstündigen Schießerei wurden zwei GSU-Männer getötet und mehrere verwundet.

Im folgenden Monat töteten die Wilderer elf Elefanten fast in Sichtweite der berühmten Hilton-Salt-Lick-Tourist-Lodge. Und im November 1988 unternahmen die Wilderer ihren dreistesten Akt: Sie überfielen den Meru-Nationalpark und töteten fünf seltene Breitmaulnashörner.

Als Präsident Moi von dieser Schandtat hörte, soll er aus der Haut gefahren sein. Dieses Mal hatten die Wilderer und ihre Beschützer es zu weit getrieben. Inzwischen waren zehn Wildhüter und Aufseher entlassen und Dutzende andere verhört worden.

Schließlich wendete sich das Blatt. Im September hatten sich die Dinge bereits leicht gebessert, als ein neuer Mann, Joe Kioko, ein harter, erfahrener Aufseher aus Nairobi, die Verantwortung für Tsavo-Ost übernahm. Dieser Schritt brachte der Anti-Wilderer-Einheit ihren ersten, höchst notwendigen Sieg in diesem Elefantenkrieg. Am 16. November erwischten Kiokos Leute eine somalische Bande, töteten zwei Wilderer und verletzten drei weitere.

Im trockenen Buschland von Tsavo sind die Elefanten das Herzstück des gesamten Ökosystems. Sie sind die Architekten der afrikanischen Savanne, sie öffnen das dicke Commiphora-Dornengestrüpp und ermöglichen so, daß hier das Gras wachsen kann, von dem sich die Herden der Spießböcke, Impala, Zebras und Gazellen ernähren. Wenn sich die Weideflächen ausdehnen, steigt der Wasserspiegel; die Wurzeln des ganzjährigen Grases reichen über sechs Meter in die Tiefe hinab und brechen die harte Kruste auf, die durch Buschwerk entstanden ist.

Elefanten zerstören Bäume, das ist richtig. Aber sie pflanzen auch viele neue Bäume, da sie die Samen weit herumtragen und mit ihren Dunghaufen verteilen. Und wo immer sie herumwandern, entstehen durch ihr Herumstochern mit den Stoßzähnen und Herumwälzen im Matsch Wasserlöcher, aus denen andere Tiere trinken können.

Mit dem Verschwinden der Elefanten kehrte das Gestrüpp zurück und mit ihm die Tsetsefliege, der Viehkiller. Saisonale Wasserläufe trockneten aus, Wasserlöcher verschwanden. Sogar die alten Elefantenpfade, die ältesten Straßen Afrikas, wurden undeutlicher und vom Busch langsam überwuchert.

Auch wenn die Wilderei sofort über Nacht aufhören würde, würde es viele Jahre dauern, bis die Herden sich wieder erholt hätten. Dr. Joyce Poole, eine amerikanische Biologin, die schon seit vielen Jahren die Elefanten Kenias beobachtete, hatte einige alarmierende Belege gefunden, die auf ein Zusammenbrechen der Sozialstruktur der Elefanten hindeuteten. Männliche Elefanten sind frühestens mit dreißig Jahren geschlechtsreif. Da aber die älteren Bullen das meiste Elfenbein zu bieten haben, waren sie das vorrangige Ziel der Wilderer. Als Tsavos Elefanten im Februar 1988 gezählt wurden, war unter den mehr als zweitausend Tieren nur ein einziger erwachsener, geschlechtsreifer Bulle. Auch viele der alten Leitkühe, die die matriarchale Gesellschaft der Elefanten anführen, waren wegen ihrer Stoßzähne umgebracht worden, so daß es viele führungslose Familien und verwaiste Kälber gab.

»Diese Elefanten verlieren ihr Wissen über den Park, wo man etwas zu fressen, Wasser und Schutz finden kann«, sagte Joyce Poole. »Sie verlieren ihre gesamte Kultur.« Außerdem, sagte sie, sei jedes Kalb unter zwei Jahren, das seine Mutter durch die Wilderer verliert, seinerseits zum Tode verurteilt. Selbst die drei- bis zehnjährigen hätten nur eine fünfzigprozentige Überlebenschance.

Die Schlachtfelder von Tsavo waren ein Mikrokosmos für das, was den Elefanten in ganz Afrika widerfuhr, von Nairobi bis nach Mauretanien und von der Atlantikküste in Gabun bis zu den Mangrovenbuchten um Lamu am Indischen Ozean.

Seit vielen Jahren hatte der Weltmarkt für Elfenbein Afrika behandelt, als sei es ein bodenloses Faß, gefüllt mit Elefanten. Inzwischen waren so viele getötet worden, daß sie in fünf Jahren völlig ausgerottet sein würden, wenn das Abschlachten so weiterginge. Und dann wäre das Undenkbare wahr: eine Welt ohne Elefanten.

1981 gab es noch über eine Million Elefanten in Afrika; seitdem hatten die Wilderer ihre Zahl auf etwa 650 000 reduziert. Zur gleichen Zeit hatten die Zahlen in Ostafrika um mehr als die Hälfte abgenommen: von 429 000 auf etwa 150 000, wobei Kenias Herden von 65 000 auf 19 000 Tiere geschrumpft waren und immer noch schrumpften.

Doch langsam kam die Wahrheit ans Licht: daß der internationale Elfenbeinhandel verdorben bis ins Mark war und daß die CITES (Convention on International Trade in Endangered Species, das Washingtoner Artenschutzübereinkommen) in dem Versuch, den Handel zu kontrollieren und Afrikas Elefanten zu schützen, völlig versagt hatte. 1986 hatte man begonnen, den Welthandel mit Elfenbein zu beobachten. Seitdem waren nur zweiundzwanzig Prozent des Elfenbeins aus legalen Quellen gekommen. Der Rest entsprach 89 000 toten Elefanten, die von Wilderern getötet worden waren.

»In den meisten Gebieten Afrikas ist der Elfenbeinhandel für den Niedergang der Elefanten verantwortlich«, hatte Iain Douglas-Hamilton mir in Nairobi gesagt. »Es gibt zu viele Schlupflöcher, durch die das gewilderte Elfenbein in den Handel gelangen kann. Das ganze System ist außer Kontrolle geraten.« Iain forderte ein internationales Moratorium für den Elfenbeinhandel, das den Herden Zeit zur Erholung verschaffen sollte, aber es war ein mühsamer Kampf.

Ein Verbot des Handels mit Elfenbein war auch der Traum von Daphne Sheldrick, der Witwe von David Sheldrick, der sein ganzes Leben dem Schutz der Tsavo-Elefanten gewidmet hatte. Daphne kämpfte unermüdlich, um den Handel zu stoppen, und hatte außerdem ein Tierwaisenhaus in einer Ecke des Nairobi-Nationalparks aufgemacht, wo sie Babyelefanten, deren Mütter von Wilderern getötet worden waren, von Hand aufzog. Sie hoffte, daß diese Waisen eines Tages vielleicht wieder ausgewildert werden könnten.

»Jedes Stück Elfenbein ist eine bedrückende Erinnerung an ein einstmals stolzes, majestätisches Tier, das Teil einer eng verbundenen, liebevollen Familie war«, sagte Daphne. »Der Elefant ist außer uns vielleicht die einzige Kreatur, die die Fähigkeit zum Verständnis des Todes hat und die Unsagbares erleiden muß, nur damit ihre Stoßzähne zu billigen Schmuckstücken verarbeitet werden können. Das ist ein hoher Preis für das Elfenbein, und niemand sollte daran teilhaben wollen.«

Das war die Situation, als ich mit Marcus Russell im November 1988 nach Tsavo fuhr. Für die Elefanten von Tsavo und in ganz Afrika schien das Ende des Weges erreicht zu sein. Ich stand auf der kahlen Granitkuppel des Mudanda-Felsens und starrte hinaus in die verlassene Landschaft, wo ich vor nur zehn Jahren unzählige Elefanten gesehen hatte. Zu Tausenden waren sie durch den Park gewandert, rotbraun gefleckt durch ihre Schlamm- und Staubbäder. Aber seitdem waren die meisten erschossen worden, und die Coucals ließen ihren Klagegesang entlang des Galana-Flusses erklingen. Sie betrauerten den Verlust der weisen, alten Riesen, deren schwere Füße ein Netz aus gewundenen Pfaden durch das undurchdringliche Dickicht erschaffen hatten.

Als ich im November 1989 zurückkehrte, hatte das Schicksal der afrikanischen Elefanten und ihres größten Verbreitungsgebiets in Kenia eine wunderbare Wandlung erfahren.

In meiner Abwesenheit war viel geschehen. Präsident Moi hatte im Juli in Nairobi in einer mutigen Aktion öffentlich einen riesigen Haufen von Stoßzähnen im Werte von zwei Millionen Pfund verbrennen lassen und so den Willen seines Landes unterstrichen, die verbliebenen Elefanten zu schützen. Die Flammen und der Rauch stiegen in den Himmel auf und waren das Zeichen für die Wilderer in den Parks, daß ihre Wilderei nicht länger geduldet werden würde und daß sie von nun an ohne Gnade gejagt werden würden.

Diese drastischen Maßnahmen kamen keinen Moment zu früh; die letzte Zählung aus der Luft von Iain Douglas-Hamilton hatte gezeigt, daß in Tsavo nicht mehr als 6500 Elefanten lebten.

Auf dem CITES-Treffen im Oktober in Lausanne, das von Iain Douglas-Hamilton, Daphne Sheldrick, Joyce Poole, Richard Leakey und allen anderen, denen die Zukunft der Elefanten am Herzen lag, mit viel Hoffnung erwartet worden war, stimmte die Welt für ein Ende des Elfenbeinhandels – zumindest bis zum Frühjahr 1992.

Für Tsavo hatte die Erholung im April begonnen, als Muhoho entlassen und Leakey zum Direktor des Amtes für Schutz und Verwaltung der Wildtiere Kenias ernannt worden war. Eine seiner ersten Tätigkeiten war, die *shifta*-Banden aus Tsavo zu verjagen, die einige Bereiche des Parks praktisch in unbetretbare Zonen verwandelt hatten.

»Vor einem Jahr noch haben wir pro Tag zwei Elefanten verloren«, sagte Leakey, ein gedrungener Mittvierziger, dessen warmes Lächeln und freundliche Art über seinen eisernen Erfolgswillen hinwegtäuschten. »Heute stoßen unsere täglichen Patrouillen nicht einmal mehr auf Spuren von Wilderern. Der Druck ist weg. Außer einem Einzelfall vor einem Monat, bei dem vier Elefanten knapp innerhalb der Grenze von Tsavo-Ost erschossen wurden, haben wir seit Juni nicht ein Tier verloren.«

Ich hörte das Donnergrollen in den Bergen. Es war gut, wieder hier zu sein und die roten, erdigen Straßen eines Landes längszufahren, das ich genausosehr liebengelernt hatte wie mein Heimatland. Und diesmal brauchte ich keine Angst davor zu haben, daß die Kugel eines Wilderers die Windschutzscheibe durchschlagen könnte.

Seit Monaten schon war die ziegelrote Erde ausgetrocknet und aufgebrochen gewesen, denn in Tsavo hatte eine der periodischen Dürren geherrscht. Jeden Tag schien die Sonne auf eine Million grausamer Dornen, auf die Quarzkiesel der ausgetrockneten Flußläufe und die trockenen Knochen alter Löwenbeute.

Dann war der Regen gekommen und hatte die Vergangenheit weggewaschen, die nach Atem ringenden Ebenen wieder aufgefüllt und das aschefarbene Yika-Dickicht in ein blätterreiches Paradies verwandelt. Die Akazien blühten und füllten die Luft mit ihrem honigsüßen Duft. Frisches Gras brachte zarte Triebe hervor, und weiße Anthericum-Lilien schossen über Nacht aus dem Boden, um ihren kurzen Lebenszyklus von Blüte und Frucht zu vervollständigen, bevor die nächste Dürre hereinbrach.

Etwa fünfzehn Kilometer vor der kleinen Siedlung Mtito Andei, vier Stunden südlich von Nairobi auf der Mombasa-Straße, bog ich auf die zerfurchte Piste ab, die zum Tsavo River Camp führt. Als ich hier 1978 das erstemal herkam, bestand es nur aus einer Reihe von verblichenen, grünen Baumwollzelten zwischen den Palmen am Flußufer. Inzwischen war es umgebaut und vergrößert worden und hatte sich mit seinem Swimmingpool und dem offenen Speiseraum unter einem luftigen Dach aus Makuti-Stroh zu einem beliebten Wochenendziel für Stadtmenschen aus Nairobi gemausert.

Nach einem Ruf über den Athi-Fluß brachte der Fährmann mich über das Wasser ans andere Ufer. Später, nach dem Essen und einer kurzen Siesta im Schatten meines Zeltes, fuhr ich zur Tierbeobachtung in den grenzenlosen Busch, der sich bis an die Wände des Escarpments des Yatta-Plateaus erstreckte. Die Vögel pfiffen und schnatterten im hellen Sonnenlicht: Papageien, goldene Webervögel, irisierende blaugrüne Stare. Der Ruf eines Tiputip perlte von einem Affenbrotbaum wie Wasser von einer Flasche.

Der Pfad, der sich durch das Dickicht wand, war mit frischen Spuren von Büffeln, Giraffen, Zebras und Löwen übersät; aber ich sah nur graziöse Impalas und den schwindenden Schatten eines Kleinen Kudus, der sich wie Rauch durch das unendliche Dickicht verzog.

Bisher gab es keine Elefanten, aber das störte mich nicht. Die Schatten wurden länger. Frankoline gruben sich unter dem Wart-ein-bißchen-Strauch ein und kreischten dabei mit ihren rostigen Stimmen. Wir fuhren auf das Escarpment hinauf, um den

Sonnenuntergang hinter dem schneebedeckten Kilimandscharo zu bewundern, und machten uns dann in der Dunkelheit auf den Heimweg, wobei einige Ziegenmelker durch das Licht unserer Scheinwerfer huschten.

Tsavo River Camp ist ein idealer Platz zum Ausspannen. Am nächsten Tag bei Morgendämmerung lag ich in meinem Zelt und lauschte, wie der Busch langsam durch das Gezwitscher des Gelbscheitel-Bülbüls und der Weißbrauenrötel zum Leben erwachte. Dann hörte ich das gleichmäßige Patschen von nackten Füßen im Staub, und eine leise Stimme sagte auf Swahili: »*Hodi?* (Bist du wach?)«

»*Karibu* (Herein)«, antwortete ich. Das Zelt wurde aufgemacht, und ein afrikanisches Gesicht mit einem breiten Lächeln tauchte auf. »*Chai, bwana.*« Ich zog mich schnell an und setzte mich draußen hin, um meinen Tee zu trinken. Rotäugige Tauben gurrten wie zufriedene Babys, und Grüne Meerkatzen mit auffällig azurblauen Hoden schüttelten Akazienhülsen von den oberen Ästen herab.

Kilaguni, Tsavos bekannteste und gleichzeitig Kenias älteste Wildtier-Lodge (erbaut 1926), ist ganz anders. Sie wurde erheblich erweitert und ist der Publikumsmagnet von Tsavo-West, eine Raststätte, wo die Safari-Minibusse mittags haltmachen. Die Wasserlöcher hinter der Veranda waren verwaist bis auf ein gespenstisches Trio Marabustörche, bot aber nach wie vor einen unvergleichlichen Blick über die Ebenen zu den sanft ansteigenden Gipfeln der Chyulu-Berge.

Von Kilaguni fuhr ich in das breite Ngulia-Tal hinunter, vorbei am Roaring Rock und der Ngulia-Lodge in den Hügeln darüber, um wieder an der Mombasa-Straße herauszukommen. Auf der anderen Straßenseite lag Tsavo-Ost, noch wilder, weiter und entlegener als Tsavo-West. Am Mudanda Rock

hielt ich an und kletterte den verwitterten Hang hinauf, um den Busch nach Elefanten abzusuchen. Aber jetzt, nachdem der Regen eingesetzt hatte, hatten sich die Tiere, die den Wilderern entkommen waren, über den ganzen Park verstreut.

Der Regen hatte die Wasserlöcher wieder aufgefüllt, und auf dem ganzen Weg nach Voi sah man in der Ebene die Bewegungen von Kongonis und Thomson-Gazellen. Zebras ästen im frischen, grünen Gras, Büffel erhoben sich dunkel glitzernd aus ihren Schlammlöchern, und ein Leopard, der sich auf der Straße gesonnt hatte, rannte in Deckung, als wir näher kamen.

Wir erreichten Voi-Lodge, als die Sonne hinter den Hügeln verschwand. Ein einzelnes Impala stand an der Straße und starrte angestrengt in die mit Sträuchern verstopfte Rinne, in der Perlhühner aufgeregt gackerten. Ich konnte kein umherstreifendes Raubtier entdeckten, wachte aber später, in den frühen Morgenstunden, durch das Gebrüll eines Löwen auf und fragte mich, ob er wohl ein Abkömmling der legendären Menschenfresser aus Tsavo war, deren Schreckensherrschaft den Bau der ugandischen Eisenbahn im letzten Jahrhundert verzögert hatte.

Voi vereinigt alles, was eine gute Safari-Lodge in Kenia ausmacht. Es liegt an der Seite eines Granit-Kammes, der Swimmingpool ist in die Felsen eingelassen, und halb Tsavo liegt einem zu Füßen. Nachts huschen Ginsterkatzen an die Futterstelle im hell erleuchteten Garten, und bei Tagesanbruch stürzen Mauerseglerkolonien wie Pfeilregen aus ihren Nestern unter den Sparren der Lodge hervor, um die Morgensonne zu begrüßen.

Als der Tag wärmer wurde, saß ich mit einem kalten Bier auf der Terrasse und beobachtete die dicken afrikanischen Wolken, die oben über den Rand der

Erde segelten. Ich fühlte mich, als ob ich am Ende des Universums angekommen war. Hoch über mir hing ein kohlrabenschwarzer Verreaux-Adler im Wind, unter mir gab es nichts als Busch, durchzogen mit Tierpfaden, gepunktet mit Ameisenhügeln und den flachen Kronen der Akazienbäume – die ausladende Leere der Ebene, wie sie den endlos kreisenden Geiern erscheinen mußte.

Am nächsten Tag traf ich Herbie Paul, den alten Hochseeangler, den ich in Malindi besucht hatte. Er hatte mich eingeladen, in seinem Safari-Camp am Ufer des Galana-Flusses einige Zeit zu verbringen. »Dieses Land ist so groß, daß man lange fahren muß, um die Tiere zu finden«, sagte er, als wir durch die Ebene in der Nähe des Aruba-Damms kreuzten, »aber ich kann dir einen wilderen, viel aufregenderen Park zeigen, als die Standard-Minibus-Safari ihn bieten kann.«

Er hatte recht. Seine scharfen Augen hatten ganz in der Nähe zwei Löwinnen mit grauem Fell ausgemacht, die sich im tiefen Dickicht versteckten. Tsavo-Löwen sind völlig anders als die großen, trägen Katzen der Massai Mara. Sie waren durch unsere Anwesenheit beunruhigt und drehten sich zu uns um, die Ohren flach angelegt und die Eckzähne in nervösem Fauchen entblößt, das uns warnte, nicht näher zu kommen.

Wir fuhren langsam Richtung Galana weiter. »Dies ist ein hartes Land«, sagte Herbie und starrte in die Öde der steinigen Ebene mit den abgebrochenen Baumstümpfen, die sich in alle Richtungen erstreckte. »Es taugt nur für Elefanten. Ich mag es«, fügte er mit stiller Befriedigung hinzu.

Wir trafen noch mehr Löwen, eine Büffelherde, eine Gepardenmutter mit einem einzelnen Jungen und außerdem einen so großen Schwalbenschwarm,

der über dem Fluß jagte und zwitscherte, als wären es alle überwinternden Tiere Europas. Und – am schönsten von allem – eine kleine Familie von roten Tsavo-Elefanten, angeführt von einer Leitkuh mit zerfetzten Ohren und langen, dünnen Stoßzähnen, die uns langsam bis auf einige Meter herankommen ließ, während sie ihren Rücken an einer großen Akazie schubberte.

Das war der Beweis, daß Tsavos Elefanten von den Toten auferstanden waren, um den Faden ihrer früheren, friedlichen Existenz wieder aufzunehmen. Wenn das Elfenbeinverbot aufrechterhalten werden kann, kann auch Tsavo vielleicht wieder werden, was es sein sollte – ein Ort des Friedens für Elefanten und Menschen.

Zurück im Camp, geduscht, erfrischt und zufrieden mit dem, was ich von Tsavos Wiedergeburt gesehen hatte, betrachtete ich den Sonnenuntergang und beobachtete, wie die Pelikane sich in den Bäumen am anderen Flußufer zum Schlafen niederließen. In der Flußmitte erhob sich ein Flußpferd und tauchte mit einem behaglichen Seufzer wieder unter. Als die Nacht mit der für die Tropen typischen Schnelligkeit hereinbrach und die erste kleine Zwergohreule unter den Sternen zu rufen begann, schnitt sich Herbies Waliangulu-Fährtensucher zwei Feuerstöcke zurecht – einen aus weichem Holz als Fundament und einen aus hartem Holz als Kreisel; diesen drehte er dann so lange sehr schnell zwischen den Händen, bis aus dem getrockneten Elefantendung, den er als Zünder benutzte, Rauch aufstieg.

Diese Szene ist so alt wie Afrika selbst. Draußen in der Dunkelheit zitterte die Luft vom Grollen der Löwen, aber wir waren sicher in unserem Kreis aus Wärme, von dem die Funken hoch in die endlose afrikanische Nacht flogen.

Oben: Gepardenmutter mit ihren Jungen im Massai-Mara-Reservat in Kenia (Brian Jackman)
Unten: Brian Jackman (links) mit Jonathan Scott, aufgenommen 1980, während sie die Marsch-Löwen beobachteten (Brian Jackman)

*Oben: Die Marsch-Löwen: das Rudel, das Jonathan Scott und Brian Jackman fünf Jahre lang in der Massai Mara beobachtet haben (Jonathan Scott)*

*Unten: Mkubwa, Brando und Scar, die drei führenden Männchen des Marsch-Löwen-Rudels, ruhen sich in der Nähe des Governor's Camp aus (Jonathan Scott)*

*Oben: Eine Löwin schleicht durch das hohe Gras. Die Männchen sorgen für die Sicherheit des Rudels, aber die Weibchen sind die besseren Jäger (Jonathan Scott)*

*Unten: Anspannung im Rudel: ein männlicher Löwe bedroht ein zehn Wochen altes Junges auf dem Kadaver eines Elefanten (Jonathan Scott)*

*Oben: Die Massai Mara gehört den Massai – einem kriegerischen Nomadenstamm, dessen Viehherden sich die Hochebenen mit den Herden der Wildtiere teilen (Jonathan Scott)*

*Unten: Das größte Wildlife-Spektakel der Welt: die Weißbartgnus der Serengeti ziehen über den Mara-Fluß (Jonathan Scott)*

*Oben: Gen Himmel in einem Picknickkorb: Touristen auf einer frühmorgendlichen Ballon-Safari über der Massai Mara (Jonathan Scott)*

*Unten: Jonathan Scott, preisgekrönter Fotograf und Autor mehrerer hervorragender Bücher über die ostafrikanische Tierwelt (Jonathan Scott)*

Oben: Leopard in den Mara-Buffalo-Felsen im Massai-Mara-Reservat (Jonathan Scott)

Unten: Die Netzgiraffe aus dem Nordosten Kenias kann man leicht an ihrem Mosaikpflasterfell erkennen (Jonathan Scott)

*Große Ohren, eine aufrecht stehende Mähne und ein Fell wie ein Nadelstreifenanzug, das sind die Markenzeichen der Grevy-Zebras. Das Samburu-Wildreservat in Kenia ist ein wichtiges Verbreitungsgebiet dieser großartigen Tiere (Jonathan Scott)*

*Reise auf dem Kamel: eine ideale Art, die wilde Halbwüste Nordkenias zu erforschen. Julian McKeands Kamel-Safaris werden immer von einer Gruppe farbenfroh gekleideter Laiakipiak-Massai begleitet (Brian Jackman)*

Oben: Herbie Paul, der langjährige Präsident des Malindi-Hochseeangel-Clubs und Besitzer der King-fisher-Lodge (David Coulson)

Links: Der Stolz von Malindi: der prächtige mauve- und silberfarbene Segelfisch, der 65 Kilometer pro Stunde schwimmen und bis zu 70 Kilo wiegen kann (David Coulson)

Oben: Laden im Lamu-Stil. Lamu-Stadt ist ein auto-
freies Labyrinth enger Straßen und verborgener
Plätze, versteckt hinter ihrem langen Uferstreifen
(David Coulson)

Rechts: Geschnitzte Holztüren auf der kenianischen
Insel Lamu, einer trägen, gelassenen Mischung aus
Afrika und Arabien (David Coulson)

Oben: Ein Scheiterhaufen aus Elfenbein. Der kenianische Präsident Moi ließ Elefantenstoßzähne und andere Trophäen in Nairobi aufschichten und verbrennen (David Coulson)

Links: Ein Vermögen geht in Rauch auf: das konfiszierte Elfenbein war zwei Millionen Pfund wert. Die Botschaft war unmißverständlich: keine Wilderei mehr (David Coulson)

Oben: Ein Elefantenbulle in Tsavo, einer der Glücklichen, die dem Elefantenkrieg entkommen sind (David Coulson)
Unten: Auf Safari in Tsavo-Ost mit dem Malindi-Fischer Herbie Paul, der am Fluß Galana auch ein kleines Privatcamp leitet (David Coulson)

*Oben: In den Hochzeiten der Wilderei gab es im Tsavo-Nationalpark mehr tote Elefanten als lebendige (Jonathan Scott)*
*Unten: Spitzmaulnashörner: Tansanias Ngorongoro-Krater ist einer der letzten Zufluchtsorte dieser gefährdeten Spe-*
*zies (Brian Jackman)*

*Oben: Geier – Afrikas dunkle Engel des Todes – entdecken einen Kadaver in den Ebenen der Serengeti sehr schnell (Brian Jackman)*

*Unten: Die Weißbartgnus sehen vielleicht unbeholfen aus, aber sie sind die erfolgreichste Antilopenart in Afrika, bestens ausgestattet für die Härten ihres Nomadenlebens (Jonathan Scott)*

*Oben: Die Serengeti ist Heimat für viele Arten von Fleischfressern, aber keine ist so majestätisch wie der Löwe (Jonathan Scott)*
*Unten: Ein Goldschakal, einer der kleineren Bewohner des berühmten Ngorongoro-Kraters in Tansania (Jonathan Scott)*

*Oben: Sonnenaufgang in der Serengeti; zu dieser Zeit kann man die Löwen in der Ebene am besten bei der Jagd beobachten (Brian Jackman)*

*Unten: Jedes Jahr sammeln sich die Weißbartgnus in den Ebenen der Serengeti, wo ihre Kälber im Februar geboren werden (Jonathan Scott)*

# Adamson von Afrika

Sobald sie die Stimme von George Adamson hörte, ließ die große Löwin von der Hirschantilope ab, die sie am Fluß getötet hatte, und trottete den Pfad hinunter auf uns zu. »Arusha, altes Mädchen«, rief Adamson und warf seine Arme um ihren Hals.

Es war ein unglaublicher Anblick: Der alte Mann lächelte, und die Löwin legte ihren riesigen Kopf auf seine nackte Schulter. Sie grunzte vor Freude ihn wiederzusehen, während Adamson ihre gelbbraunen Flanken tätschelte und seinerseits leise knurrende Geräusche von sich gab.

Ich saß auf dem Beifahrersitz von Adamsons klapprigem Landrover. Das Fenster war heruntergekurbelt, und um uns herum konnte ich die wachsamen gelben Löwenaugen von Arushas Rudel sehen. »An deiner Stelle würde ich nicht aussteigen«, sagte George.

Ich hatte nicht die geringste Absicht, das zu tun, insbesondere nicht, da Arusha nun herüberkam, um mich in Augenschein zu nehmen. Ihr Maul war noch feucht von dem Blut der getöteten Hirschantilope, und ich konnte ihren warmen Atem riechen, als sie mich durch das geöffnete Wagenfenster anstarrte.

Das war im Januar 1980, am Tag nach der Beerdigung von Georges Frau, Joy Adamson, in Nairobi. Kaum zwei Monate waren vergangen, seit ich sie das erstemal in ihrem Camp im Shaba-National-reservat getroffen hatte. Dort hatte sie an ihrem neuesten Buch gearbeitet, in dem es um einen von Hand aufgezogenen Leoparden namens Penny ging, den sie im nördlichen Kenia wieder ausgewildert hatte. Nun war sie tot, ermordet von einem früheren Camp-Mitarbeiter.

Als ich sie das letztemal gesehen hatte, war sie fast siebzig. Ein Bein war eingegipst, denn sie hatte sich bei einem Sturz das Knie zerschmettert. Vor nicht allzu langer Zeit war das Camp niedergebrannt, nachdem der Gaskühlschrank explodiert war, und bei dem Feuer waren viele ihrer Habseligkeiten verbrannt, darunter auch unwiederbringliche Fotografien von Penny. Die langen Jahre in der Sonne hatten ihre faltige Haut ledrig werden lassen, aber ihr Haar war immer noch blond, und ihre blauen Augen waren noch genauso klar wie an dem Tag, an dem sie George 1944 zum erstenmal verzaubert hatten.

Joy Adamson hatte den Ruf, ein Drache zu sein. Aber als ich unangemeldet in ihrem Camp erschien, begrüßte sie mich sehr freundlich, bat mich, Platz zu nehmen, bot mir ein Bier an und redete vier Stunden lang über ihre Leoparden und darüber, wie sie mit ihnen auf eine merkwürdige Art telepathisch verbunden war.

Sie beugte sich mit glänzenden Augen aus ihrem leinenbespannten Stuhl vor. »Die Leute in Nairobi halten mich für verrückt«, erzählte sie mir, »aber ich habe diese Gabe. Penny und ich können kommunizieren. Ich weiß, was dieser Leopard denkt.«

Joy Adamsons Problem war, daß sie ausgezeichnet mit Tieren, aber sehr schlecht mit Menschen, insbesondere mit ihren afrikanischen Mitarbeitern, umgehen konnte. Wer sie gut kannte, war nicht überrascht zu hören, daß ein junger Turkana-Koch, den sie einige Monate zuvor entlassen hatte, zurückgekehrt war und sie mit einem Stich ins Herz getötet hatte.

Als die Nachricht über ihre Ermordung das Büro von *The Sunday Times* in London erreichte, wurde ich nach Nairobi geschickt, um darüber zu berichten. Bei dieser Gelegenheit traf ich George Adamson zum erstenmal. Nach der Beerdigung erzählte ich ihm, daß ich mit Jonathan Scott zusammen an dem Buch über die Marsch-Löwen der Massai Mara arbeitete. Ganz spontan und mit dieser großzügigen Art, auf die man in Kenia so oft trifft, lud er mich in sein abgelegenes Camp im Kora-Reservat ein. »Warum kommst du nicht mit und siehst dir meine Löwen an?« fragte er. »Ich fliege morgen früh zurück nach Hause, und in der Maschine ist noch ein Platz frei.«

Nachdem wir gelandet waren, belud er sofort seinen Landrover mit Kamelfleisch und suchte am Ufer des Flusses Tana nach seinen Löwen. Hier war es, wo ich das außergewöhnliche Verhalten von George und Arusha bei ihrem Wiedersehen beobachtete.

Als ich ein Jahr später wiederkam, wurde Arusha vermißt. Wofür George gearbeitet und was er gleichzeitig gefürchtet hatte, war vor einem halben Jahr passiert: Arusha hatte ihr Rudel über den Fluß und damit aus dem Reservat herausgeführt. Sie trug immer noch das Halsband mit dem Peilsender, aber inzwischen waren die Batterien erschöpft, und George hatte sie nicht mehr verfolgen können.

Und was noch schlimmer war: Es war Vieh getötet worden, und Arusha war zuletzt mit einer Speerwunde an ihrem Hinterteil gesehen worden. George nahm an, daß Arusha und ihr Rudel inzwischen vielleicht getötet worden waren. Aber dennoch machte er sich jeden Tag mit seinem Landrover auf den Weg; rufend durchkämmte er Koras staubige Wildpfade auf der Suche nach Anzeichen dafür, daß seine Löwen doch noch am Leben waren.

George Adamson kam vor über einem halben Jahrhundert aus Indien nach Afrika, um auf der Kaffeefarm seines Vaters zu arbeiten. Aber das Leben auf der Farm gefiel ihm nicht: »Eine Kaffeebohne sieht genauso aus wie die andere«, sagte er immer. Er begann eine abwechslungsreichere Karriere: Jagd auf Elfenbein, Goldschürfen, Handel mit Bienenwachs und sogar Milchlieferung in alten Whiskyflaschen. Seine wahre Bestimmung fand er schließlich 1938 im Kenya Game Department.

Nach einer kurzen Dienstzeit im militärischen Nachrichtendienst während des Zweiten Weltkrieges kehrte er nach Ostafrika zurück, um seinen Job als Wildhüter wiederaufzunehmen. Er tötete menschenfressende Raubtiere und verfolgte Elfenbeinwilderer in der Nordprovinz von Kenia.

Dann kamen zwei Ereignisse, die Georges Leben veränderten. 1944 heirateten er und Joy, und 1956 stand er plötzlich mit drei verwaisten Löwenbabys da, nachdem er ihre Mutter hatte erschießen müssen, weil sie Menschen angegriffen hatte. Das Kleinste war weiblich, und die Adamsons nannten sie Elsa. Damit begann die außergewöhnliche Geschichte von *Born Free (Frei geboren)*, die Joy internationale Anerkennung verschaffte. George aber nahm einen anderen Weg, den nach Kora, wo er den Rest seines Lebens einem sehr gefährlichen Geschäft widmete, dem Auswildern von Löwen.

*Frei geboren*, die Geschichte von Elsa, ihrer Auswilderung und ihrem frühen Tod im Meru-Nationalpark, machten Joy zu einer wohlhabenden Frau. Auch die Nachfolger *Living Free* und *Forever Free* waren sehr erfolgreich, von allen Büchern zusammen wurden über dreizehn Millionen Exemplare verkauft. Aber der Erfolg brachte auch Druck und Streß mit sich. Für Joy wurde das Leben zur Tretmühle: mehr Bücher, mehr Filme, mehr Artikel und Interviews. Es war typisch für sie, daß sie fast alle ihre Tantiemen aus den Veröffentlichungen dem Elsa Wildlife Appeal spendete.

Während dieses ganzen Rummels blieb George still im Hintergrund, außerhalb des Rampenlichts, das Joy hervorrief. Zwangsläufig litt ihre Beziehung darunter. Joy hatte viele gute Eigenschaften, aber es war nicht immer einfach, mit ihr zusammenzuleben. George war ihr dritter Ehemann; sie hatte 1935 den Österreicher Victor von Klarwill geheiratet und nach der Scheidung von ihm 1938 den Schweizer Botaniker Peter Bally. Auch diese Ehe wurde geschieden; selbst ihre engsten Freunde beschrieben sie als »herrisch und schroff«. Andere nannten sie in Anspielung auf ihre zahlreichen Affären die »Menschenfresserin von Meru«.

Schließlich trennten sich die Adamsons freundschaftlich nach 26jähriger Ehe. Beide empfanden immer noch viel Zuneigung füreinander, und Joy verbrachte Weihnachten sehr gern mit George, aber nun trennten sich ihre Wege. Joy arbeitete erst mit Geparden und widmete sich dann der Aufzucht und Auswilderung der jungen Leopardin Penny in Shaba. George kehrte zurück in den Busch zu seinen Löwen.

Er war das Blutvergießen inzwischen leid, das mit seinem Beruf verbunden war, und hatte sich 1963 aus dem Kenya Game Department zurückgezogen. Seit den idyllischen Tagen mit Elsa in Meru hatten ihn die Großkatzen mit ihrem komplexen Sozialverhalten immer mehr fasziniert; als er und Joy sich 1970 trennten, sagte er, daß er seine Arbeit mit den Löwen für wichtiger halte als seine Ehe, und ging nach Kora.

Wenn man das erstemal in Kora landete und aus dem Flugzeug in den heißen Wüstenwind kam, hatte man das Gefühl, unter einem gigantischen Fön zu stehen. Die Landebahn lag etwa 1,5 Kilometer von Adamsons Camp entfernt, und das erste, was einem ins Auge fiel, war ein Schild an einem Baum: »Achtung, Löwen-Territorium. Camp anfunken und warten«.

Fast das ganze Jahr hindurch wird Kora von der Dürre ausgetrocknet; die rostrote Erde ist mit silbergrauen Büschen bedeckt, und glatte Granithügel scheinen in der flirrenden Luft davonzuschweben. Es ist ein unwirtliches Land, das von 15 Zentimeter langen Skorpionen und in der Erde versteckten Vipern bewohnt wird und in dem es ständig Überfälle von Banden gibt; aber es ist auch unvergeßlich schön und hat mit dem Fluß Tana eine ständig grüne Ader mit Wasser und Schatten für Flußpferde, Elefanten, Kudus und Löwen.

»Ich habe mich für Kora entschieden, weil das der einzige Ort war, an den ich meine Löwen mitnehmen durfte«, erzählte George mir. »Es war eine Art Niemandsland, das keiner haben wollte.« Er pachtete es von der Gemeinde – 750 Pfund pro Jahr für 1300 Quadratkilometer wildestes Afrika.

Als er mit seinem Bruder Terence das erstemal hierherkam, gab es keinerlei Straßen. Aber Terence war ein passionierter Straßenbauer, und Kora verfügt jetzt über fünfhundert Kilometer Fahrbahnen, die alle in Handarbeit aus dem unberührten Busch herausgeschlagen wurden.

Adamson nannte sein neues Zuhause *Kampi ya Simba* – »Löwen-Camp«. Es lag nur drei Kilometer südlich des Äquators und entwickelte sich schnell zu einer Art »Zoo verkehrt«, in dem die Löwen frei herumliefen und Adamson und seine Leute innerhalb eines umzäunten Bereichs lebten. Dort standen einige Zelte und ein Landrover, den George von Professor Bernhard Grzimek geschenkt bekommen hatte. In einer anderen Ecke rottete eine alte, mit Perlhuhndreck bedeckte Mercedes-Limousine vor sich hin, die einmal dem kenianischen Oppositionspolitiker Tom Mboya gehört hatte.

Das Leben in Kora war einfach, aber niemals langweilig. Sogar der Besuch des *choo* (Klo) war ein Abenteuer. Die Latrine des Camps bestand aus dem aufgerichteten Kieferknochen eines Elefanten, der über einer schmalen Grube auf zwei Brettern strategisch ausbalanciert worden war.

Das Zentrum des Camps war der Eß- und Aufenthaltsraum, eine offene Hütte mit Strohdach auf hölzernen Pfeilern. Die Hütte war mit all den Utensilien des Buschlebens geschmückt: Tilley-Lampen, Taschenlampen, Ferngläsern und vielen weißen Minipferden, die von den Flaschen von Georges Lieblingswhisky stammten, der immer zum Sonnenuntergang genossen wurde.

Es gab jede Menge Bücher über die afrikanische Tierwelt, ein Funkgerät, um mit Nairobi Kontakt zu halten, zwei alte Gaskühlschränke und einen Waffenschrank mit Georges Gewehren. Von der Decke, direkt über dem Tisch und den leinenbespannten Stühlen, blickten George und seine Löwen von vergrößerten Fotos herab.

Nicht alle Tiere lebten auf der anderen Seite des Zauns. Mit den Jahren teilte George sein Camp mit vielen verschiedenen Geschöpfen. Backenhörnchen bettelten nach Erdnüssen. Gelbschnablige Nashorn-vögel hüpften auf dem Tisch zwischen den Tellern umher und schnappten sich die Reste. Crikey und Croakie, ein Paar Borstenraben, die ihr Nest in den Felsen von Kora hatten, schauten zum Tee vorbei. Die Kappengeier Bourne und Hollingsworth saßen auf dem Zaun, und ein sechzig Zentimeter langer Nilwaran, der unerklärlicherweise Guildford genannt wurde, schlief im Strohdach.

Manchmal gab es auch unwillkommene Besucher. Während meines Aufenthaltes verschwand plötzlich eine große Kobra in einem Loch unter dem Gemüseschrank. George entledigte sich ihrer, indem er ganz lässig eine Flinte in das Loch hineinhielt und beide Läufe leer schoß.

Aber es waren die Löwen und Georges außergewöhnliches Verhältnis zu ihnen, die Kora zu etwas Besonderem machten. Sie waren auf ziemlich ungewöhnlichen Wegen hierher gelangt. Boy hatte die Hauptrolle in dem Film *Frei geboren* gespielt. Christian war ein Zoolöwe in fünfter Generation, geboren in Ilfracombe (Devon, England), der über Harrods und ein Möbelhaus in Chelsea nach Kora gelangt war.

Innerhalb eines Jahres hatte sich Georges Rudel von drei auf acht Löwen vergrößert, und es wurde immer klarer, daß er einen Assistenten brauchte. Und gerade zu dieser Zeit kam ganz unerwartet Hilfe in Gestalt eines jungen Engländers namens Tony Fitzjohn. Er hatte seinen Job als Milchmann in London hingeschmissen und war bis nach Kenia runtergetrampt. Er hatte nur einen Wunsch: mit Tieren arbeiten. Zu Georges großer Freude stellte sich heraus, daß er für den Umgang mit Löwen geradezu geboren war.

Fitzjohn war zäh und tüchtig. Er konnte einen Landrover auseinandernehmen, ein Radio reparieren, und er war »dem alten Mann« vorbehaltlos ergeben, obwohl der Unterschied zwischen diesen beiden Männern enorm war: der zurückhaltende, zufriedene alte Patriarch und sein ruheloser, extrovertierter Erbe. Fitzjohn sah es so: »Wenn George General Custer ist, dann bin ich Billy the Kid.«

Inzwischen wurden die Löwen von Kora immer zahlreicher. Zwei von ihnen, Lisa und Juma, hatten ihre ersten Jungen bekommen, und als Lisa plötzlich auf mysteriöse Weise verschwand, adoptierte Juma ihre Jungen. Inzwischen war Christian vollständig ausgewildert worden und sorgte für sich selbst. George Adamson ging davon aus, daß man etwa zwei Jahre brauchte, um einen verwaisten Löwen für das Leben in der Wildnis vorzubereiten. »In dieser Zeit«, sagte George, »muß er lernen, in der Wildnis zu jagen, und bereit sein, sein Territorium zu verteidigen.«

Die Löwen starteten das »Rehabilitationsprogramm« in einem eingezäunten Bereich, der an Georges Unterkunft grenzte. Hier begannen George und Tony mit unendlicher Geduld ihr Vertrauen zu gewinnen. Sobald die Löwen ihre menschlichen Pflegeeltern akzeptiert hatten, wurden sie auf Spaziergänge durch den Busch mitgenommen.

Wenn sie älter wurden, durften die Löwen kommen und gehen, wie es ihnen gefiel. Sie blieben manchmal tagelang fort, um ihr neues Reich in der Wildnis zu erkunden, aber sie waren noch abhängig von dem Kamelfleisch, für das George immer von seinem mageren Einkommen sorgte. Erst wenn sie gelernt hatten, selber zu jagen, konnte man sicher sein, daß sie sich an die Wildnis gewöhnt hatten.

Die größte Bedrohung für das Programm waren die wilden Löwenmännchen, die bereits im Kora-Reservat lebten. Mindestens zwei Tiere aus Georges Rudel, unter ihnen Mona Lisa, waren von ihnen getötet worden. Es gab auch noch andere Tragödien;

so wurde ein Waisenjunges namens Katania von einem Krokodil getötet. Aber trotzdem wurde das Rudel immer größer, und im Jahre 1974 gab es vier Neuzugänge. Gigi und Growlie kamen aus dem Tierheim in Nairobi. Der vier Monate alte Fred kam aus Garissa. Der vierte Neuling war ein sechs Monate altes Weibchen aus dem Rotterdamer Zoo: Arusha.

Als Arusha erwachsen war, avancierte sie schnell zur dominierenden Persönlichkeit in Kora. Sie war bei weitem die größte Löwin und wurde schließlich das führende Weibchen des Rudels. Und doch waren sich Tony und George einig, daß sie von allen Löwen immer die umgänglichste gewesen ist.

Es gab natürlich auch Unfälle. George, Terence und Tony hatten alle Narben. Es war schon ein gefährliches Geschäft, in dem sie tätig waren. 1975 griff ein männliches Löwenjunges namens Shyman aus dem Wurf von Juma unerklärlicherweise Fitzjohn an und biß ihm in den Hals. Und dann passierte etwas ziemlich Außergewöhnliches: Ein anderer Löwe rannte hinzu, fauchte Shyman an und hielt ihn so in Schach, bis George kam. Inzwischen blutete Fitzjohn sehr heftig. »Werde ich sterben, George?« flüsterte er. »Ja, ich glaube schon«, sagte George, »aber ich werde tun, was ich kann.«

Tony hatte Glück: Der »fliegende Doktor« kam rechtzeitig, und er überlebte; allerdings war es eigentlich Fred, das junge Löwenmännchen aus Garissa, das sein Leben gerettet hatte.

Eines Abends erzählte George, daß er einmal selber gerade noch davongekommen sei. 1978 war er von Suleiman, einem zwei Jahre alten Löwenmännchen, angegriffen worden. »Suleiman und seine Schwester Sheba tauchten auf, als ich draußen im Busch unterwegs war. Sie waren in Spiellaune. Während ich vor mir Sheba abwehrte, griff Suleiman mich von hinten an und warf mich zu Boden. Ich versuchte, ihn mit meinem Stock zu verjagen, aber das machte ihn nur wütend. Er begann zu knurren und schlug seine Zähne in meinen Nacken. Glücklicherweise hatte ich einen Revolver dabei – das ist selten der Fall. Ich konnte die Waffe ziehen und wollte einen Schuß über seinem Kopf abgeben, um ihn zu erschrecken, aber der Revolver ging nicht los. Ich feuerte nochmals – und wieder nichts. Schließlich gelang es mir, zwei Schüsse abzugeben, aber die machten keinen Eindruck auf Suleiman, er biß nur noch fester zu. Verzweifelt zielte ich über meine Schulter und schoß auf ihn. Sofort ließ er mich los, ging ein paar Schritte zurück, setzte sich neben seine Schwester und wirkte etwas überrascht. Inzwischen blutete ich heftig, konnte aber das Camp noch erreichen. Terence rief den ›fliegenden Doktor‹, und der hat mich zusammengeflickt. Am nächsten Tag erschien Suleiman, ihm war kaum etwas anzumerken, außer daß er eine Kugel in der Schulter stecken hatte. Doch kurz danach wurde er von einem Flußpferd getötet.«

Suleimans Tod war eigentlich eine Erleichterung für George, so blieb es ihm erspart, ihn zu erschießen, wie er 1971 Boy hatte töten müssen. Damals hatte George einen afrikanischen Assistenten namens Stanley. »Ich hatte ihm eingeschärft, niemals alleine aus der Umzäunung zu gehen, aber er hat es doch getan, um nach wildem Honig zu suchen«, erzählte Adamson. »Als er Boy kommen sah, wurde er panisch und rannte davon. Das war das Schlimmste, was er tun konnte. Boy rannte ihm nach und packte ihn, und mir wurde klar, verdammt noch mal, daß ich Boy erschießen mußte. Ich schoß Boy ins Herz und trug Stanley in meine Hütte; aber er starb kurz darauf, eine Schlagader war durchgebissen.«

Am zweiten Weihnachtsfeiertag 1978 ereilte Terence Adamson fast das gleiche Schicksal. Er war nur ein paar Meter außerhalb des Camps und hielt an, um ein Streichholz anzuzünden. Da er sich vorbeugte, um die Flamme vor dem Wind zu schützen, konnte er einen jungen Löwen namens Shade nicht sehen, der sich an ihn heranschlich. »Plötzlich schrie einer meiner afrikanischen Mitarbeiter«, sagte George. »Ich blickte mich um und sah Shade von Terence weggehen. Er hatte tiefe Bißwunden im Gesicht und verdammt viel Glück, daß ihn das nicht umgebracht hat.« Kurz nach diesem Zwischenfall wurde entschieden, das Löwenprogramm zu beenden. Aber George blieb weiterhin in engem Kontakt mit seinen Löwen und fuhr regelmäßig hinaus, um sie mit großen Stücken Kamelfleisch zu füttern.

Ein leidenschaftsloser Beobachter hätte damals die Kosten zusammengezählt und gefragt, was mit Kora erreicht worden ist. Ein toter Afrikaner. Die Adamson-Brüder und Tony Fitzjohn hatten tiefe Fleischwunden davongetragen. Einige der ausgewilderten Löwen waren sofort von Flußpferden, Krokodilen und wilden Löwen getötet worden. Andere waren einfach verschwunden, höchstwahrscheinlich von den Somalis erschossen, erstochen oder vergiftet.

Aber George hielt hartnäckig an seiner Idee fest, daß es möglich sei, verwaiste Löwen aufzuziehen und auszuwildern. Trotz der Verletzungen durch Suleiman war sein Vertrauen in die Großkatzen ungebrochen. Er hatte etwas erreicht, was noch niemandem vorher gelungen war: Er konnte der Welt ein von Menschen zusammengeführtes Rudel wilder Löwen zeigen, das frei im Busch lebte. Bis Anfang der 80er Jahre waren insgesamt siebzehn Löwen ins Löwen-Camp gebracht worden. Es waren zweiundzwanzig Junge zur Welt gekommen, von denen viele von wilden Löwenmännchen in Kora gezeugt worden waren. Das machte George Adamson so stolz. Aber die Tragödie von Kora hatte gerade erst begonnen.

Schon seit seiner Ankunft 1970 hatte Adamson davon geträumt, Koras trockene Wildnis zu einem Wildreservat ähnlich dem von Meru zu machen. Meru war inzwischen einer der schönsten Nationalparks in Kenia, dort hatte Elsa ihr Zuhause gehabt, dort lag sie nun unter einem einfachen Steinhaufen begraben. In den 1300 Quadratkilometern Busch, die George gepachtet hatte, wimmelte es nur so von Tieren. Es gab Giraffen und Zebras, Impala, Hirschantilopen und Kleinkudus. Elefanten wanderten zu Hunderten unter den Pappeln des Tana oder gruben in den gewundenen Luggas nach Wasser. Nashörner schliefen im Mwaki-Dickicht, und Leoparden lagen in ihren Höhlen in den roten Felshügeln.

Aber als Kora 1974 offiziell zum Nationalreservat erklärt wurde, bluteten die Wildparks bereits durch Wilderei aus. Wenn das Elfenbein erschöpft war, waren die Nashörner an der Reihe. Die Beute wurde per Dhau in den Nordjemen verschifft und dort zu Dolchgriffen verarbeitet. Dann kamen die Leoparden dran – sie vergifteten sich, indem sie chemisch verseuchte Wildtiere fraßen. Selbst die Dik-Diks, hasengroße Antilopen, wurden wegen ihrer nur Zentimeter langen Hörner abgeschossen.

Inzwischen war Adamson abgrundtief enttäuscht von der Menschheit, die die Zerstörung seines geliebten Kenias zuließ. Letztlich waren es doch Menschen gewesen, die, wie er sagte, »zehn meiner Löwen getötet und meine Frau ermordet haben«.

Insbesondere die andauernde Wilderei und die Übergriffe der Somalis machten ihn wütend. »Die Somalis sind das zerstörerischste Volk der Erde«, sagte er. »Sie haben ihr eigenes Land in eine Wüste und ein Schlachtfeld verwandelt, und sie werden das gleiche mit Kenia machen, wenn sie können.«

Georges Anwesenheit in Kora war den Somalis ein Dorn im Auge. 1981 bekam er einen Hinweis, daß eine *shifta*-Bande einen Hinterhalt auf ihn plante. Er forderte Hilfe per Funk an, und die Anti-Wilderer-Einheit durchkämmte das Gebiet zwei Monate lang.

Eine Zeitlang war Kora wieder sicher; aber später in dem Jahr griff eine Somali-Bande unter der Führung des berüchtigten Abdi Madobe die abgelegene Ortschaft Garissa an und brachte vier Regierungsangestellte um. Die Behörden in Nairobi sorgten sich um Georges Sicherheit und legten ihm nahe, Kora zu verlassen; aber das lehnte er natürlich ab. »Ich sagte ihnen, daß sie mich nur in Handschellen hier rauskriegen würden«, erzählte er. Aber seitdem schlief er nachts außerhalb seiner Hütte neben einem frisch ausgehobenen schmalen Graben, den er abschätzig seinen »Unterstand« nannte. Falls die *shifta* ihn tatsächlich bei Nacht angreifen würden, könnte er sein Gewehr unter seinem Bett hervorholen, in den Graben rollen und auf sie schießen.

1984 ließ Adamsons Sehvermögen nach, und er reiste nach Europa, um sich am grauen Star operieren zu lassen. Er lebte bei Bill Travers und Virginia McKenna, die in dem Film *Frei geboren* die Rollen von George und Joy gespielt hatten und seitdem zu seinen engsten Freunden gehörten. Aber die ganze Zeit, die er bei ihnen war, sorgte er sich um seine Löwen. Mindestens zwei weitere waren von Einheimischen vergiftet worden. Sie drangen regelmäßig in das Reservat ein, ließen ihre Herden die Weiden niederfressen und setzten die schönen Doumpalmen am Ufer des Tana in Brand, weil sie diese fälschlicherweise für die Brutstätten der Tsetsefliege hielten.

Es waren harte Jahre für Adamson. Manchmal muß es ihm so vorgekommen sein, als ob seine Welt und alles, wofür er gekämpft hatte, um ihn herum zusammenbrach. Er trauerte um die Elefanten, deren verrottende, der Stoßzähne beraubte und mit Geier-Exkrementen beschmierte Kadaver die Wilderer überall im Busch verstreut einfach liegen ließen.

Aber trotzdem blieb er der Herr von Kora; eine lederige Gestalt in Shorts und Sandalen mit gütigen Augen und einem freundlichen Lachen, einem Buffalo-Bill-Bart und einer passenden Löwenmähne aus silbernen Haaren.

Er brauchte nicht viel für sich: seine Pfeife, einen Whisky bei Sonnenuntergang und die vertrauten Geräusche seines Rudels, das unter dem afrikanischen Sternenhimmel knurrte. Er hatte seinen Frieden gemacht und war bereit, sein Ende zu akzeptieren, wenn es kam. »Ich habe keine Angst zu sterben«, sagte er einmal. »Solange sie mich nur hier im Busch begraben.«

1988 war er so isoliert wie noch nie. Zwei Jahre zuvor hatten die kenianischen Behörden entschieden, daß sie das Leopardenprojekt in Kora nicht länger unterstützen könnten, das Adamson und Tony Fitzjohn nach Beendigung ihrer Arbeit mit den Löwen begonnen hatten. Tony, der so lange Georges rechte Hand gewesen war, hatte das Reservat verlassen, um ein eigenes Projekt mit Geparden und Hyänenhunden in Mkomazi, Tansania, zu starten. Im selben Jahr starb Georges Bruder Terence. Und trotzdem erhielt ich eine fröhliche Weihnachtskarte von George, die ihn ausgestreckt in einem Campingstuhl zeigte, eingehüllt in ein *kikoi*, Pfeife rauchend und *The Sunday Times* lesend. In seiner zarten, spinnenartigen Handschrift schrieb er: »Es ist ein tolles Leben hier im Busch!«

Am 3. Februar 1989 wurden die wilden Perlhühner, die durch Adamsons Camp liefen, durch das Knallen von Champagnerkorken aufgeschreckt. George Adamson, der große alte Mann Afrikas, feierte seinen 83. Geburtstag in Kora, dem Wildreservat, das nun seit fast zwei Jahrzehnten sein Zuhause war.

Der Champagner war aus dem siebzehn Autostunden entfernten Nairobi extra von Freunden nach Kora gebracht worden, wo er in dem alten Gaskühlschrank neben dem Schlangenserum schön kühl gehalten wurde. Aber Adamsons wertvollstes Geschenk war bereits im vorigen November angekommen – drei Löwenjunge von Perez Olindo, dem damaligen Direktor des Amtes für Schutz und Verwaltung der Wildtiere Kenias.

Die Jungen kamen von David Craigs Ranch in Lewa Downs auf der anderen Seite des Mount Kenya, wo ihre Mutter als Viehkillerin erschossen worden war. Erst nachdem sie tot war, entdeckte man, daß ihre Zitzen voll Milch waren. Bald fand man die drei verwaisten Jungen, kaum eine Woche alt. Ohne ihre Mutter konnten sie nicht überleben – es sei denn, George Adamson wäre bereit, sie aufzunehmen. So wurden sie in eine Decke eingewickelt nach Kora geflogen, wo sie wimmernd und blinzelnd dem bärtigen Patriarchen entgegenkrochen, der ihr neuer Pflegevater sein würde.

Für George, der 18 Jahre von Joy getrennt gelebt hatte und seit acht Jahren Witwer war, war die Ankunft der Jungen ein ergreifender Moment, der die Erinnerungen an Elsa wachrief, die Löwin, mit der alles begonnen hatte.

Mit der Ankunft der Jungen schien für George ein neues Leben zu beginnen. Die *shifta*, die schon vor langer Zeit geschworen hatten, ihn zu töten, waren wieder aktiv. Nur einen Monat vor Ankunft der Löwenjungen hatten sie weniger als anderthalb Kilometer von Adamsons Landebahn entfernt drei Ranger erschossen. Die Behörden fürchteten um die Sicherheit des alten Mannes und hatten nochmals versucht, ihn zum Gehen zu überreden, aber er blieb stur. Er zog jeden Abend die Taschenuhr aus Messing auf, die er von seinem Vater bekommen hatte, legte seinen Revolver unter das Kopfkissen und legte sich in sein Feldbett neben dem schmalen Graben.

Kora ist einer der einsamsten Plätze der Erde, und doch war George nie allein. In Afrika wird das Alter respektiert, und er wurde als *m'zee* verehrt, als weiser alter Mann. Für seine Mitarbeiter war er viel mehr als das, sie liebten ihn wie einen Vater wegen seiner ruhigen und freundlichen Art. Abdi, sein Fährtenleser und Fahrer, war immer noch bei ihm, genauso wie Hamisi Ferah, sein sechzigjähriger sudanesischer Koch, der seit dreißig Jahren wundervolle Gerichte in einer Küche zauberte, die kaum mehr enthielt als ein paar geschwärzte Töpfe und ein Bett heißer Asche. Außerdem riß der Besucherstrom in Kora niemals ab: Freunde, Filmteams, diverse Prominente mit Gefolge und viele hübsche Mädchen, deren Anwesenheit den alten Mann sehr erfreute – auf ganz platonische Weise.

Und die Löwen waren natürlich immer da: Growe, zwölf Jahre alt und damit die Älteste, ihre drei erwachsenen Jungen, sechs kleine Junge und der Rest des Rudels, alles Adamson-Tiere in der dritten oder vierten Generation, die in der Lage waren, sich selber zu versorgen, aber trotzdem noch regelmäßig von George mit Kamelfleisch gefüttert wurden, weil der den Kontakt zu seinen Freunden nicht verlieren wollte.

Es war ergreifend, daß Adamson diese Tiere so sehr liebte, die ihn doch zweimal so sehr verletzt hatten, daß er fast gestorben wäre. Aber solche Vorkommnisse schienen ihn nur noch mehr an die Katzen zu binden, die sein Leben bestimmten.

Einige Wissenschaftler und Naturschützer, die seine Arbeit kritisieren, behaupten, daß er das Wissen über Löwen nicht vorangebracht hätte. Diese Leute vergessen, daß das, was er entdeckt hat, uns vielleicht mehr über uns selbst lehrte. Adamson glaubte fest an die unangreifbare Würde der wilden Löwen. »Ihre Verhaltensmuster verdienen unseren Respekt«, schrieb er in seiner Autobiographie *My Pride and Joy.* »Einige ihrer genetischen Vorgaben scheinen nicht schlechter als unsere zu sein und werden weitaus häufiger befolgt. Selbstvertrauen und Mut, die hartnäckige, aber realistische Selbstverteidigung des Territoriums, die Bereitschaft, für die Jungen eines anderen zu sorgen, sowie Brüderlichkeit, Loyalität und Zuneigung sind sieben löbliche Regeln.«

Vor allem konnte George es nicht ertragen, einen Löwen nicht in Freiheit zu sehen, so wie auch er den Gedanken haßte, ein Leben eingeschlossen in den geschäftigen Straßen von Nairobi oder London führen zu müssen. Er genoß seine gelegentlichen Besuche in der Zivilisation und die Besuche bei alten Freunden wie Bill Travers und Virginia McKenna. Aber dann sehnte er sich zurück nach dem Busch; er gehörte dorthin, zwischen seine Löwen, die er den Menschen meistens vorzog.

Der Tag seiner Geburtstagsfeier war sehr schön. George hatte sich von der Augenoperation völlig erholt und war groß in Form. Leider hatte der Geburtstagskuchen, den der Fotograf David Coulson und sein Freund Doddie aus Nairobi mitgebracht hatten, während der langen Fahrt gelitten. Die Glasur war geschmolzen, aber sie steckten einfach ein paar Kerzen hinein und tranken den Champagner, während George sie mit den neusten Heldentaten von Growe und ihrem Rudel unterhielt.

Er war sichtlich erfreut, daß er diesen Tag mit den drei jungen Löwen verbringen konnte; es waren seit einem Jahrzehnt die ersten, die wieder im Löwen-Camp aufgezogen wurden. Er nannte sie Batian (nach einem berühmten Massai-*laibon* oder Häuptling), Rafiki (Freund) und Furaha, was Freude bedeutet. Als Abdi den Champagnerkühler in den Zwinger der Löwen brachte, waren sie ganz fasziniert von ihren Spiegelbildern in der glänzenden Oberfläche.

Später, als die Sonne unterging, stellte sich George mit seinem Megaphon hin und lud die wilden Löwen außerhalb des Zaunes ein, an der Feier teilzunehmen. Seine schwache Stimme hallte durch die Verstärkung wie früher durch die blutroten Felsen von Kora, so daß die Lanner-Falken in ihrem Horst schrien und die Perlhühner aufgeregt gackerten. »Komm her, Growe, komm her, Dennis, komm her, Maggie.« Seine Worte dröhnten in der dunkler werdenden Dämmerung und waren drei Kilometer weit zu hören. David Coulson erinnert sich, daß er einige Zeit später während des Abendessens ein Rascheln außerhalb des Zaunes hörte. »Ich schaltete meine Taschenlampe an«, sagte er. »Es waren die Löwen. Sie waren Georges Ruf gefolgt.«

Nach der Party fuhren David und Doddie zurück nach Nairobi. Die Monate vergingen. Die *shifta* führten ihre mörderischen Angriffe fort, bis kein einziger lebendiger Elefant mehr in Kora war. Aber in Nairobi wendete sich das Blatt. Richard Leakey war nun der Kopf der Anti-Wilderer-Offensive und vertrieb die Wilderer schließlich aus den Parks.

In der Zwischenzeit wuchsen die drei Löwenjungen unter Adamsons Obhut schnell heran. Sie hatten noch ihre Milchzähne – Löwen verlieren sie erst mit 14 Monaten –, aber sie begleiteten ihn bereits bei seinen Wanderungen durch den Busch, auf denen er wie früher den unbefestigten Straßen folgte, die Terence angelegt hatte.

Adamson ging jetzt langsamer und mit einem Stock, aber er konnte immer noch auf Kora Rocks hinaufsteigen, wie er es mit all seinen anderen Löwen gemacht hatte, mit Boy und Christian und Arusha, vor so vielen Jahren. Dies waren die glücklichsten Zeiten in seinem Leben, und er liebte die Jungen dafür, daß sie diese schönen Erinnerungen wachriefen.

Freunde, die ihn im August besucht hatten, waren überrascht, den alten Mann in so guter Verfassung vorzufinden. Es war ihm nach einer akuten Lungenentzündung ziemlich schlecht gegangen, aber er schien sich völlig erholt zu haben. Die kurzen Regenfälle waren in diesem Jahr ungewöhnlich früh nach Kora gekommen und hatten frisches Gras wachsen lassen und den wundervollen Geruch von feuchter Erde mit sich gebracht. Die Akazienbäume blühten auf, und die Webervögel hatten begonnen ihre Nester zu bauen.

Weiter südlich zwangen Leakeys Männer die *shifta* in die Knie. Dreißig Wilderer waren bereits erschossen worden, und die letzten Banden waren auf der Flucht. Und was noch besser war: Adamsons Camp hatte gerade die Nachricht bekommen, daß Kora endlich, nach fast zwanzigjährigen Bemühungen, Nationalpark werden sollte. Obwohl es bereits ein Wildreservat war, war es den halbnomadischen somalischen und einheimischen Hirten immer noch gestattet, ihre Viehherden innerhalb der Reservatsgrenzen grasen zu lassen. Als Nationalpark wäre Kora ein wirkliches Schutzgebiet für Wildtiere, in dem der Tierschutz an erster Stelle stünde und jegliche Nutzung durch den Menschen, abgesehen vom Wildlife-Tourismus, verboten wäre.

George war hoch erfreut. Jetzt hatte er nur noch eine Sorge. Seit Monaten hatte er nichts mehr von den wilden Löwen gesehen oder gehört. Aber endlich, am 19. August, passierte etwas sehr Außergewöhnliches. An diesem Abend, nach seinem abendlichen Drink, dem gewohnten »Sundowner«, hatte sich das gesamte Rudel um das Löwen-Camp versammelt und brüllte und rumorte die ganze Nacht lang. Seine Freunde sagen, daß es ein zauberhafter Augenblick war, den der alte Mann unbeschreiblich rührend fand.

In dieser Nacht ging er so beruhigt zu Bett wie seit Wochen schon nicht mehr, hoch erfreut, daß es Growe und ihrem Rudel gutging. Am nächsten Tag wurde er von drei Somalis erschossen, als er mit dem Revolver in der Hand unterwegs war, um seinen Fahrer Abdi und einen deutschen Gast zu retten.

Mittags war ein Flugzeug mit vier Gästen angekommen; der Pilot war dicht am Camp vorbeigeflogen, bevor er landete, damit die Gäste abgeholt wurden. Es war nicht ratsam, durch das Gebiet der Löwen zu spazieren.

Als George das Flugzeug kommen hörte, schickte er Abdi und eine deutsche Freundin, Inge Leidersteill, im Landrover los, um die neuen Gäste abzuholen. Auf dem Weg wurden die beiden etwa anderthalb Kilometer vom Camp entfernt aus dem Hinterhalt überfallen. Es wurden einige Schüsse abgefeuert. Die Banditen verlangten Geld, brachen Abdi das Bein mit einer Eisenstange und schlugen Inge zusammen. Im Camp hörte Adamson die Schüsse, rief drei seiner Leute zusammen und raste mit dem Ersatzfahrzeug los, einem Landrover, dessen verbeulte Seiten den Slogan »Alle an Bord der Nightingale« trugen.

Die Banditen waren mit automatischen G3-Gewehren und einer AK-47 bewaffnet und warteten bereits auf sie. Als die Nightingale auftauchte, eröffneten sie das Feuer. Mohammed Maru, einer von Adamsons Leuten, sprang aus dem noch fahrenden Wagen, aber George und seine beiden anderen kenianischen Mitarbeiter fuhren in den Tod. Die Mörder verschwanden im Busch.

Nachrufe aus aller Welt trafen ein. Adamson war ein Kämpfer für den Naturschutz gewesen, ein Botschafter des wilden Afrika. »George Adamson hat Kenia auf die Landkarte gebracht«, sagte Richard Leakey. »Er war ein Mann von außerordentlichem Charakter und großer Hingabe, der im Kampf gegen diejenigen starb, die das Leben der Wildtiere vernichten wollten, die er so sehr liebte.« Sein Koch Hamisi weinte und war untröstlich. »Er war ein wunderbarer Mann«, schluchzte er. »Er wurde langsam alt und zerbrechlich. Wir waren wie Brüder.«

Am 2. September 1989 wurde George Adamson seinem Wunsch entsprechend in Kora begraben, neben seinem Bruder Terence und Supercub, einem ihrer Lieblingslöwen. Ein einfacher Steinhaufen markierte das Grab, das später von den Somalis zerstört wurde.

Wenn ich die Augen schließe, kann ich ihn jetzt noch sehen, wie er mit seiner Pfeife unter der Tilley-Lampe sitzt und seinen Erinnerungen nachhängt. Er starrt in die Dunkelheit, als ob der verlorene Kontinent seiner Jugend immer noch da draußen wäre, dieses alte Afrika, wild und unberührt, von dem sich niemand vorstellen konnte, daß das Wild nicht für immer dasein würde.

Er war der zufriedenste Mensch, den ich jemals kennengelernt habe. Aber etwas hat ihn immer verfolgt: Was würde mit seinen Löwen geschehen, wenn er nicht mehr da wäre? »Wer wird seine Stimme für sie und Kora erheben, wenn meine vom Winde verweht ist?« fragte er.

Drei Tage vor seinem Tod war seine Bitte erhört und Kora war offiziell zum Nationalpark erklärt worden.

Sein Tod war eine Tragödie, aber immerhin war er gestorben, wie er gelebt hatte: als Kämpfer für den Naturschutz, der mit der Waffe in der Hand unterging, ganz der alte Krieger, der er immer gewesen war. Und vielleicht war sein Tod auch ebenso gnädig wie schnell. Schließlich war George Adamson schon fast ebensosehr zu einem Anachronismus gewor-

den wie das verschwindende Nashorn – einer der letzten vom alten Schlag der Buschpioniere.

Heute wirkt Kora seltsam verlassen. Tony Fitzjohn, der alles von Adamson gelernt hatte, ist immer noch in Tansania und überwacht den Bau eines neuen Camps im Mkomazi-Wildreservat, das den Traum des alten Mannes fortführt. Die drei Löwenjungen fanden ein neues Zuhause in Südbotswana. Growe und ihre Rudel blieben in Kora, für immer frei. Sie geben den 1300 Quadratkilometern ursprünglicher Wildnis eine donnernde Stimme, George Adamsons bleibendes Geschenk an Afrika.

# Tage in der Serengeti

Ngare Sero, »Ort des süßen Wassers«, ist eine gemütliche Kaffeefarm der Jahrhundertwende am Fuße des Mount Meru nur eine halbe Stunde Fahrtzeit vom Kilimandscharo-Flughafen entfernt. Die Farm wurde von ihren Eigentümern Mike und Gisela Leach zu einer kleinen privaten Touristen-Lodge umgebaut und ist ein guter Platz, um sich nach dem langen Flug von Europa zu entspannen.

Die Luft in Ngare Sero ist erfüllt mit dem süßen Duft der Jasminblüten. Von der Veranda mit dem hölzernen Dachsims und den Schwalbennestern blickt man auf einen kleinen, zur Lodge gehörenden See, in dem Forellen zwischen Seerosenblättern herumschwimmen und Webervögel im Schilf kreischen. Auf dem See leben sehr viele Wasservögel. In der Abenddämmerung kommt die hier ansässige Reiherkolonie geräuschvoll nach Hause und läßt sich zum Schlafen in den großen Loliondo-Bäumen nieder. Wenn man Glück hat, kann man um diese Tageszeit auch erleben, wie die Abendsonne über sechzig Kilometer entfernt den Schnee auf dem Kilimandscharo zum Glühen bringt.

Anfang Mai war mir dieses Schauspiel leider verwehrt, weil die lange Regenzeit immer noch anhielt. Jeden Abend saß ich auf der Veranda und wartete darauf, daß sich der Gipfel von Afrikas höchstem Berg zeigte, aber der Kilimandscharo blieb in den Wolken verborgen, und ich sah nur

eine Reihe von Unwettern durch die Bananen-Shambas fegen.

Aber es gab reichlich Entschädigung bei diesem Besuch in Tansania außerhalb der Saison. Die Tage waren warm und sonnig, und der Morgendunst war schnell verschwunden. Dann zeigte sich der große Aschekegel des Mount Meru, dessen dicht bewaldete Anhöhen hinter der Lodge hoch in den Himmel ragten. Der Regen begann immer erst, nachdem die einbrechende Nacht durch den schrillen Chor der Grillen und Laubfrösche angekündigt worden war. In der Abendstille, wenn die Zedernholzfeuer entzündet waren, konnte ich den Regen kommen hören: Es klang wie das Rauschen einer entfernten Brandung.

Wenn ich bei Tagesanbruch erwachte, war die ganze Welt grün und grau, das Gras naß und der Himmel bedeckt. Aber schon bald brannte sich die Sonne durch und ließ die schwere rote Erde dampfen. Regentropfen glitzerten auf allen Blättern, und der Garten leuchtete mit frischen Blüten, die durch die nächtliche Nässe aufgegangen waren: himmelblaue Winden, Sträuße goldener Kassie und die weißen, wächsernen Blütenkelche des Stechapfels. Wenn es einen Frühling in Afrika gab, dann fand er sicherlich jetzt statt, in dieser wundersamen Zeit der Erneuerung.

Ganz in der Nähe, am bewaldeten Fuß des Mount Meru, befindet sich der Arusha-Nationalpark. Für tansanische Maßstäbe ist er klein – nur 137 Quadratkilometer im Vergleich zu 29 500 in Serengeti –, doch seine Kraterseen und grasbewachsenen Lichtungen sind besonders schön. Aufsehenerregende schwarze und grüne Schwalbenschwänze schwebten an den Ufern der matschigen Tümpel. Ein Langhaubenadler starrte von einem Baum herab, und Schuppenfrankoline zogen sich auf ihren kurzen roten Beinen hastig ins Laub zurück.

Säugetiere waren schwieriger zu finden. Giraffen und Dik-Diks kamen recht häufig vor, aber die meisten anderen Arten – Büffel, Elefanten, kupferfarbene Schirrantilopen und scheue Waldducker – waren nur flüchtige Schatten am Rande der Lichtungen. Von den hier lebenden Gruppen Schwarzweißer Stummelaffen hörte man nur die schaurig krächzenden Schreie aus den Baumwipfeln.

Trotzdem sollte man den Arusha-Park gesehen haben – insbesondere den erloschenen Vulkan von Ngurdoto im Südosten. Der Kraterboden hat etwa drei Kilometer Durchmesser und ist ein echter Zufluchtsort, in den keine Besucher eindringen können. Vom bewaldeten Rand aus kann man in ein unberührtes Amphitheater aus Gras und Wasser sehen, wo die Riedböcke ungestört zwischen Massen von Störchen und Silberreihern umherziehen.

Am nächsten Tag verließ ich Ngare Sero und machte mich auf eine Reise, die mir, wie ich hoffte, einen langgehegten Wunsch erfüllen würde. Solange ich mich erinnern kann, wollte ich eine Safari in der Serengeti machen; im Zelt schlafen, beim Aufwachen das triumphierende Brüllen der berühmten Serengeti-Löwen in der Morgendämmerung hören und den größten Wildtierzug der Erde erleben, wenn sich über eine Million Weißbartgnus versammeln, um ihre Kälber in der Ebene zur Welt zu bringen.

Ich hatte sie oft beobachtet, wenn sie nach Kenia zogen und dabei zu Zehntausenden den Mara-Fluß überquerten, um dann im hohen Rothafer des Massai-Mara-Nationalparks zu grasen und Beute für die Löwen zu werden.

Und oft hatten meine Gedanken sie begleitet, wenn sie im September südwärts zogen und zu den Ebenen und Granithügeln am Naabi-Berg in die Serengeti zurückkehrten. Dort würden die Herden im nächsten Jahr ihre Jungen zur Welt bringen, und dort würden sie bleiben, die größte Biomasse der Erde, gejagt von den auf sie wartenden Raubtieren, bis das Ende der Regenzeit sie zum Weiterwandern zwingen würde. Dieses Spektakel wollte ich jetzt beobachten.

Mein Führer war Baron Hugo van Lawick, dessen preisgekrönte Reportagen über Hyänenhunde, Geparden, Löwen und Schakale im Norden Tansanias ihn zu einem der berühmtesten Wildlife-Filmer der Welt gemacht hatten. Seit einem Vierteljahrhundert lebte »Bwana Baron«, wie Hugo von seinen afrikanischen Camp-Mitarbeitern genannt wird, in der Serengeti und beobachtete die Tiere durch die Kameralinse.

Wir hatten beschlossen, von Arusha aus aufzubrechen und auf dem dreitägigen Weg nach Serengeti noch zwei weitere Juwelen Tansanias zu besuchen: den Lake-Manyara-Nationalpark und den Ngorongoro-Krater. Nach einem kurzen Halt am Markt in Mto wa Mbu, wo wir die berühmten rotschaligen Bananen kauften, fuhren wir den Rift Valley Escarpment hoch und mieteten uns im Lake-Manyara-Hotel ein.

Von meinem Schlafzimmerfenster aus konnte ich etwas beobachten, das aussah wie Wolken von Schneeflocken, die in langsamen Spiralen über der ruhigen Oberfläche des Sees kreisen. Es waren

Pelikane, die in der Thermik segelten, die sich in der Tageshitze im Tal gebildet hatte.

Wie der Arusha-Park ist auch Manyara nach ostafrikanischen Maßstäben klein. Vom Haupttor bis Maji Moto, den heißen Quellen am äußersten Ende des Parks, sind es nur vierzig Kilometer. Aber die Landschaft, eingekeilt zwischen dem See und der Rift-Wand, ist unbeschreiblich schön: der kühle wasserspeichernde Wald, schnellströmende Bäche und die weiten Grasflächen, die Mahali pa Nyati (»Platz des Büffels«) heißen und bis zum Seeufer heranreichen.

Manyara ist berühmt für seine Pelikanschwärme, Massen von Flamingos und großen Flußpferdherden. Und es ist bekannt für seine kletternden Löwen, die tagsüber in den flachkronigen Tortilis-Akazien schlafen, etwa sechs Meter über dem Erdboden.

Wir fanden keine Löwen; aber als wir nachmittags bei ausgeschaltetem Motor wartend in Hugos Landrover saßen, kamen Elefanten aus dem Wald. Bald waren wir von ihnen eingeschlossen; die Ohren schwangen wie Segel in der Flaute, und sie fraßen ruhig, während sie langsam dahinzogen.

Als sich eine alte Elefantenkuh gezielt auf uns zu bewegte und uns mit ausgestrecktem Rüssel beschnupperte, warf ich einen kurzen Blick auf Hugo, aber der schien nicht beunruhigt zu sein. Als die Rüsselspitze nur wenige Zentimeter von meinem offenen Wagenfenster entfernt war, blickte ich hoch und sah in ein braunes, von weichen Wimpern beschattetes Auge, das auf mich herabstarrte. Eine Ewigkeit, wie es schien, ragte sie über uns. Dann war sie sicher, daß von uns keine Gefahr ausging, drehte sich um und schritt lautlos von dannen.

Hugo grinste. Er war in seinem Element. »Ich wußte, daß sie keine Probleme machen würde«, sagte er. »Wenn sie es ernst gemeint hätte, hätte sie

uns wahrscheinlich angegriffen, sobald sie uns gesehen hatte.«

Im Wald roch die Luft nach vermoderten Blättern und schwang mit den flötenähnlichen Rufen der Pirole und Flötenwürger. Ich dachte, es könne in Afrika keinen friedlicheren Platz geben als hier am Manyara. Aber das war, bevor wir die verlorene Welt des Ngorongoro-Kraters gesehen hatten.

Wir quälten uns im ersten Gang den steilen, bewaldeten Hang zum Kraterrand hinauf. Dabei kamen wir an höhlenartigen Vertiefungen am Straßenrand vorbei, die Elefanten auf der Suche nach Mineralsalzen mit ihren Stoßzähnen in die rote Erde gegraben hatten. Riesige, mit Flechten bewachsene Nuxia-Bäume wechselten mit Lichtungen mit rosa blühenden Ernonia-Sträuchern und den großen, blassen Stämmen der Cassipourea-malosana-Bäume ab, die die steilwandigen Wasserrinnen und Schluchten bedeckten. An einer Kehre knapp unter dem Kraterrand sahen wir ein prächtiges Löwenmännchen im Gras neben der Straße liegen. Es starrte uns aus seinen eiskalten Augen an, als Hugo anhielt, um es zu fotografieren, rührte sich aber nicht.

Ngorongoro ist der Krater eines seit langem erloschenen Vulkans. Ein riesiger Hufabdruck mit neunzehn Kilometern Durchmesser in den grünen Hügeln des Massailandes. Wenn man vom Kraterrand hinunterguckt, sieht man auf dem Kraterboden etwa sechshundert Meter tiefer erst einmal nur den Sonnenschein und den Schatten der Wolken. Aber durch ein Fernglas kann man die Details genau erkennen: dunkle Felder aus Papyrus in den Sümpfen von Gorigor und Mandusi, der zarte Federstrich von Wildpfaden und temporären Wasserläufen, ein rosa Farbklecks aus Flamingos an den sodaverkrusteten Ufern des Magadi-Sees und ein einzelner dunkler

Fleck im Gras, der ein Spitzmaulnashorn sein könnte.

Als wir zum Kraterboden herunterfuhren, erzählte Hugo mir, wie er hier zwei Jahre lang mit Jane Goodall, seiner ersten Frau, und ihrem kleinen Sohn gelebt hatte. Später war er alleine für ein halbes Jahr zurückgekehrt, um den Film *The Hyena Story* zu drehen.

Vor dem Ersten Weltkrieg lebten zwei deutsche Farmer im Krater. Obwohl sie Brüder waren, sprachen sie nicht miteinander und lebten an entgegengesetzten Ufern des Flusses Munge. Inzwischen ist es sogar verboten, ein Zelt aufzustellen, und alle Besucher müssen vor Sonnenuntergang in ihre Lodges auf dem Kraterrand zurückkehren. Kein Mensch lebt dort unten mehr, der Krater gehört wieder den Tieren.

Am späten Nachmittag sank die Sonne tiefer zum Kraterrand. Das Licht fiel schräg durch das hohe Gras, in dem zwei Gepardenmännchen uns mit ihren Achataugen anstarrten. Sie mußten im Laufe des Tages bereits Beute gemacht haben, denn ihre Bäuche sahen voll aus. Jetzt ruhten sie sich aus und rekelten sich behaglich und unbekümmert im Gras.

Sie waren höchstwahrscheinlich Brüder; junge Nomaden aus der Serengeti, die, nachdem sie von ihrer Mutter unabhängig geworden waren, zusammengeblieben waren, um sich gegenseitig zu schützen und gemeinsam zu jagen. Bei Geparden kommen solche Koalitionen häufig vor, denn in so einer Partnerschaft geht es den Tieren besser, als wenn sie für sich selbst sorgen müssen. Trotzdem hatten die beiden es wegen der großen Anzahl von Löwen und Hyänen sicherlich schwer.

Gegen Abend hielten wir am Lerai-Wald. Hugo zündete sich eine Zigarette an, und ich setzte mich auf das Dach des Landrovers. Wir hörten den Ruf eines Pirols aus den Fieberakazien, während weit entfernt im goldenen Licht am Kraterboden eine Nashornmutter und ihr Junges sich als langsame Silhouetten auf einen entfernten, schimmernden Wasserlauf zu bewegten.

Die Nacht in der Krater-Lodge war kalt, und wir saßen dicht um ein Feuer herum und tranken gemeinsam mit Sirili, Hugos altgedientem Koch, und Renatus, seinem Mechaniker, Bier. Draußen legte sich Tau auf das Gras, und die Büffelbullen kamen aus dem Nebelwald heraus, um auf den Lichtungen zu grasen.

Später wurde ich von einem in einen alten Armeemantel gekleideten Askari auf mein Zimmer zurückgeleitet. Er hatte eine Taschenlampe in der einen und einen Speer in der anderen Hand. Als ich ihn fragte, was geschehen würde, wenn die Büffel uns angriffen, sagte er mit einem entwaffnenden Lächeln: »Oh, dann rennen wir einfach weg.« Glücklicherweise ignorierten uns die friedlichen alten Bullen.

Als wir am nächsten Morgen weiterfuhren, war die Lodge in Dunst gehüllt, und der Krater war nicht zu sehen. Wir fuhren lange zwischen hohen, nackten Hügeln hindurch; Viehglocken läuteten im Nebel, und die Massai-Viehhüter hatten sich gegen die Kälte in ihren Mänteln eingemummt. Einmal überraschten wir einen Leoparden, der vor uns quer über die Straße floh und in den nassen Büschen verschwand. Sobald wir Richtung Olduvai abwärts fuhren, löste der Dunst sich auf, und die Sonne brannte durch das offene Autodach.

Giraffen zogen zwischen den flachkronigen Akazien umher, und dahinter konnte ich die riesigen Ebenen der Serengeti sehen, die in der Hitze flirrten. Die Massai nennen diese große Leere aus Gras und Himmel *siringit* – »das weite Land«.

Sehnsüchtig suchten wir den Horizont nach Weißbartgnus ab. Der Regen war unbeständig gewesen und hatte das übliche Muster der Wanderungen gestört. Man hatte uns gesagt, daß die Herden erst vor zwei Wochen nordwärts nach Lobo nahe der kenianischen Grenze gezogen waren.

Wir hätten uns keine Sorgen zu machen brauchen. Angelockt durch den Regen, waren sie in zahlloser Menge in die Ebenen zurückgekommen. So müssen die amerikanischen Prärien in den Tagen des Bisons ausgesehen haben. So weit man sehen konnte, erstreckten sich zu allen Seiten die Weißbartgnu-Herden, und dazu kamen die Scharen von Zebras. Wir fuhren etwa fünfundzwanzig Kilometer weit mitten durch sie hindurch, um Hugos Camp am See Ndutu zu erreichen, und auch dann war noch kein Ende abzusehen.

Das Camp – jemand hat es mal »Hugos Hilton« genannt – besteht aus einer Reihe von verblichenen grünen Zelten auf einem niedrigen Steilufer, im Schatten großer Akazien und mit Blick auf den See. *Ndutu* bedeutet »der friedliche Ort«, und es gab keine Zeit, zu der er diesem Namen nicht gerecht wurde. Ich teilte mein Zelt mit einem Paar Mosque-Schwalben, die ihr Lehmnest unter dem Baumwollbaldachin gebaut hatten und gänzlich ungestört von meiner Anwesenheit ein- und ausflogen.

Während der nächsten Tage lernte ich die Silhouetten der entfernten Hügel und Berge zu unterscheiden – Lemagrut, Naabi, El Donyo Lengai. Hugo zeigte mir die entlegenen Ecken seines Wildparadieses. Weitab von den ausgetretenen Wegen ruckelten wir quer durchs Gelände auf den Spuren der Weißbartgnus und kamen an Orte, die selten von Touristen besucht werden. Wir suchten nach den Löwen des Gol-Rudels, deren Junge die Härte der Trockenzeit selten überlebten, wenn die Herden fortgezogen

waren. Und wir hielten immer Ausschau nach den Rudeln Hyänenhunde, die manchmal die Wanderungen begleiteten.

Die Hunde des Genghis-Rudels, das Hugo vor einigen Jahren gefilmt hatte, waren alle tot, aber einige ihrer Nachkommen hätten noch am Leben sein können. Wir machten uns in den versteckten Tälern der Gol-Berge nach ihnen auf die Suche. Hier waren wir allein, bis auf die Massai-Nomaden, deren *manyattas* wie Dornenkränze an den Hängen wirkten. Gegen Abend stellten wir unsere Zelte an einem Platz namens *Kampi ya Menafu*, »Camp des wilden Spinats«, auf und lauschten dem Klagen der Schakale in der langsam einfallenden Dämmerung.

Nach dem Abendessen tauchten drei Massai aus der Nacht auf und setzten sich zu uns ans Feuer. Sie gaben uns Milch aus kastanienfarbenen Kürbisflaschen. Wir revanchierten uns mit Kaffee, aber was sie wirklich wollten, war *dawa* – Medikamente für ihre Familien. Am nächsten Morgen besuchten wir sie in ihrer *manyatta*, und Hugo überließ ihnen alles an *dawa*, was sein Erste-Hilfe-Kasten hergab: für die Augenbeschwerden der Kinder, die Kopfschmerzen der Männer und die Bauchschmerzen der Frauen.

Die Massai erzählten uns, daß sie in den letzten Monaten häufig ein Rudel mit sechs Hyänenhunden gesehen hätten. Wir fuhren los, um sie zu suchen; weg von den Gol-Bergen in Richtung Barafu Kopjes.

Mittags machten wir Rast und tranken im Schatten eines einzelnen, riesigen Feigenbaums Kaffee aus der Thermosflasche. Hier gab es offensichtlich Wasser; in der Nähe befand sich ein alter Massai-Brunnen, obwohl wir mitten in der Ebene waren und kilometerweit keine anderen Bäume zu sehen waren.

Der Feigenbaum war gigantisch und ließ unser Auto sehr klein erscheinen. Ich maß das Wurzelwerk aus: Es erstreckte sich über fünfzig Schritte vom grauen Stamm aus, und ich fragte mich, wie alt er sein mochte. Konnte er schon den antiken Jägern Schatten gespendet haben, deren steinerne Werkzeuge und Osidian-Späne wir in der Nähe eines Wasserlochs bei den Gol Kopjes gefunden hatten?

Wir fuhren weiter und durchkämmten jeden einzelnen Kopje. Wir fanden das Nest einer Schleiereule und störten die Siesta eines großen, alten Löwen – ein Nomade, der aus einem der Rudel im Zentralgebiet ausgestoßen worden war, wie Hugo vermutete. Von den Hyänenhunden fanden wir keine Spur.

Als wir umkehrten Richtung Ndutu, blies uns der Wind der Trockenzeit über das kurzgefressene Gras entgegen. Die Weißbartgnus hatten die Veränderung bereits wahrgenommen und strömten, in scheinbar endlosen Kolonnen dahintrottend, in Richtung Itonjo-Berge. Ihre große Wanderung hatte begonnen; sie würden nach Westen und dann nördlich nach Kenia ziehen, zu den saftigen wilden Wiesen der Massai Mara, die ich so gut kannte. Dort würden auch die Marsch-Löwen wieder auf sie warten. Im schwindenden Licht beobachteten wir die Gnus, wie sie, in Staubfahnen gehüllt, westwärts marschierten. Dann brach die Dunkelheit herein, und wir konnten nichts mehr sehen.

Er war ein alter Löwe und lag auf dem Felsen, das Kinn auf den Pranken ruhend. Der Wind der Trockenzeit, der seit gestern herrschte, zischte von den Gol-Bergen über die Ebenen und hob die Ränder seiner Mähne an, die wie eine Decke um seine Schultern fiel. Wenn er mit offenem Maul in der Hitze japste, konnte ich sehen, daß er einen seiner unteren Eckzähne verloren hatte.

Er war einer von den beiden Männchen, die das Gol-Rudel in den letzten zwei Jahren zusammen angeführt hatten. Sein Bruder lag in der Nähe ausgestreckt im Gras und bewachte den halb aufgefressenen Kadaver eines Zebras, das sie letzte Nacht kurz vor Sonnenaufgang geschlagen hatten. Inzwischen hatten sich Schwärme von Fliegen wie ein schwarzer Teppich auf den Resten des Zebras niedergelassen. Die beiden Löwen ruhten sich jetzt aus. Ihre Bäuche waren voll, und doch schienen sie sich nicht wohl zu fühlen. Immer wieder hob der Löwe auf dem Felsen seinen großen, zotteligen Kopf, schnupperte in den Wind und starrte weit in die große Leere der Serengeti.

Irgendwo da draußen waren seine Feinde, die schlanken, langgliedrigen Nomadenlöwen, die mit den Weißbartgnus in sein Territorium gekommen waren und die jetzt immer dreister seine Führerschaft in Frage stellten.

Löwen haben nur ein kurzes Leben. Mit fünf Jahren sind sie erwachsen und fortpflanzungsfähig, mit acht sind sie bereits Veteranen. Die Männchen können meistens nur wenige Jahre lang ein Rudel anführen, bevor sie von jüngeren Rivalen besiegt und aus dem Rudel verstoßen werden. Sie müssen dann für sich selbst sorgen, bis sie, von Alter, Hunger und Krankheit geschwächt, nur noch darauf warten können, daß die Hyänen aus dem Schatten hervorkommen.

Dieses Schicksal erwartete auch den Veteranen auf dem Hügel. Vielleicht spürte er, daß seine Tage gezählt waren, daß die Zeit des Überflusses, in der er seine Nachkommen gezeugt und sich an der Beute satt gefressen hatte, die seine drei Löwinnen geschlagen hatten, vorbei war. Wenn es zur endgültigen

Konfrontation käme, wären er und sein Bruder keine Gegner für die Herausforderer. Aber bis dahin war dies sein Land, sein Königreich des Grases.

Serengeti. Schon der Name klingt wie der Trommelschlag des Herzens Afrikas. Wie kann man die Erhabenheit seiner immensen Ebenen beschreiben? Das Licht ist strahlend. Die Luft riecht nach Staub und Wild und Gras – Gras, das weht und wogt, Kilometer für Kilometer im trockenen Hochlandwind. Es gibt kaum eine Straße und keinen einzigen Zaun; nur die Granit-Kopjes und ihre wachenden Löwen, das dornige Waldland, die Wasserläufe mit ihren schattenspendenden Feigenbäumen und die wandernden Viehherden.

In der Serengeti bedeutet Gras Leben; die Herden sind ständig in Bewegung und verfolgen die Gewitterwolken durch das ganze Land auf ihrer Suche nach dem Grün, das nach dem Regen aus dem Boden schießt. Einige Tiere wie die Grantgazelle können monatelang ohne Wasser auskommen. In der Trockenzeit bleiben die Gazellen noch lange da, nachdem die anderen Herden nordwärts in die Akazienwälder gezogen sind oder den Fluß Mara nach Kenia überquert haben, und knabbern an den ausgedörrten Stoppeln, die von den Herden übrig gelassen wurden. Aber die Masse der Viehherden, insbesondere die unbeholfenen Weißbartgnus, braucht frisches Gras und Wasser.

Das Weißbartgnu ist die häßlichste der Antilopen. Es hat die Hörner eines Ochsen, die Mähne eines Pferdes und das abfallende Hinterteil einer Hyäne. Aber trotz seiner Erscheinung und seines clownhaften Umhergehüpfes ist es das erfolgreichste Tier in der Grassavanne und beherrscht die Ebenen schon durch seine große Anzahl.

Seit die Serengeti vor über vierzig Jahren zum Nationalpark erklärt wurde, hat sich die Zahl der Weißbartgnus vervielfacht; inzwischen gibt es 1,25 Millionen Tiere. Zusammen mit einer halben Million Gazellen, 200 000 Zebras, 50 000 Topi-Antilopen und 8000 Giraffen – ganz zu schweigen von den 1500 Löwen – vermitteln sie eine letzte Ahnung davon, wie Afrika vor der Ankunft der Europäer gewesen sein muß. Wenn die Weißbartgnus zu ihrer jährlichen Wanderung aufbrechen und durch die Flüsse stürmen, in endlosen, marschierenden Kolonnen, die sich von einem Horizont zum anderen erstrecken und die drei Tage und Nächte brauchen, um vorüberzuziehen, dann gibt es auf der ganzen Welt keinen dramatischeren Schauplatz als diese weiten Ebenen Tansanias.

In der Serengeti gibt es – erstaunlich für einen Nationalpark von der Größe Hollands – nur eine Handvoll Touristen-Lodges. Lobo im Norden ist sensationell gelegen: zwischen riesigen Granitblöcken in einer Landschaft, wie Hemingway sie in *Green Hills of Africa* beschreibt. Seronera in der Parkmitte ist berühmt für seine luftigen Lichtungen mit gelbrindigen Akazien, für die schlafenden Leoparden und große Rudel schwarzmähniger Löwen. Aber Ndutu am Südrand der Serengeti nahe dem Lagara-See ist der Ort, an dem man sein muß, wenn die Weißbartgnus sich in den Ebenen versammeln.

In einem normalen Jahr verlassen die Herden ihre Zuflucht für die Trockenzeit in der Massai Mara im September, ziehen durch das nördliche Waldland und bahnen sich mampfend ihren Weg durch die Hafergraswiesen im Seronera-Tal, bis sie im November oder Dezember in den offenen Ebenen ankommen.

Diese Jahreszeit nennen die Massai *ilkiserat;* plötzliche Regenschauer ziehen über das Land und lassen das süße, mineralhaltige kurze Gras auf den Ebenen nachwachsen, die am Berg Naabi beginnen.

Hier bleiben die Herden während der Regenzeit und produzieren Ende Januar so viele schlaksige, braune Kälber, daß die wartenden Raubtiere – Löwen, Leoparden, Geparden, Hyänen und Hyänenhunde – niemals alle töten können. Das ist die grausame, aber effiziente Überlebensstrategie der Weißbartgnus, durch die ihre Zahl immer größer wird.

In diesem Januar waren für die Jahreszeit ungewöhnlich heftige Unwetter über die Serengeti gezogen. Es hatte so stark geregnet, daß einige Massai bei dem Versuch, einen hochwasserführenden Fluß zu überqueren, davongerissen wurden und einige Teile des Parks unter Wasser standen. Als ich drei Monate später nach Ndutu kam, waren die Ebenen immer noch grün, aber trockneten schnell aus. Für die Weißbartgnus war die Zeit der Geburten zu Ende, und sie hatten bereits begonnen zurückzuwandern, während Zebras und Gazellen noch zu Zehntausenden in dem Grasland um die Gol Kopjes blieben.

Hier fand ich auch den alten Löwen und seinen Bruder, und hier verbrachte ich die nächsten beiden Tage damit, zusammen mit Hugo, der dieses Land besser kannte als irgend jemand sonst, Geparden zu verfolgen.

Hugo drehte gerade einen neuen Film über die Geparden in der Serengeti, die durch die Viehwanderung nach Süden zum Gol-Gebirge gelockt worden waren. Der Film konzentrierte sich auf das Schicksal eines besonders aggressiven Trios junger Männchen, die »die Blutsbrüder« genannt wurden, und zwei weitere junge Geparden, Bruder und Schwester aus einem anderen Wurf.

Löwen knurrten in der Morgendämmerung, als wir uns mit dem Landrover auf den Weg machten. Das Objektiv von Hugos Kamera guckte wie ein Geschütz durch das Fenster. Als der Tag anbrach, tönte der pochende Chor der Kap-Turteltauben durch die Akazienlichtungen. Die Luft war kühl, und auf den offenen Ebenen glitzerte der Tau, als wir ankamen.

Wenn man an einem strahlenden Morgen in die tiefe Stille der Ebenen hineinfährt, kann man die einsame Freude eines Hochseeseglers nachvollziehen. Wir trieben in der rollenden Gras-See, im langsamen Auf und Ab der Landschaft und suchten unseren Kurs durch die verstreuten Archipele der Kopjes.

Ich wünschte, wir könnten uns ewig so weitertreiben lassen, aber Hugo mußte seine Arbeit erledigen. Er war ein kurzer, stämmiger Mann mit frischer Gesichtsfarbe und einem militärischen Schnurrbart. Er saß in seinem dicken, blauen Pullover am Steuer und fuhr in Richtung des nördlichen Horizonts, wo zwei isolierte Kopjes aus der Unendlichkeit der Ebene und des Himmels herausragten. Als wir näher kamen, stachen sie scharf und klar hervor und wirkten mit ihren im hellen Licht schimmernden Granitflanken wie halbversunkene Panzerschiffsrümpfe.

Wie eine Insel im grünen Meer ist jeder Serengeti-Kopje eine abgeschlossene, geheimnisvolle Welt. Sie dienen als Ausguck für einen jagenden Geparden und als Zuflucht für eine Löwin, die sich in die dunklen Felsspalten zurückzieht, um ihre Jungen zur Welt zu bringen. In der baumlosen Öde der Ebene bieten nur die Kopjes Schutz vor der Sonne, aber die wandernden Herden halten sich fern von ihnen, weil sie die Raubtiere fürchten, die sich in diesen uralten Jagdrevieren herumtreiben.

Auch wir suchten die Felsen nach den scheuen Katzen ab, aber ohne Erfolg. Wir fuhren weiter zum nächsten Hügelrücken, um die umliegenden Hänge mit dem Fernglas abzusuchen. Im Osten türmten sich gigantische regenführende Wolkenwände am

Horizont auf. Vor diesem Hintergrund stach das im hellen Sonnenlicht scharf herausgeschnittene Profil einer schlanken Katze hervor.

Der Gepard stand wachsam und goldfarben in der Ebene, eine vibrierende, zitternde Kreatur, alarmiert und angespannt mit unverhohlenem Hunger. Als wir näher kamen, erhob sich ein zweiter Gepard aus einem Sodomapfel-Gebüsch und starrte uns mit unbewegten Augen an. Das seien die Geschwister, die er gefilmt habe, sagte Hugo. Sie waren etwa fünfzehn Monate alt und noch nicht lange unabhängig von ihrer Mutter. Ihre Bäuche waren dünn – sie hatten heute noch nichts erbeutet –, und wir bereiteten uns in angemessener Entfernung darauf vor, ihnen zu folgen.

Von allen Tieren in der Serengeti ist der geheimnisvolle Gepard mit seiner tränenspurartigen Gesichtszeichnung und fürs Rennen ideal geschwungenen Rückenform das Raubtier der offenen Ebene schlechthin. Hier, wo es keine Verstecke gab, überlebt nur der Schnellste, und der schnittige, gelenkige Gepard ist das Ergebnis einer alten und untrennbaren Verbindung zwischen Jäger und Gejagten. Er hat sich Zug um Zug mit den Gazellen entwickelt; die Schlankheit und lebhafte Gangart der Beute macht der Jäger durch seine katzenhafte Würde und überwältigende Beschleunigung wieder wett.

Vor uns hatten die Herden aufgehört zu grasen. Spannung lag über der Ebene. Alle Köpfe ruckten nach oben, als die Geparden gezielt auf eine Gruppe von Thomson-Gazellen zuliefen, die wiederum wie hypnotisiert auf die Katzen zuhielten. Aber die arroganten Geparden ignorierten sie. Sie waren auf der Suche nach Jungen, die leichter zu fangen waren als schnellfüßige erwachsene Tiere.

Als sie keine Kälber fanden, ließen sich die Geparden zum Ausruhen nieder. Die Sonne stieg höher. Der Tag verstummte. Die Ebenen waren wie betäubt von der Hitze.

Eine Stunde verging und dann noch eine, aber Hugo ließ sich nicht aus der Ruhe bringen, er war völlig zufrieden damit, nur dazusitzen und zu warten. Solange er nur seine Zigaretten und eine Thermosflasche mit Kaffee hatte, war seine Geduld grenzenlos – wie die der Raubtiere, deren Leben in diesen Ebenen er jahrzehntelang im Film festgehalten hatte.

Plötzlich schossen die Geparden hoch und rannten los. Sie hatten eine Gazellenkuh mit ihrem Kalb entdeckt. Innerhalb von Sekunden hatten sie ihre Gangart vom Trab über Galopp in einen scharfen Sprint gesteigert. Das Kalb versuchte vergeblich, auszuweichen und sich nicht einholen zu lassen. Den Schwanz in die Luft gestreckt, schlug das Gepardenweibchen mit der Vorderpfote zu, und die junge Thomson-Gazelle stolperte und überschlug sich. Sofort packte die Gepardin das Kalb an der Kehle. Als der Staub sich gelegt hatte, hatte es sein Leben bereits ausgehaucht.

Trotz des Surrens von Hugos Kamera konnte ich das Krachen von Knochen und Fleisch hören, als die beiden Geparden hastig fraßen und jeden Bissen in sich hineinschlangen, immer in der Furcht, daß sie von ihrer Beute verjagt werden könnten, entweder von marodierenden Hyänen oder den Blutsbrüdern, deren Pfade sie früher oder später kreuzen mußten. Schon war ein Raubadler herabgeschwebt und wartete in der Nähe auf dem Boden. Eine Viertelstunde später war nichts mehr von der Beute übrig außer einem dunklen Fleck im Gras.

Nach dem Mahl richteten Bruder und Schwester sich auf und saßen einander gegenüber wie Buchstützen. Dann leckten sie sich gegenseitig sauber und verschwanden danach im nächstgelegenen

Kopje, wo ein Feigenbaum seinen willkommenen Schatten auf das Gras warf.

Auch wir zogen uns in den Schatten zurück und picknickten unter dem Baum, während die Katzen in den Felsen schliefen. Über uns in den Zweigen saß zusammengekauert wie ein Mönch mit Kapuze eine Adlereule und wartete auf die Dunkelheit. Im Staub zu meinen Füßen glitzerte die Sonne auf einem Feuerstein, einem Relikt aus der Steinzeit, das beweist, daß auch Menschen hier schon vor langer Zeit gelebt haben, in Afrikas längst verlorener unverdorbener Vergangenheit.

Die Sonne sank tiefer. Die Geparden schliefen weiter. Es war unbeschreiblich friedlich. Ich konnte in jede Richtung gucken und fand keinerlei Anzeichen von menschlicher Präsenz, nur eine zeitlose Welt aus Gras und Himmel; Lerchen schwebten im Wind, und die Gazellen waren nach der Mittagsapathie wieder in Bewegung. Zebras wieherten in der kühler werdenden Luft, und Schwärme von Flughühnern erhoben sich aus entfernten Wasserlöchern. Wenn das Gras grün ist und die Weißbart-gnus in der Ebene grasen, gibt es keinen Ort, an dem ich lieber wäre als in der Serengeti. Aber bald würde die Trockenzeit zurückkehren, und die wandernden Herden würden ihr Gebärrevier wieder den Grantgazellen, den Riesentrappen und den kleinen staubigen Wirbelwinden überlassen.

Auch für mich war es Zeit zu gehen. Andere Abenteuer warteten bereits auf mich. Auf meiner Reise vom Ngorongoro-Hochland hatte ich ganze Wolken von Weißstörchen gesehen, die die Thermik nutzten, um sich langsam auf die Höhe zu schrauben, die sie für ihren langen Flug zurück nach Europa benötigten. In Hugos Camp saß ich eines Morgens unter einer flachkronigen Akazie und hörte die süße wohlbekannte Stimme eines anderen Weltreisenden. Es war ein Weidenlaubsänger, der mit seinem Lied zwei verschiedene Welten miteinander verbindet. Plötzlich wurde mir mit einer gewissen Wehmut bewußt, daß ich dieses Lied das nächstemal im Frühling zwischen Haselnußsträuchern und Glockenblumen in den Wäldern meiner Heimat wieder hören würde.

# In den Sümpfen von Bangweulu

Verstohlen und nur nach den Sternen gesteuert, glitt das Kanu tiefer in die Bangweulu-Sümpfe hinein. Unsere beiden Bootsführer aus Sambia, die gegen die Kälte in alte Armeemäntel und Kapuzen eingehüllt waren, stakten und paddelten uns durch ein Labyrinth aus engen Kanälen.

Als der Bug schließlich in dem weichen Schlamm auf Grund lief, stiegen wir aus und wateten in knietiefem Wasser auf einem überfluteten Wildtierpfad durch das Schilf. Das klare Wasser, in dem es sich bei Tage so schön paddeln ließ, war sehr kalt und ließ uns bis auf die Knochen durchfrieren; wir waren froh, als wir endlich unser Versteck erreicht hatten. Es war eine zerbrechliche Konstruktion aus Stäben und Schilf, die über einem alten Termitenhügel auf Stelzen stand. Aber wenigstens konnten wir hier unsere Füße trocknen und bei einer Thermosflasche mit Kaffee auf den Sonnenaufgang warten.

Was hatte uns in diese entlegenen Sümpfe im Nordwesten Sambias gelockt? Die legendäre Sitatunga, eine Wasserantilope, die so selten und scheu ist, daß Großwildjäger Tausende von Pfund dafür bezahlen würden, eine abschießen zu können. Es ist ein außerordentlich scheues Tier, manchmal bleibt es tagelang tief im Papyrus versteckt. Oft liegt es für Stunden unter der Wasseroberfläche, die leierförmigen Hörner zurückgelegt und nur die Nüstern über

Wasser haltend. Das Sitatunga ist wahrscheinlich das geheimnisvollste Säugetier Afrikas, und Bangweulu ist der beste Ort, um es zu beobachten.

Draußen in der Dunkelheit lag der Sumpf in totaler Stille, aber als der erste rote Strahl der Morgendämmerung über den östlichen Horizont kroch, wachten die Marsch-Vögel auf. Senegal-Tiputip setzten sich auf die Schilfhalme; die schwarzen Hauben auf ihren Köpfen und die zimtfarbenen Flügel hoben sich deutlich vor dem grünen Hintergrund des Papyrus ab. Bald schien der ganze Sumpf von ihren merkwürdigen, blubbernden Schreien erfüllt zu sein.

Die Sonne stieg schnell auf. Schwärme von Wasservögeln waren in der Luft: knopfnasige Gänse, flatternde Reiherscharen und Heilige Ibisse in wogender Luftschlangenformation. Naß und im bernsteinfarbenen Licht glänzend, erstreckte sich das große Sumpfland bis zum Horizont: 6500 Quadratkilometer Deltas, Schilfrohr und Wasserpflanzen.

Ich sah nicht, wie das Sitatunga auftauchte. In einem Augenblick war noch nichts zu sehen außer Papyrus und Elefantengras, und im nächsten hatte sich eine hörnertragende Erscheinung aus dem Schatten gelöst: ein schlanker, junger Bulle mit einem Gesicht, so barbarisch wie eine Stammesmaske, und einem schokoladenbraunen Fell mit hübschen weißen Blessen.

Volle fünf Minuten lang blieb er bewegungslos stehen, ein spreizfüßiges Vorderbein vom Boden abgehoben, und schnupperte. Dann senkte er seinen Kopf sehr langsam und begann zu fressen.

Bangweulu – der Ort, an dem die Erde auf den Himmel trifft – ist das tiefe und verborgene Herz Afrikas. Es ist passenderweise auch die letzte Ruhestätte für das Herz von David Livingstone, der hier 1873 gestorben ist, nachdem er sieben lange Jahre nach der Quelle des Nils gesucht hatte.

Auf dem weiten Weg nach Norden von Lusaka zu Livingstones Grab fuhren wir kilometerweit durch schattiges Miombo (offenes Waldgebiet, das größtenteils aus großblättrigen Brachystegia und Julbernardia-Bäumen besteht) in das Land des Balala-Volkes, dessen Name »Schlaf« bedeutet. Die Balala sind ein freundliches Volk. Wir fuhren durch ihre Dörfer im Miombo und ihre Maniok-Gärten. Die geschälten Maniok-Wurzeln – ihr Grundnahrungsmittel – wurden zum Einweichen in die Wasserläufe längs der Straße gelegt wie Haufen totenbleicher Finger.

Unser Ziel lag am Ende eines staubigen Pfades am Lulimala-Fluß. Im nahe gelegenen Dorf bat man uns in einen kargen, kleinen Raum, der als lokales Krankenhaus diente, und legte uns ein Gästebuch vor, in dem wir uns verewigten.

Der Platz, an dem Livingstone starb, ist auf einer halbschattigen Lichtung mit einem einfachen Steindenkmal gekennzeichnet. 1866 hatte er sich aufgemacht, um die Quelle des Nils zu suchen, geriet aber immer weiter in die verkehrte Richtung und irrte schließlich, 2400 Kilometer von seinem Ziel entfernt, durch die Bangweulu-Sümpfe.

Im April 1873 wurde er auf einer Trage in das Dorf von Chief Chitambo unmittelbar hinter der Schwemmebene gebracht, vom Fieber gezeichnet und durch chronische Ruhr sehr geschwächt. Am

1. Mai starb er dort, auf den Knien betend, neben seinem Bett.

Seine Anhänger öffneten die Leiche und beerdigten sein Herz in einem Metallkästchen unter einem Mupundu-Baum. Der Körper wurde innen und außen mit Salz eingerieben und wie ein Stockfisch zum Trocknen in die Sonne gelegt. Zwei Wochen später hüllten sie seinen konservierten Leichnam in weiße Baumwolle und trugen ihn, eingeschnürt in ein Leichentuch aus Baumrinde, die mit Segeltuch vernäht war, den ganzen Weg zur Küste nach Bagamoyo, mehr als 1400 Kilometer weit.

Wer heute Livingstones Spuren folgt, reist weniger beschwerlich dank der Hilfe von Anti-Malaria-Tabletten, Autos mit Allradantrieb und bequemen Schlafstätten. Unser Camp in Mandamata am Rande des Chimbwi-Schwemmlands bestand aus einem halben Dutzend schilfgedeckter Rundhütten, die alle über moderne Einrichtungen inklusive heißer Duschen und einem luftigen Speiseraum verfügten und in dem jeder Tag mit einem riesigen Frühstück aus Eiern und Schinken begann.

Von dort aus drangen wir in die umliegende See aus reifen Gräsern vor und kreuzten mit dem Landrover durch Archipele aus Termitenhügeln, die aus der Flachheit der Ebene herausragten wie die Grabhügel einer längst vergangenen Art. Lerchen und Regenpfeifer füllten die Luft mit ihren wehmütigen Schreien. Riedböcke und Oribis schauten uns nach, und große Herden Tsessebe, die schnellste aller Savannenantilopen, starrten uns mit ihren langen, kummervollen Gesichtern an, bis sie die Nerven verloren und davontrabten.

Und dann plötzlich keine Ameisenhügel mehr und keine Bäume. Nur das unendliche Wasserland des Chimbwi-Schwemmlands. Hier überschwemmt der von den langen Regenfällen angeschwollene

Bangweulu-See jedes Jahr die Sümpfe und setzt das Land im Umkreis von fast dreißig Kilometern unter Wasser.

Jetzt hatten sich die Fluten gerade wieder zurückgezogen und hinterließen das grüne Gras für die riesigen Herden der schwarzen Litschi-Antilope, die nirgendwo sonst in Afrika zu finden ist.

An einigen sonnendurchwärmten flachen Stellen war das zurückgehende Hochwasser noch verblieben. Dort wateten wir knöcheltief zwischen riesigen Vogelkolonien: Klunkerkraniche und Sattelstörche, schwerfällige Pelikan-Flotten und schnelle Pratincole-Geschwader. Manchmal stieg ein entfernter Schwarm in den blauen Himmel auf, aufgeschreckt vielleicht durch das plötzliche Auftauchen einer afrikanischen Sumpfweihe, die über das Schilf segelte.

Und schließlich erreichten wir den eigentlichen großen Sumpf mit seinem Morgendunst und dem alles durchnässenden Tau, den Seerosen-Tümpeln und den Batwa-Fischerdörfern tief im Papyrus versteckt. Während wir durch die glasklaren Kanäle von Bangweulu stakten, begegneten wir einem anderen geheimnisvollen Tier der Sümpfe, dem geisterhaften grauen Schuhschnabel-Storch, und lauschten dem Schrei des Fischadlers, dessen bellende Stimme für Livingstone so klang, als ob »sie jemanden in der anderen Welt ruft«.

Kein Wunder, daß auch Livingstone, schwer krank, wie er war, von der Magie der Sümpfe ergriffen war. »Die Männer waren auf der Jagd«, schrieb er Ende März 1873 in sein Tagebuch, »und wir kamen nahe an großen Antilopenherden vorbei, die ein gehetztes, planschendes Geräusch machten, wenn sie durch das Wasser rannten und sprangen. Ein Löwe war in diese Welt aus Wasser und Ameisenhügeln gekommen und brüllte nachts und morgens.«

Heute, mehr als ein Jahrhundert später, ist Livingstones Welt immer noch unberührte Wildnis. Die Antilopen rennen noch, und die Marsch-Löwen brüllen noch. Was auch immer im übrigen Afrika passiert, man hat das Gefühl, daß diese unendlich weiten Horizonte und riesigen Himmel über der Marschlandschaft auch in hundert Jahren noch genauso aussehen werden.

Ich wollte meine Reise vom Bangweulu-See aus ins zweihundertfünfzig Kilometer südöstlich gelegene Luangwa-Tal, in dem Sambias schönster Nationalpark liegt, fortsetzen. Auf der Straße wäre das zu einem sehr anstrengenden Querfeldeintrip über das Muchinga Escarpment geworden, dessen steile Hänge an den Westgrenzen des Parks bis zu sechshundert Meter hoch sind. Glücklicherweise gibt es inzwischen ein kleines Flugzeug, das diesen Teil der Safari-Route bedient.

Das Flugzeug war auf der behelfsmäßigen Landebahn am Rande des Schwemmlands gelandet, ohne sich im Matsch festzufahren, konnte aber erst weiterfliegen, nachdem es neu betankt worden war. Vom Camp in Mandamata wurde ein Faß mit Flugbenzin herbeigebracht, aber es gab hier mitten im Busch natürlich keine Pumpe. Also mußte der Pilot, wie so oft in Afrika, improvisieren. Er saugte so lange an dem einen Ende des Schlauchs, bis das Benzin zu fließen begann und er seine leeren Tanks auffüllen konnte. Leider hatte er dabei etwas zu lange angesaugt und einen Mundvoll Benzin geschluckt.

Hustend und spuckend brachte er es irgendwie fertig, das Auftanken zu beenden, und winkte uns an Bord. »Beeilt euch«, krächzte er mit immer noch rotem Gesicht und tränenden Augen, »ich werde mich in der Luft besser fühlen.« Das hoffte ich auch. Sein verzweifelter Gesichtsausdruck und sein nach

Benzin stinkendes T-Shirt wirkten nicht sehr vertrauenerweckend auf seine Passagiere. Auch trug es nicht gerade zu ihrer Beruhigung bei, daß er kurz nach dem Start plötzlich das Fenster öffnete und heftig in den Windschatten kotzte.

Er wischte sich die Stirn mit einem großen Taschentuch ab. »Puh«, stöhnte er, »jetzt fühle ich mich erheblich besser. Meine Damen und Herren, Sie dürfen jetzt wieder rauchen.« Es überraschte mich nicht, daß keiner diese Erlaubnis ausnutzte.

Schließlich landeten wir zu unser aller Erleichterung sicher in Luangwa, aber unser Abenteuer war noch nicht vorüber. Wir luden unser Gepäck aus dem Flugzeug und warteten bei starkem Wind auf einen Wagen, der uns zur Lodge bringen sollte. »Ich lasse die Motoren laufen«, sagte der Pilot, »es lohnt sich nicht, sie abzustellen, weil ich gleich wieder starte.«

Leider hatte er vergessen, Bremskeile unter die Räder des Flugzeugs zu legen. In dem starken Wind und mit dem sich noch drehenden Propeller begann das Flugzeug plötzlich die Landebahn hinunterzurollen. Er muß meinen entsetzten Blick bemerkt haben, denn er wirbelte herum: »O Gott, mein Flugzeug!« schrie er und rannte hinterher. Irgendwie schaffte er es, eine Tür zu öffnen und sich hineinzuwerfen. Seine Beine schleiften noch im Staub, als er die Bremse hochriß und das Flugzeug schließlich zum Stehen brachte.

Später in der Lodge bei einem dringend benötigten Drink erzählte mir jemand, daß er in Sambia berühmt war. Es war sogar vorgeschlagen worden, ihn in das Guinness-Buch der Rekorde aufzunehmen – als Pilot, der die meisten Unfälle überlebt hat.

Im Juli ist in Sambia der Winter zu Ende: kalte Morgendämmerungen, goldene Tage, der Himmel in einem makellosen Eierschalenblau. Bald schon würde die Luft wieder mit Staub und dem Rauch der Grasfeuer angefüllt sein, aber jetzt war der weite Horizont noch klar und scharf.

Unten im South-Luangwa-Tal trocknet das Land schnell aus. Die Büffel haben die Berge bereits verlassen und sind vom Muchinga Escarpment heruntergewandert, um sich am Fluß zu sammeln. Zusammengekauert im hohen Kaseni-Gras lauern die Luangwa-Löwenrudel auf deren Ankunft. Von jetzt an bis zum November, wenn der Regen beginnt, werden acht von zehn Beutetieren der Löwen in diesem Tal Büffel sein.

South Luangwa ist Sambias schönster Nationalpark. Nach einem nur neunzigminütigen Flug von Lusaka tritt man hinaus in die knochentrockene Hitze und wird von einem offenen Landrover in eine Welt gefahren, die so entfernt vom zwanzigsten Jahrhundert ist, wie man es sich selbst auf diesem alten Kontinent kaum vorstellen kann.

Einen solchen Ort würde man normalerweise, hätte man ihn zufällig selbst entdeckt, eifersüchtig vor dem Rest der Welt geheimhalten. Aber heutzutage muß sich selbst das Paradies bezahlt machen. Sambia braucht die harten Devisen der Touristen, und das ist das überzeugendste Argument für den Wildtierschutz. Deswegen habe ich auch kein schlechtes Gewissen, wenn ich jeden ermuntere, South Luangwa zu besuchen und sich in die Reihen derer einzureihen, die wie ich glauben, daß dies einer der heiligen Plätze der Erde ist.

Stellen Sie sich eine Wildnis in der Größe von Devon vor, in der große, zerzauste Bäumen stehen – Feigen und Tamarinden, tausendjährige Affenbrotbäume, geweihförmige Bleibäume, luftige Lichtungen mit stolzen alten Winterdornbäumen und endlose Alleen von kathedralartigen Mopane-Bäumen.

Wenn man die kirchturmhohen Ameisenhügel ignoriert, sieht das ganze einem vernachlässigten englischen Park nicht unähnlich, sogar die leuchtenden Herbstfarben stimmen.

Fügen Sie einen mächtigen Fluß so breit wie die Themse hinzu, mit zusätzlichen Gewässern mit den unverwechselbaren abgeschnürten Flußschlingen, die hier *dambos* genannt werden. Jede ist der Überrest eines früheren Mäanders des Flusses, beschattet von kühlen Ebenholzhainen, ausgelegt mit Nil-Kohlpflanzen und voller Frösche, Fische und Reiher.

Nun erwecken Sie alles zum Leben. Setzen Sie pro Kilometer Flußlauf mindestens dreißig Flußpferde und pro Sandbank zwanzig Krokodile ein. Bevölkern Sie die Ebenen und Dickichte mit den flüchtigen Silhouetten von Elenantilopen und Kudus. Füllen Sie die Schatten mit Löwen und Leoparden auf. Und um das Bild abzurunden, lassen Sie eine Elefantenherde auf den Fluß zumarschieren.

Die einzigen Menschen in diesem Tal sind die wenigen Besucher, die das Glück hatten, in einer der sechs komfortablen und unauffälligen Safari-Lodges unterzukommen. Anders als in Ostafrika, wo die Fahrzeuge mit Touristen manchmal die Anzahl der Geier um einen Kadaver übertreffen, sieht man hier kaum mal eine Menschenseele.

Die Entfernungen sind so groß, und der Busch ist so dicht. Innerhalb von Minuten schließen einen die Bäume wie die Flut ein; man ist von leise gurrenden Tauben und der hallenden Tiefe der Mopane umgeben. In dieser magischen Waldung ist es ungewöhnlich hell, denn die Blätter falten sich in der Hitze des Tages wie schlafende Schmetterlinge zusammen, um so den Wasserverlust zu reduzieren.

Die Wildbeobachtung per Landrover hat ihre Vorteile. Eines Tages fuhren wir nachmittags durch den Park und überraschten einen Leoparden gerade in dem Moment, als er ein Impala gegriffen hatte. Sobald er uns sah, zog er sein Opfer in einen *donga*. Dort kauerte er sich dann in der flachen Böschung zusammen und fixierte uns mit seinen blassen Augen, während er die noch zappelnde Antilope erwürgte.

Plötzlich begann der Leopard mit dem Schwanz zu schlagen. Seine Schenkel zitterten. Und dann stürmte er im Angriffssprint direkt auf uns zu, mit erhobenem Schwanz – und in ebendiesem Moment würgte unser Fahrer den Motor ab.

Es war keine Zeit mehr, Angst zu haben. Ich erstarrte und konnte einfach nicht begreifen, was ich sah: daß der Leopard dabei war uns anzugreifen. Doch im letzten Augenblick verlor er die Nerven. Man sah einen verschwommenen goldenen Fleck, als er auswich und davonrannte – wunderschön anzusehen in seinen fließenden, anmutigen Sprungbewegungen –, um im dichten Schilf zu verschwinden.

Solche aufregenden Begegnungen mit der wilden Tierwelt sind zwar die Höhepunkte der Lagerfeuergeschichten, aber tatsächlich nur seltene gewaltsame Zwischenspiele, die nur vorübergehend die träge Ruhe des Tals stören. Meistens ist es ein gutmütiger und schläfriger Ort, eingelullt von den hypnotischen Rufen der Bartvögel, den dunklen Stimmen der Kaffernhornraben und dem Zirpen der Grillen. Ich wachte in Luangwa häufig von dem erregenden Brüllen der Löwen auf. Aber letztlich erinnere ich mich vor allem gern an die sanften Stimmen der lieblichen Turteltauben und den traurigen Refrain der dicken Wassertropfen, die in die Mfuwe-Lagune fallen.

Das schönste Erlebnis ist es, Luangwa zu Fuß zu erkunden. Hier hatte Norman Carr, ein ehemaliger Wildhüter und jetzt der große, alte Mann des Tales, um 1960 erstmals Wander-Safaris angeboten. Von ihm wurde ich 1978 ins Buschwandern eingeführt. Wenn beim Durchstreifen des hohen Grases Unsicherheit und Angst aufsteigen, dann ist da immer noch die beruhigende Anwesenheit des *fundi*, eines professionellen Wildfährtensuchers, in dessen Fußstapfen man geht und dessen schweres Elefantengewehr als letzte Rettung zur Hand ist.

Norman Carr wurde in Mosambik geboren. Seine Eltern schickten ihn nach England zur Schule. Mit neunzehn kehrte er nach Afrika zurück, wo er seitdem lebt – außer den fünf Jahren Wehrdienst im Zweiten Weltkrieg, die er als Captain eines Infantrie-Bataillons abschloß. Als er Mitte Zwanzig war, arbeitete er auf eigene Rechnung als Elfenbeinjäger im damaligen Portugiesisch-Ostafrika. Später machte er die klassische Wandlung vom Wilderer zum Wildhüter durch und war erst Elefanten-Schutzbeauftragter und schließlich Chefaufseher im Northern Rhodesian Game Department. Diesen Posten hatte er so lange, bis er bei der Spurensuche nach Elefanten im hohen Gras von einem Büffel überrannt wurde. Glücklicherweise überlebte er diesen Unfall. Nach dem Krankenhausaufenthalt kehrte er in den Busch zurück und eröffnete den Kafue-Nationalpark.

Während seines Aufenthaltes in Kafue adoptierte er zwei Löwenbabys, Big Boy und Little Boy, die er erfolgreich aufzog und auswilderte. Später verließ er das Game Department und zog in das Luangwa-Tal, um sein Safari-Geschäft aufzubauen. Das hat ihm Freunde in der ganzen Welt beschert und etablierte den South-Luangwa-Nationalpark als eines der schönsten Tierschutzgebiete Afrikas.

Von Norman lernte ich zuerst, wie man Afrika von gleich zu gleich begegnet, nämlich mit den Füßen auf dem Boden. Erst da wurde mir klar, wieviel ich bei den Auto-Safaris versäumt hatte. Nur zu

Fuß konnte ich die seltene Pels-Fischereule sehen, einen Bewohner der Ebenholzhaine mit einem Schrei, der mit dem einer verlorenen Seele verglichen worden ist, die ins Bodenlose fällt. Nur zu Fuß konnte ich die Duftmischung aus Staub und heißem Gras, wildem afrikanischen Lavendel und Elefantendung riechen.

Bei einem erneuten Besuch 1982 führte mich Robin Pope, einer von Norman Carrs Schützlingen. Mit seiner Brille und der ihm eigenen Ruhe sah er aus wie ein Dichter, aber er war zäh wie altes Dörrfleisch. Er war erst einunddreißig, aber schon ein Buschveteran mit einem eigenen kleinen, idyllischen Camp in Nsefu an einer Flußbiegung des Luangwa.

Robin zeigte mir die zweitausend Tiere starke Brutkolonie der Gelbschnabel-Störche in der Chipela-Lagune. Und er zauberte an einem Nachmittag vier Spitzmaulnashörner herbei und fand die legendäre Fischereule. Robin lehrte mich auch Löwen- und Leopardenspuren erkennen, zeigte mir die Höhle eines Ameisenbären und ein Nest von Wildbienen, brach Zweige von wildem Jasmin ab, an dem wir schnupperten, während wir weiterwanderten. Er konnte auch den Ruf jedes Vogels identifizieren. Und es war Robin, der uns ruhig in Sicherheit brachte, als zwei Elefanten mit ihren Drohgebärden begannen, die Ohren spreizten und mit aufgerollten Rüsseln unsere Witterung aufnahmen.

Von allen Großwildtieren verlangt der Elefant am meisten Respekt. In Luangwa waren ihre Dunghaufen überall, ebenso wie ihre Fußabdrücke – Löcher mit dem Durchmesser eines Ascheimerdeckels, die haufenweise in die schlammigen Flußbetten der ausgetrockneten *dambos* gerammt worden waren. Manchmal sahen wir sie wie in eine Flaute geraten dastehen, weit draußen in einem Meer aus ausgeblichenem blondem Gras, bewegungslos bis auf das träge Wedeln der riesigen Ohren. Oder wir beobachteten einen einsamen Bullen, der sich so leise fortbewegte, wie man es einem so riesigen Tier nie zutrauen würde, ein grauer Geist, der wie Rauch zwischen den Bäumen verschwand.

Bei solchen Anblicken fielen mir die Worte des amerikanischen Schriftstellers Henry Beston ein, die unter der Statue einer Lechweantilope am Flughafen von Lusaka eingraviert sind: »In einer Welt, die älter und perfekter als die unsere ist, bewegen sie sich, vollständig fertig, ausgestattet mit einer Sinneserweiterung, die wir verloren oder niemals besessen haben; sie leben nach Stimmen, die wir niemals hören werden.«

Traurigerweise hat jedes Paradies seine Schlange, und Luangwa ist da keine Ausnahme. Als ich zum erstenmal in das Tal kam, gab es dort 100 000 Elefanten und 4000 Spitzmaulnashörner. Seitdem hat sich aber die kommerzielle Wilderei wie eine Krankheit von Kenia und Tansania aus nach Süden verbreitet, den Nashörnern den Garaus gemacht und von den Elefantenherden nur einen Bruchteil übriggelassen. Da es auf allen Ebenen Korruption gibt, sterben auch heute trotz des internationalen Handelsverbots von Elfenbein die Elefanten noch wegen ihrer Stoßzähne, wodurch Sambia und sein schönster Nationalpark immer mehr verarmen. 1983 lebten noch etwa 1000 Nashörner versteckt im Tal, aber sie wurden schnell dezimiert. Damals war ich in der Chinzombo-Lodge und hörte eines frühen Morgens eine Salve von Schüssen vom anderen Flußufer. Schnell wurde eine Anti-Wilderer-Patrouille zusammengestellt, und Phil Berry, der Anführer, lud mich ein, mich anzuschließen.

Es folgte eine verrückte, wilde Fahrt über unbefestigte Straßen. Dann stiegen wir aus und stürzten uns zu Fuß in das Mopane-Waldland. Wir waren etwa ein Dutzend Leute, alle in dschungelgrünen Buschanzügen und alle außer mir mit einem Gewehr bewaffnet.

Phil Berry legte ein mörderisches Tempo vor. In der atemraubenden Hitze war mein T-Shirt sehr bald schweißdurchtränkt. Dornen zerkratzten uns Arme und Beine, und die Tsetsefliegen quälten uns.

Schon bald sahen wir Geier über den Bäumen kreisen, aber als wir uns herangepirscht hatten, fanden wir zu unserer Überraschung einen gut vier Meter langen Python. Die Schlange war mit einem einzigen Biß in die Kehle getötet worden und somit bestimmt nicht das Opfer der Nashornwilderer gewesen. Also eilten wir weiter.

Plötzlich hörten wir aus dem Schatten eines dichten Dickichts ein furchterregendes Schnauben. »Chipembere«, flüsterte einer der Fährtenleser. Ein Nashorn! Hastig suchten wir jeder hinter einem Baum Schutz für den Fall, daß das undankbare Tier auf die Idee kommen sollte, seine Beschützer anzugreifen. Aber schließlich trottete es davon.

Nach vier Stunden konnten wir trotz aller Anstrengungen nichts weiter vorweisen als einen roten Stoffstreifen, der an einen Busch geknotet worden war. »Wahrscheinlich eine Warnung, die von der Bande zurückgelassen wurde«, meinte Phil Berry. »Es bedeutet wohl: Halt oder wir schießen oder so was.«

Ich war erschöpft, aber für Phil und seine Ranger war dies ein normaler Arbeitstag; ein Teil des nicht enden wollenden Buschkrieges, der gegen die Wilderer geführt wurde. Leider erwies sich der Park trotz aller Bemühungen als zu groß, um mit den wenigen Möglichkeiten effektiv bewacht werden zu können. Die Korruption war zu verbreitet, die Versuchungen waren zu groß und die Wilderer zu zahlreich. Egal, wie viele gefangengenommen wurden, es kamen immer neue in den Park, bis das letzte Nashorn getötet war.

Die Luangwa-Nashörner werden niemals zurückkehren, aber die Elefanten sind um die Lodges noch verbreitet. Und da die Wilderei dank des Verbots des Elfenbeinhandels stark zurückgegangen ist, bleibt die Hoffnung, daß die Herden sich wieder erholen werden. Erfreulicherweise ist das restliche Großwild noch in großer Menge vorhanden, und die Leoparden scheinen sogar zahlreicher als früher zu sein.

# Nachtwache

Tagsüber war das Luangwa-Tal voller Leben und Bewegung – Löwen paarten sich, Kudus grasten und eine Thornicroft-Giraffe (diese Art gibt es nur in diesem Tal) reckte sich, um die würstchenförmigen Früchte von einem Kigelia-Baum zu pflücken. Aus dem schläfrigen Waldland ertönte das Gegacker der rotschnabligen Weißmasken-Baumhopfe, bunte Eisvögel schwebten über dem Luangwa-Fluß, und hoch oben schaukelten die Gaukler mit ihren schwarzweißen Flügeln in der Thermik. In der Flußmitte lagen halb untergetauchte Flußpferde in großen Gruppen und aalten sich in dem schlammigen Wasser. Sie dösten den ganzen Tag lang vor sich hin; sie bewegten sich nur, um ihr Maul zu einem herzhaften Gähnen aufzureißen, zu brüllen und zu grunzen, um dann wieder abzutauchen, so daß nur noch ihre Nasenlöcher und Froschaugen aus dem Wasser herausguckten.

Der Fluß ist Luangwas Lebensader. Er windet sich durch das siebenhundert Kilometer lange Tal und fließt dann in den Sambesi. Das Tal ist älter als der ostafrikanische Graben und so breit, daß man nur an sehr klaren Tagen das Muchinga Escarpment sehen kann, das die Westgrenze bildet.

In der Regenzeit tritt der Fluß über seine Ufer und füllt die grasbewachsenen *dambos* und Flußschleifen wieder zu Lagunen auf, die die Elefanten zum Baden und Suhlen anlocken. Und sogar während der Trockenzeit, wenn die Luft in der großen Hitze flirrt, die Weihnachtskäfer in den Bäumen des Regenwaldes gellend schreien und der Luangwa zu einem trägen Rinnsal geworden ist, müssen die Tiere nicht dursten.

Begeistert habe ich stundenlang in der Chibembe-Lodge mit einem kalten Bier im Schatten der großen, immergrünen Trichelia-emetica-Bäume gesessen und das Kommen und Gehen der Tiere am gegenüberliegenden Ufer während eines langen, heißen Tages in Sambia beobachtet. Am späten Nachmittag schien die Sonne plötzlich ihre Hitze zu verlieren. Die Schatten wurden länger; ein männlicher Buschbock kam vorsichtig herunter, um zu trinken, und wühlte mit seinen Hörnern den Schlamm auf. Nicht weit entfernt saß eine Fischereule, versteckt im tiefen Schatten eines Ebenholzhains, und wartete darauf, daß die Sonne hinter dem Muchinga Escarpment unterging.

Das Licht schwand jetzt schnell, und eine halbe Stunde lang herrschte noch erhöhte Betriebsamkeit an den abbröckelnden Böschungen, bis schließlich die Nachtwache begann. Nilgänse flogen paarweise vorbei und landeten laut rufend auf einer Sandbank in der Flußbiegung. Am anderen Ufer traten zwei Elefanten zwischen den Bäumen hervor und schlurften vorsichtig, die Rüssel zur Orientierung vorgestreckt, einen Flußpferd-Pfad hinunter zum

Fluß. Später würden sie den Park vielleicht verlassen und den Fluß überqueren, um einen Raubzug durch die Getreidefelder der umliegenden Dörfer zu machen und bei Anbruch der Morgendämmerung schnell in die Sicherheit des Parks zurückzueilen.

Hoch oben in der Krone eines Leberwurstbaumes saß ein getupftes Eulenjunges, dessen helle, gelbe Augen durch die Blätter hinabstarrten. Im Fluß spiegelte sich das Abendrot und ließ die vorbeihuschenden Gestalten einiger später Mauersegler bei der Insektenjagd als scharfe Silhouetten erscheinen. Zu den Mauerseglern gesellte sich eine Handvoll Fledermäuse, die mit dunkler werdendem Himmel immer zahlreicher wurden und über das Wasser ausschwärmten. Flußaufwärts und flußabwärts hallten die Böschungen von dem Gebrüll der Flußpferde wider, das hin und wieder die qualvollen Schreie der Wasser-Dikkops übertönte. Die letzten Tauben verstummten, und in der Stille begann das Gezirpe der Grillen, das die ganze Nacht andauern würde.

Jetzt wurde es Zeit, wärmere Sachen anzuziehen und in den Fond des offenen Landcruisers zu klettern. Nachtfahrten mit einem bewaffneten Führer und einem starken Handscheinwerfer, der über den Zigarettenanzünder betrieben wird, enthüllen eine geheimnisvolle Welt, die bei Tage verborgen ist.

Die Flußpferde, die bei Abenddämmerung aus dem Wasser gekommen waren, um zu grasen, hatten sich im Unterholz verteilt. Im Scheinwerferlicht waren sie oben lila-braun, und an der Unterseite zeigten sie ihren Bauch in staubigem, verwaschenem Rosa.

Wenn man die zerfurchten Pfade entlangrumpelt, ist es manchmal schwierig, dem Lichtstrahl des Scheinwerfers zu folgen. Schnell springt er von Baum zu Baum, streicht über die Spitzen der Ameisenhügel, schlägt einen Pfad durch das hohe Gras und taucht alles, was er trifft, in gelbes Licht.

Wir bogen von dem Pfad ab, fuhren auf eine Lagune zu und kamen mit abgestelltem Motor langsam zum Stehen. Nach dem Regen sind solche Lagunen voll mit Wasser; jetzt aber war diese zu einer halbmondförmigen Pfütze inmitten ausgetrockneter Furchen und Suhlen geschrumpft. Kleine Fledermäuse jagten über der Lagune, und ihre hellbraunen Bäuche blitzten im Licht auf, während sie durch die Luft wirbelten. Unter ihnen sah man mattrote Lichtpunkte, immer paarweise – die Augen von Krokodilen, die sich unheildrohend über der Wasseroberfläche bewegten. Vor jedem dieser Lichtpaare brodelte das Wasser, da die Fischschwärme auseinanderstoben, um zu entkommen.

Wir starteten den Motor und fuhren wieder zu dem Pfad zurück; dabei durchquerten wir den dünnen Staubschleier, den wir fünf Minuten zuvor bei unserer Fahrt zur Lagune aufgewirbelt hatten. Als der Scheinwerfer wieder in die Nacht hinaus leuchtete, regte er andere Lichteransammlungen überall um uns herum zum Blinken und Leuchten an; sie sahen aus wie entfernte Häfen, von einem Schiff auf hoher See aus gesehen. Diese verstreuten Lichtpunkte waren verschiedene Antilopengruppen – Gelbfuß-Moorantilopen, Impalas und manchmal auch Wasserböcke –, die angespannt und fluchtbereit dastanden.

Kurze Zeit später hielten wir wieder an, diesmal wegen zwei kleiner Lichter unten im Gras. Ich verfolgte den Scheinwerferstrahl mit dem Fernglas und konnte gerade noch ein paar dunkle Ohren ausmachen. Die Ohren bewegten sich vorwärts, und eine Ginsterkatze trat langsam in den Lichtstrahl; ihr geflecktes, mondscheingraues Fell und der lange, dick gestreifte Schwanz paßten sich perfekt den Schatten

*Oben: Auch wenn sie sich ausruhen, verhalten sich Geparden unauffällig. Sie haben viele potentielle Feinde, nicht nur Löwen und Hyänen, sondern auch andere Geparden (Jonathan Scott)*

*Unten: Morgendämmerung in der Serengeti; wenn man den Tieren durch die weiten Ebenen folgt, bekommt man ein nie gekanntes Gefühl von Freiheit (Jonathan Scott)*

*Oben: Sattelstorch: der Name spielt auf den gelben »Sattel« auf dem schwarzroten, leicht nach oben gebogenen Schnabel an (Jonathan Scott)*

*Unten: Männlicher Wasserbock: eine der schwersten afrikanischen Antilopenarten, die man leicht an den hübschen U-förmigen Hörnern erkennen kann (David Coulson)*

Oben: Anti-Wilderer-Patrouille im Luangwa-Tal. Leider wurde der Kampf um das Spitzmaulnashorn in Sambia trotz aller Anstrengungen verloren (Brian Jackman)

Links: Brian Jackman im Luangwa-Tal in Sambia, einem der besten Plätze in Afrika für Wander-Safaris (Brian Jackman)

Oben: Schwarze Kapbüffel: die schweren Hörner sind hervorragende Waffen, trotzdem werden viele Büffel von Löwen geschlagen (David Coulson)

Unten: Grünscheitelracken: diese farbenprächtigen Vögel imponieren mit ihren kunstvollen Saltoflügen (Jonathan Scott)

*Oben: Sonnenuntergang in Kariba – eine der Schön-heiten, die man bei einem Besuch in Simbabwes Matusadona-Nationalpark erleben kann. Die Bäume wurden überschwemmt, als das Sambesi-Tal geflutet wurde, um den See aufzustauen (Brian Jackman)*

*Links: Ein Rotschnabel-Madenhacker auf einem Büf-fel. Die Madenhacker befreien ihre Wirte von Zecken und machen sie auf mögliche Gefahren aufmerksam (Jonathan Scott)*

*Oben: Die Elefanten des Präsidenten: ein Teil der Herde, die unter dem Schutz des Präsidenten von Simbabwe, Robert Mugabe, steht (Brian Jackman)*

*Unten: Eine Kolonie Südafrikanischer Pelzrobben nahe der Sandwich-Bucht an Namibias einsamer Skelettküste (David Coulson)*

»Wenn Etosha ein Totem hat, dann sicherlich diese stolze Oryxantilope mit ihrem auffällig schwarzweißen Gesicht wie eine afrikanische Stammesmaske und ihrer außergewöhnlichen Fähigkeit, monatelang ohne Wasser auszukommen.« (David Coulson)

*Oben: Zebras trinken in der Fischer's Pan im Etosha-Nationalpark nahe Namutoni (David Coulson)*
*Unten: Rote Lechweantilopen im Okavango-Delta. Nur wenn man über den Okavango hinwegfliegt, kann man seine Dimensionen erfassen (David Coulson)*

*Oben: Shaka Zulu, der König von Shinde Island im Okavango-Delta (David Coulson)*
*Unten: Shaka Zulu versucht ein Warzenschwein aus seiner Höhle auszugraben. Er grub eine halbe Stunde lang, aber der Bau war zu tief (David Coulson)*

*Oben: Auf Safari mit Abu, Randall Moores liebstem Reitelefanten, aufgenommen 1991 auf der Insel Pom-Pom (Brian Jackman)*

*Unten: Das Gras ist so hoch wie das Auge des Elefanten – auf Safari in der Nähe von Abu's Camp im Okavango-Delta (Brian Jackman)*

Oben: Eine Elefantenmutter mit ihrem Kalb. Elefanten sind sehr soziale Tiere, die manchmal ein Leben lang in einem engen Familienverband leben (Jonathan Scott)

Unten: Der beste Weg, das Okavango-Delta zu erforschen, ist die Fahrt in einem mokoro, dem traditionellen Einbaum des Deltas (David Coulson)

*Oben: Gareth Patterson mit einem Löwenschädel. »Ich habe viele Tränen für die Löwen Afrikas vergossen, und ich werde zweifellos noch viele mehr vergießen« (Gareth Patterson)*

*Unten: George Adamson feiert seinen dreiundachtzigsten Geburtstag in Kora – mit einem Löwenjungen und Champagner (David Coulson)*

*Oben: Der alte Mann und sein Nachfolger: George Adamson mit Gareth Patterson 1989 in Kora (Gareth Patterson)*

*Unten: Leopard in Londolozi; nirgendwo sonst in Afrika bekommt man dieses scheue Raubtier so häufig aus der Nähe zu sehen (Brian Jackman)*

*Gareth Patterson mit Furaha, einer der letzten Löwinnen aus* Frei geboren *(Gareth Patterson)*

*Der Kampfadler ist der größte afrikanische Adler. Er hat eine Flügelspannweite von zwei Metern und kann kleine Antilopen töten (Jonathan Scott)*

*Oben: Die geselligen Nomaden Afrikas: Hyänenhunde kamen in der Serengeti früher häufig vor, heute kann man sie am besten in Botswana beobachten (Jonathan Scott)*

*Unten: Ein schlafender Leopard. Sogar wenn sie ruhen, haben diese wunderschönen Katzen eine würdevolle Ausstrahlung, die von keinem anderen afrikanischen Raubtier erreicht wird (Jonathan Scott)*

der verästelten Gewächse an. Dann sprang sie in die angrenzende Dunkelheit davon.

Die unterschiedlichen Lebensräume, die wir auf dem Pfad durchquerten, waren durch ihre speziellen Gerüche und leichten Temperaturänderungen in der Nachtluft zu erkennen: plötzliche Kühle auf dem Gesicht, als wir durch einen Ebenholzhain fuhren, dann zurück in die staubige Wärme des Graslandes, übersät mit Combretum-Dickicht, und runter zum Fluß durch den muffig-süßen Duft von frischem Elefantendung.

Parallel zum Fluß fuhren wir nun etwas schneller und hielten nicht mehr bei Impalas, Buschböcken oder Gelbfuß-Moorantilopen an. Nur die scheueren Tiere konnten uns jetzt noch zu einem Halt locken. Einige Momente später kamen wir mit dem gedämpften Ruf »Augen!« zum Stehen: Zwei leuchtende Punkte waren hoch oben in einem Baum aufgetaucht. Ich fragte mich, ob das ein Leopard sein könnte, aber es war nur ein Buschbaby.

Während wir durch ein Stück Waldland fuhren, knallte plötzlich ein Ast wie ein Schuß durch die Nacht. Auch ohne Scheinwerfer war die riesige Silhouette gut zu erkennen, die da vor uns auf dem Pfad auftauchte, und auch der fahle Schimmer ihrer geschwungenen Stoßzähne. Links von uns raschelten und knackten noch mehr Elefanten zwischen den Bäumen, und von rechts kam ein schriller Trompetenstoß. Sie hatten uns in der Dunkelheit eingekreist, und ich bemerkte, wie unser bewaffneter Begleiter vorsichtshalber eine Kugel in sein .458-Parker-Hale-Elefantengewehr lud. Aber die Elefanten verschwanden so schnell, wie sie aufgetaucht waren, und hinterließen nur den strengen Geruch nach Dung in der feuchten Luft.

Während wir weiter durch den Park fuhren, hätte jeder Schimmer im Gras ein Raubtier sein können –

Leoparden, Hyänen, Hyänenhunde oder Löwen, im Luangwa-Tal waren alle zu Hause. Auf dem Rückweg zum Camp fuhren wir durch ein Stück offenes Termiten-Grasland, in dem Ameisenhügel im Mondlicht Schatten warfen. Einige waren weniger als einen Meter hoch, andere aufgetürmte, mit Gestrüpp gekrönte Kegel oder hohe Pyramiden, die ganze Tamarindbäume zu verschlucken schienen.

Hinter einem solchen Hügel kam ein Aardvark (Erdferkel) hervor, das mich an die unsterbliche Beschreibung von dem Wildlife-Filmer Alan Root erinnerte: *Aardvark,* der erste Begriff in englischen Wörterbüchern und der letzte Schrei in puncto Erdferkel-Design.

Wir hatten Glück; dieses Tier bekommt man nur selten zu sehen, und sogar unser Fahrer war ganz aufgeregt. Es ist eine merkwürdige Kreatur. An den Seiten und auf den Schultern sind die Haare dünn, an den Beinen dicht. Anstatt sich umzudrehen und davonzurennen, drehte es sich auf seinem Schwanz um und schlängelte sich dann langsam mit dicht angelegten Ohren durch das Unterholz.

Kurz danach sahen wir ein Stachelschwein, ebenfalls ein scheues Tier; ein zitternder Fächer aus Stacheln, der in die Nacht hoppelte. Und schließlich bekamen wir auch noch das geboten, worauf wir alle gehofft hatten: viele Augen im Gras, die sich als komplettes Löwenrudel entpuppten. Es waren neun Tiere insgesamt, alles Weibchen. Geschmeidig rieben sie sich aneinander, leckten sich und knurrten leise als Vorspiel zu der Jagd, die bald beginnen sollte. An ihren dünnen Bäuchen konnte ich erkennen, daß sie noch nicht gefressen hatten.

Plötzlich waren sie auf den Beinen und schwärmten in einem stetigen Trott im Gras aus; wir blieben ihnen auf den Fersen. Aus der Dunkelheit hörte man das überraschte Bellen aufgeschreckter Impalas. Im Lichtschein schimmerten ihre Augen wie Smaragde. Kurz danach teilte uns eine Salve grollender Rufe mit, daß wir den Beuteschlag versäumt hatten. Und sofort tauchten wie aus dem Nichts zwei prächtige Löwenmännchen auf und liefen vor uns über die Straße, die schweren Mähnen wippten, während sie zu dem Festmahl eilten.

Das Rudel hatte seine Beute auf der gegenüberliegenden Seite eines *dambos* geschlagen, der in der Dunkelheit für uns sehr schwierig zu durchqueren war. Außerdem waren wir schon seit zwei Stunden unterwegs, und in der Lodge wartete bereits das Abendessen auf uns. Wir überließen die Nacht den Löwen und fuhren nach Hause. Vor uns flogen Ziegenmelker aus dem Staub auf und huschten durch das Licht unserer Scheinwerfer. Als bereits die Lichter der Chibembe-Lodge durch die Bäume schienen, sahen wir noch einen Streifenschakal, der in einem engen *donga* verschwand. Diesmal hatten wir keinen Leoparden gesehen, was ungewöhnlich war für Luangwa, aber es wäre undankbar gewesen, sich darüber zu beklagen. Außerdem wußte ich, daß noch andere Parks und andere Ausflüge kommen würden, auf denen ich die einzelgängerische Katze, *the cat that walks by itself*, finden würde.

# Über den weiten Sambesi

In der Luft schwebend, hundert Meter über der Sambesi-Schlucht in dem seltsamen Niemandsland hinter dem sambischen Grenzposten, konnte ich die Gischtwolken sehen, die von dem kilometerlangen Kamm der Victoria-Wasserfälle aufstiegen, und auch den Donner des Wassers hören.

Als Auftakt zu Simbabwe gibt es keine schönere oder dramatischere Einstimmung als diese: Man betritt das Land zu Fuß vom Mosi-oa-Tunya-Hotel auf der sambischen Seite aus über die Falls Bridge mit ihrem schwindelerregenden Blick hinab in die Tiefe. Hier denkt man unwillkürlich an die historischen Geheimtreffen in geschlossenen Eisenbahnwaggons, bei denen über die Zukunft des Landes, das damals Rhodesien hieß, beraten wurde.

Seitdem ist eine Menge Wasser unter dieser Brücke durchgeflossen. Heute hat Simbabwe den Krieg hinter sich gelassen und seine Türen und sein Herz dem Tourismus geöffnet. Im Victoria-Falls-Hotel – sicherlich das großartigste Hotel in ganz Afrika – schlürfen die Gäste ihre Bier-und-Limonade-Mischungen, die sogenannten Malawi Shandies, auf der Terrasse zur Musik einer Marimba-Band und warten auf den Geruch von gegrillten Steaks, der sie zum Abendessen unter den Sternen ruft.

Die Wasserfälle selbst sind zu Fuß in wenigen Minuten vom Hotel aus zu erreichen und liegen mitten im Victoria-Falls-Nationalpark. Im März und April stürzen pro Minute etwa fünfhundert Millionen Liter Wasser über den schwarzen Basaltrand des Abgrunds und donnern in die einhundert Meter tiefer gelegene Schlucht. Aber auch zu allen anderen Jahreszeiten, selbst im November, wenn der Sambesi am wenigsten Wasser führt, ist es ein gewaltiges Schauspiel.

Über den Wasserfällen hängen Regenbogen in der verwehenden Gischt, die diesem Ort seinen Namen gab: *Mosi oa Tunya*, »der donnernde Rauch«. Die ständigen Wasserschleier haben dafür gesorgt, daß sich ein kleiner Regenwald gebildet hat, in dem Frauenhaarfarn im Schatten wächst und Trompeter-Hornvögel – große schwarzweiße Vögel mit eselähnlichen Stimmen – durch den Dunst über dem herabstürzenden Wasser fliegen.

Ganz anders ist der Hwange-Nationalpark, Simbabwes größtes Tierschutzgebiet. In Hwange gibt es kein ganzjähriges Gewässer; nur seichte Tümpel, die durch heruntergekommene Pumpstationen künstlich gefüllt werden, halten die Tiere während der Trockenzeit am Leben. Bei der Fahrt durch die sonnendurchglühten Dornenbüsche in der atemlosen Vormittagshitze sehnte ich mich häufig danach, wieder die kühle Feuchtigkeit der Wasserfälle auf meiner Haut zu spüren. Aber trotzdem ließ sich die Magie dieses heißen, flachen Landes nicht leugnen.

In Hwange ist die Welt noch ein sauberer und luftiger Ort; gut vierzehntausend Quadratkilometer weicher Kalahari-Sand, bedeckt mit weiten Gras-Vleis, schattigen Teakwäldern und Lichtungen mit uralten Kameldornbäumen.

Den meisten Besuchern scheint es zu reichen, die Tiere von den gepflegten Rasenflächen der eleganten Safari-Lodge in Hwange aus zu beobachten, immer mit einem eisgekühlten Drink in der Hand. Schwarzkragen-Barbets flöteten ihre monotonen Duette aus den Baumkronen, während eine ständige Prozession von Kudus und Zebras zum Wasserloch marschierte. Es war alles sehr friedlich, aber ich hatte mich entschieden, in einer etwas abgelegeneren Gegend in Dave Rushworth' Buschcamp zu wohnen.

Rushworth ist ein rotblonder Buschveteran, der als erstes seine Campingkünste demonstrierte, indem er ein leckeres Abendessen aus Steaks und *burrewurst* machte, die er in der Glut grillte und dann in eine herzhafte Sauce aus Wein, Zwiebeln, Bier und Tomaten tunkte. Nach dem Essen wärmten wir uns die Hände über dem Feuer, denn die Temperatur war inzwischen fast auf null Grad gesunken, und unterhielten uns, während die Hyänen in der Dunkelheit heulten.

Nach einer Nacht in einem Baumhaus gut sechs Meter über dem Boden fuhr ich am nächsten Morgen in der Dämmerung zusammen mit Rushworth zu einer nahe gelegenen Deckung, von der aus wir einen Vlei überblicken konnten, und warteten auf die Tiere. Es war Juli – der afrikanische Winter –, und die Luft war so schneidend, so kalt und still, daß ich das Knacken der Sehnen in den Vorderbeinen eines Elenantilopen-Bullen hören konnte, als er knapp dreihundert Meter entfernt auftauchte. Er kam langsam hervor, der Kopf nickte im Rhythmus

seines stetigen Gangs, und bei jedem Nicken traf die Sonne auf die Spitzen seiner Hörner und ließ sie aufblitzen wie Zulu-Speere.

An anderen Orten in Simbabwe schienen die Tiere scheuer zu sein. In Mana Pools, einem schönen Nationalpark an den Ufern des Sambesi, ging ich mit Dick Pitman spazieren, einem Schriftsteller, der England 1979 verlassen hatte, um in Simbabwes Nationalpark-Service zu arbeiten. Außer in Flußnähe ist der Park größtenteils mit dichten Jesse-Büschen bedeckt und von Tsetsefliegen bevölkert. Aber am Ufer in den luftigen Lichtungen der riesigen Winterdornbäume kann man sehr weit sehen und sicher entlangwandern.

Keiner von uns beiden war bewaffnet, und Pitman kannte diese Gegend gut. Es kam somit sehr überraschend für uns, als sich plötzlich nur ein paar Schritte vor uns zwei voll ausgewachsene Löwenmännchen von einem Grasstreifen erhoben. Der nächste Baum war viel zu weit weg, und außerdem ist es sowieso falsch, vor einem Löwen davonzurennen. Wir erstarrten, aber im selben Augenblick wirbelten die beiden herum und rannten durch den Sapi-Sandfluß davon. Auch wir zogen uns hastig zurück und machten uns auf den Rückweg zum Camp.

Wo immer ich in Simbabwe hinkam, jeder Wildtierpark hatte seinen eigenen Enthusiasten. In Hwange war es Dave Rushworth und in Mana Pools John Stevens, der damals das neueröffnete Chikwenya-Safari-Camp an den Ufern des Sambesi leitete.

Simbabwe ist für die hohe Qualität seiner professionellen Safari-Führer berühmt, doch John Stevens ist mit Abstand der beste. Er kann Spuren so gut lesen wie ein afrikanischer Fährtenleser und einen Löwen aus dem Dornengebüsch locken, indem er wie ein Vieh in Not blökt. Wie viele andere Führer hatte er seine Karriere als achtzehnjähriger Kadetten-Ranger im Nationalpark-Service von Simbabwe begonnen. »Da habe ich gelernt zu jagen, zu patrouillieren, Straßen zu bauen, ein Camp zu führen, Wildtiere zu fangen und umzusiedeln sowie viele andere Dinge«, erzählte er mir.

1982 ist er aus dem Nationalpark-Service ausgeschieden und hat seitdem seine eigenen Safaris organisiert, wobei er sich auf kleine Gruppen mit dem Schwerpunkt Wandern spezialisierte. Er liebt Mana Pools immer noch, obwohl die einstmals reichlich vorhandenen Spitzmaulnashörner inzwischen alle verschwunden sind – erschossen von Wildererbanden aus Sambia, von der anderen Seite des Sambesi.

»1991 gab es noch fünfundvierzig Nashörner«, sagte John, »1992 waren es nur noch fünfundzwanzig. 1993 fanden wir nur noch sechs, und dieses Jahr gibt es kein einziges mehr. Es ist sehr traurig, und es macht mich sehr wütend mitanzusehen, was die Wilderer diesem Land angetan haben. Aber immerhin sind die anderen Wildtierbestände in einem guten Zustand.«

Heute hat er ein neues Camp im Matusadona-Nationalpark. »Echte Wildnis«, nennt er es. »Keine Wege, wir gehen einfach los. Es ist für Leute gedacht, die abgelegene Orte mögen und erleben möchten, wie es ist, einen Schwarzbüffel stundenlang zu verfolgen.«

Im Busch ist er fast immer mit einem Gewehr bewaffnet, aber in all den Jahren, die er schon Besucher auf Safaris führt, hat er es nur zweimal zur Selbstverteidigung benutzt. »Einmal mußte ich einen Elefanten erschießen«, sagte er. »Ich hatte einen Warnschuß abgegeben, aber er kam weiter auf uns zu. Schließlich hatte ich keine Wahl mehr. Ich schoß nochmals, und er fiel knapp zwei Meter vor mir um.«

John Stevens ist kein Angeber, und wenn er einem erzählt, daß keine Zeit für Angst war, glaubt man ihm. »Wenn es passiert, bin ich immer sehr ruhig und sicher«, erzählt er. »Aber hinterher, nachdem ich den Elefanten erschossen hatte, streckte ich meinen Arm aus, um den Touristen zu zeigen, wie stark meine Hand zitterte. Sie sollten wissen, daß auch professionelle Führer nur Menschen sind.«

Nachdem John Stevens Chikwenya verlassen hatte, wurde das Camp später von dem berühmten Jeff Stuchbury übernommen. Aber als ich Stuchbury traf, betrieb er noch die luxuriöse Bumi-Hills-Lodge am Kariba-See.

Jeff gehörte zu der Sorte Abenteurer, die inzwischen fast überall auf der Welt ausgestorben ist, die man aber immer noch in den entlegeneren Teilen Afrikas finden kann. Er wurde 1926 in Southampton geboren, hat aber die meiste Zeit seines Lebens im afrikanischen Busch verbracht. Er ist berittener Polizist gewesen, hatte sich als Tabakfarmer versucht und war als professioneller Krokodiljäger auf dem Malawi-See gesegelt.

Als das Sambesi-Tal geflutet wurde und so der Kariba-See entstand, war Stuchbury natürlich an der »Operation Noah« beteiligt gewesen, mit der Leoparden und andere Tiere gerettet wurden, die durch das steigende Wasser eingeschlossen worden waren.

Mit seinem silbernen Bart und der sonnengegerbten Haut sah er aus wie eine jüngere Ausgabe von George Adamson, und er teilte auch Adamsons Vorliebe für die unberührte Wildnis. Obwohl er Bumi Hills betrieb, war sein Herz auf der anderen Seite des Wassers, am einsamen Ufer des Matusadona, wo er und seine Frau Veronica ihre »Wasserwildnis« aufgebaut hatten – eine Flotte von Hausbooten, die zwischen Schilf und Seerosen im Ume-Fluß vertäut war.

Ich wurde mit einem Außenborder in diese verlorene Welt aus versteckten Nebenflüssen und gewundenen Kanälen gefahren und verbrachte drei Nächte dort. Ich schlief sehr gemütlich in einem Gebilde, das aussah wie ein schwimmendes Gewächshaus und bekam Steaks und hervorragende Salate serviert, während die Zeit stillstand und das Leben merkwürdige, traumhafte Züge annahm. Ich erinnere mich an die Fischadler, die ihre weißen Köpfe beim Schreien zurückwarfen, während sie auf dem Skelett des Waldes hockten, der bei der Geburt des Sees überflutet worden war. In der Dämmerung kamen die Elefanten, graue Schatten, die durch die Uferwiesen aus süßem Panicum-Gras schlüpften.

Den ganzen Tag lang glucksten die Flußpferde in dem schaumigen Teppich aus Nil-Kohlpflanzen. Schwarze Rallen verkrochen sich im Schilf. Die Libellen glitzerten. Frösche schnappten nach Luft, als ob sie zu faul zum Quaken wären. In der Abenddämmerung flogen große Schwärme von Störchen durch den blutroten Kariba-Abendhimmel, während die toten Bäume im schwindenden Licht zu schwarzen Schatten wurden.

Manchmal fuhren wir mit dem Kanu los und trieben lautlos bis auf wenige Meter an hoch aufragende Elefantenbullen heran, die ob unserer Dreistigkeit mit ihren riesigen Ohren wedelten, bevor sie im Busch verschwanden. Oder wir paddelten bei Nacht und leuchteten mit den Taschenlampen unter unseren Bug, um Tigerfische zu beobachten, die durch die überwucherten Wasserläufe kreuzten. Stuchbury suchte derweil nach den rubinroten Augen von Krokodilen. Einer seiner Lieblingstricks war, ein kleines Krokodil an der Kehle zu fassen und

aus dem Wasser zu heben. »Niedliche kleine Tierchen, nicht wahr?« fragte er, während sich das kleine Krokodil hin und her wand und mit einer merkwürdig krächzenden Stimme jammerte.

Ein anderes Mal nahm Stuchbury sein Gewehr und führte mich auf Pfaden, die die Matusadona-Nashörner durch die unerbittlichen Dornen geschlagen hatten, tief in den Jesse-Busch hinein. An einer Stelle trafen wir auf den Kothaufen eines Nashorns. Der Dung war so frisch, daß er noch dampfte. Stuchbury war ganz begeistert von dem Gedanken, daß er mir das Nashorn zeigen konnte, das sicherlich nicht weit weg sein würde. Ich murmelte etwas vor mich hin, das, wie ich hoffte, als enthusiastische Zustimmung durchgehen würde, während ich mich verstohlen nach einem Baum umsah, auf den ich hätte klettern können, oder wenigstens nach einem Ameisenhügel, hinter dem ich mich im Notfall verstecken konnte. Glücklicherweise tauchte das Nashorn nicht auf.

Als wir später in weniger dicht bewachsenes Gelände kamen und mein Puls sich wieder normalisiert hatte, begann ich die wilde Schönheit von Matusadona zu genießen. In einem grasbewachsenen Tal glitzerte das Wasser hell über groben Kieseln, eine Kette von tiefen Wasserlöchern lag unter niedrigen roten Felswänden, auf denen Feigen- und Mahagonibäume wuchsen. Und überall gab es Tierspuren und den intensiven Geruch nach Elefanten und Büffeln. Kudus und Buschböcke flohen vor uns, über uns kreiste langsam ein Kampfadler vor der höhersteigenden Sonne, und die Tauben gurrten im Wald.

Zurück auf dem Hausboot, duschte ich, während das Abendrot aufloderte und langsam verblaßte. Später wurde ein Feuer aus Mopane-Holzscheiten in einem eisernen Kohlenbecken am Heck entzündet. Mit einem Bier in der Hand saß ich dort und lauschte dem schrillen Wiegenlied der Grillen und Schilf-Frösche sowie dem Bellen eines Impala am Ufer. Stuchbury stieß einen tiefen, zufriedenen Seufzer aus.

»Es gibt keinen schöneren Ort als diesen, nicht wahr?« sagte er und verfiel wieder in Schweigen.

Am nächsten Morgen würde ich in Richtung Gonarezhou-Nationalpark an der Grenze zu Mosambik weiterreisen. Gonarezhou war Verbrecher-Territorium, infiltriert von verwegenen Banden der Renamo-Guerillas, die Simbabwes Elefanten wilderten, um mit dem Elfenbein die Waffen aus Südafrika

zu bezahlen. Aber im Augenblick schienen alle Konflikte sehr weit entfernt zu sein. Glühwürmchen blinkten über dem Wasser, hoch über uns schien das Kreuz des Südens, um uns herum war das ewige Afrika, und eine unglaubliche innere Ruhe breitete sich aus.

Ich wußte damals nicht, daß dies das letzte Mal war, daß ich diesem bemerkenswerten Mann begegnen sollte. Tragischerweise starb Jeff Stuchbury 1992 im Alter von fünfundsechzig Jahren an Krebs. Simbabwe verlor einen Mann der Wildnis, der höchste Achtung genoß.

# Das »Horn des Elefanten«

Unser kleines Flugzeug, eine Super Cub, bockte heftig am heißen afrikanischen Himmel. Im Osten konnte ich den endlosen Horizont von Mosambik sehen, im Süden lag Südafrikas großer Krüger-Nationalpark. Aber unsere Aufmerksamkeit konzentrierte sich auf die Erde etwa einhundertachtzig Meter unter uns, wo unser Schatten über die Baumwipfel von Gonarezhou flitzte, dem wildesten Nationalpark Simbabwes. Irgendwo dort unten, versteckt zwischen Baobabs und den endlosen Mopane-Lichtungen, befand sich ein Elefant namens Kabakwe, und den wollten wir finden.

Gonarezhou bedeutet in der Shangaan-Sprache »Horn des Elefanten« – und das ist ein passender Name für die Heimat von Simbabwes berühmtestem Elefantenbullen. In dem Land der großen Elefanten ist Gonarezhou bekannt für seine riesigen Bullen, und der Veteran Kabakwe ist ihr König. Obwohl er schon mindestens ein halbes Jahrhundert lang durch das *lowveld* (Tiefland) zieht, konnte seine Existenz erst 1979 belegt werden, gerade vier Jahre vor meinem Besuch.

Ende der 70er Jahre begann sich das Gerücht über einen alten Elefantenbullen mit riesigen Stoßzähnen unter den ansässigen Shangaan-Stammesmitgliedern zu verbreiten. Sie waren es, die ihm den Namen Kabakwe – der Große – gaben. Dann wurde er zum erstenmal gesehen und fotografiert und fast über Nacht zur lebenden Legende, einem wandelnden Nationaldenkmal.

Es war nicht nur seine Größe, die ihn von allen anderen Elefanten unterschied. Sogar in Gonarezhou gab es größere Bullen als den fünf Tonnen schweren Kabakwe. Was ihn so einzigartig machte, waren seine Stoßzähne: fast zwei Meter lange Krummsäbel aus mattem, gelbem Elfenbein, dick wie Telegrafenmasten und so perfekt, daß sie schon damals, bevor das Elefantenabschlachten der 80er Jahre die Preise in die Höhe getrieben hatte, leicht zwanzigtausend Pfund gebracht hätten. Die Stoßzähne sind die oberen Schneidezähne eines Elefanten, sie wachsen während seines ganzen Lebens weiter. Mit etwa fünfundfünfzig Kilo pro Stück hatte Kabakwe wohl die beiden schwersten Zähne der Welt, höchstens noch übertroffen von Mafunyane, seinem Rivalen aus dem Krüger-Nationalpark.

Auch ihre Qualität war erstklassig. Viele Elefanten beschädigen ihre Stoßzähne; oft haben sie einen »Arbeitsstoßzahn«, den sie beim Fressen oder Graben bevorzugen und der sich schneller abnutzt. Aber Kabakwes Stoßzähne waren nicht nur besonders groß, sondern auch glatt, symmetrisch und in hervorragendem Zustand.

Man sagt von den Gonarezhou-Elefanten, daß sie die längsten Stoßzähne und den kürzesten Geduldsfaden von ganz Afrika hätten. Die Geschichte der riesigen Bullen dieser Region geht bis zu den Elfenbeinjägern der alten Zeit zurück, als dieses Dreiländereck – Rhodesien (wie es damals noch hieß), Mosambik und Südafrika – als *Crook's Corner* (»Gauners Eck«) bekannt war.

Es war ein über alle Maßen gesetzloses Land, in dem Wilderer die Grenzen ungestraft überschreiten konnten. Einer der bekanntesten Elfenbeinjäger, der sich hier in den 20er Jahren herumtrieb, war Cecil Barnard. Er hatte traurige Berühmtheit erlangt, weil er einen legendären Bullen namens Dhulamithi (»Größer als ein Baum«) erschossen hatte. Fünfundzwanzig Jahre lang verfolgte Barnard einen noch größeren Bullen namens Isilwane durch das *lowveld*, aber als er ihn schließlich vor der Flinte hatte, brachte er es nicht fertig abzudrücken. Sein Enkel Willem erzählte mir, daß der passionierte Jäger Barnard an diesem Tag sein Gewehr ablegte und einer der Gründungsväter des Krüger-Nationalparks wurde.

Seitdem hatte es weitere Störungen gegeben: eine Anti-Tsetse-Aktion, regelmäßige Übergriffe der Renamo-Guerillas aus Mosambik und einen alarmierenden Anstieg der Wilderei; alles nicht gerade dazu angetan, die besondere Gereiztheit der sechstausend Elefanten in diesem Park zu mildern. Viele wurden von Landminen getötet, die während Simbabwes blutigem Unabhängigkeitskrieg entlang der Grenze zu Mosambik gelegt worden waren. Andere, zu denen auch Kabakwe gehörte, hatten ihre Rüsselspitzen in den grauenhaften Fallen der Wilderer verloren.

Nur eine Woche vor meiner Ankunft war eine mit automatischen Waffen ausgerüstete Bande aus Mosambik eingedrungen und hatte eine Herde von vierzehn Elefanten niedergemäht. Solche Übergriffe

waren der Grund, warum man Kabakwe mit einem Peilsender ausgestattet hatte. Mit Hilfe eines Betäubungspfeiles war er kurz bewußtlos gemacht und ihm ein Sender angelegt worden, so daß die Wildhüter ihn mit Hilfe der Funksignale auch im dicksten Buschwerk noch verfolgen konnten.

Aber jetzt, während wir dicht über die Baumwipfel hinwegflogen, erhielten wir kein Signal. Die Batterien waren leer, und seit einigen Wochen hatte man nichts von Kabakwe gehört oder gesehen, bis Denis van Eyssen, der Erste Ranger im Park, ihn durch Zufall bei einer Routine-Patrouille aus der Luft entdeckte. Das war gestern gewesen.

Unter uns stiegen die Geier von dem Kadaver eines Kudus auf, das sich in einer Wildererfalle verfangen hatte, und wir machten einen Bogen, um nicht mit ihnen zusammenzustoßen. Als wir unseren Kurs wiederaufgenommen hatten, zeigte van Eyssen plötzlich mit dem Finger auf das Gestrüpp zu unserer Rechten. »Kabakwe«, brüllte er, um den Lärm der Motoren zu übertönen.

Und da war er, zusammen mit seinen beiden *askaris*, wie man die jungen Wachbullen nennt. Er war an dem Peilsender und den riesigen Stoßzähnen leicht zu erkennen. Ein fahler Elfenbeinschimmer flackerte auf, als er sich umdrehte und aufgeregt mit den Ohren wedelte, weil wir laut röhrend direkt über ihn hinwegflogen. Dann streckten alle drei Tiere ihre Schwänze in die Höhe und rannten in Richtung Bäume.

Wir flogen zum Hauptquartier im Park zurück und machten uns per Landrover wieder auf den Weg. Über staubige Tierpfade holperten wir zu der Stelle, an der wir ihn in das Mopane-Waldland hatten verschwinden sehen.

Von da aus mußten wir zu Fuß weiter; wir folgten van Eyssen, der nach Kabakwes Spur suchte. In einer Hand trug er ein .458-Elefantengewehr, in der anderen eine kleine Tasche aus Nessel, die mit Holzasche gefüllt war. Ab und zu schüttelte er die Tasche vorsichtig und beobachtete genau, wohin jedes Wölkchen in der warmen Luft getrieben wurde. »Ich hoffe, der Wind bleibt so günstig für uns«, flüsterte er. »Ich würde lieber auf euch schießen, als Kabakwe umbringen zu müssen«.

Etwa achthundert Meter vom Landrover entfernt fanden wir ihn, zusammen mit seinen Begleitern friedlich grasend. Wieder schüttelte van Eyssen die Aschetasche. Der Wind trug unseren Geruch immer noch von den Elefanten weg. Wir schlichen näher heran. Nur noch fünfundzwanzig Meter. Er mußte uns doch sehen können? Er stand mit voller Breitseite zu uns und pflückte unbesorgt Blätter von den Mopanes. Dann drehte er sich langsam zu uns um, ein furchteinflößender Koloß, hatte uns aber glücklicherweise immer noch nicht wahrgenommen.

Ich fühlte plötzlich, daß meine Kehle trocken war, und hoffte, daß ich meine Kamera würde ruhig halten können. Kabakwe war schon ein paarmal fotografiert worden, aber noch nie von vorne und bestimmt nicht aus so geringer Entfernung wie jetzt.

Als wir später durch das abnehmende Licht des späten Nachmittags zurückfuhren, in dem die Chilojo-Felswände rot glühten und ein Kaffernadler über das goldene Waldland schwebte, brannte sich das Bild von Kabakwe in meinem Kopf ein. Die beiden jungen Bullen waren unruhig gewesen. Vielleicht hatten sie unsere Gegenwart gespürt, denn sie versuchten mit hocherhobenen Rüsseln unsere Witterung aufzunehmen, während wir uns im Dickicht versteckten. Aber Kabakwe hatte sich ungestört gezeigt. Noch jetzt konnte ich die so weise wirkenden Augen in dem großen, faltigen Kopf sehen, die eingefallenen Schläfen, die sein Alter verrieten, die rie-

sigen Ohren, die langsam hin- und herwedelten, und vor allem den herrlichen Schwung seiner prächtigen Stoßzähne. »Mann«, seufzte van Eyssen in seinem südafrikanischen Akzent, »ich habe viele Elefantenbullen in meinem Leben gesehen, aber gegen Kabakwe sind die anderen bloß Warzenschweine.«

Nachdem ich nach England zurückgekehrt war, erschien die Aufnahme von Kabakwe in *The Sunday Times* mit dem Artikel »König des Elfenbeins«. Aber diese Geschichte hat ein trauriges Ende. Während ich 1989 für einen Bericht über Elfenbeinwilderei in Südafrika recherchierte, erfuhr ich, daß Kabakwe erschossen worden war. Verrückterweise war sein Mörder ein Zahnarzt aus Bulawayo. Wo die riesigen Stoßzähne abgeblieben sind, weiß niemand.

Unter einer hohen Flötenakazie am Rande des Hwange-Nationalparks ruhte sich ein einsamer Elefantenbulle aus. Zehn Jahre waren vergangen, seit ich das letztemal auf den Spuren von Kabakwe in Simbabwe gewesen war. Es war schön, wieder in dem goldenen Waldland und dem trockenen, gelben Grasland dieses wunderbaren Landes zu sein.

Das gesprenkelte Licht schimmerte auf den großen Stoßzähnen des Bullen. Er mußte im »besten Mannesalter« sein, ein sechs Tonnen schwerer Koloß, drei Meter hoch. »Komm her, alter Freund«, sagte Alan Elliott, der am Steuer unseres offenen Toyota Landcruiser saß, »komm her und sag guten Tag.«

Alans Stimme war sanft, seine Bewegungen ruhig. In den ausgestreckten Händen hielt er ein paar Akaziensamenschoten, weich und grau wie Hasenohren. Er schüttelte sie leicht, so daß die Samen darin klapperten. Und plötzlich kam der große Elefantenbulle auf uns zu.

Im nächsten Moment tauchte er direkt über uns auf, ein gigantischer Schatten, der die Sonne verdunkelte. Er war so nah, daß ich den Windhauch seiner wedelnden Ohren spüren konnte, mit dem er sich in der heißen afrikanischen Sonne kühl hielt. Dann streckte er seine Rüsselspitze aus und nahm damit sanft, wie man es einem so großen Tier gar nicht zugetraut hätte, die Samenschoten aus Alans Fingern.

»Man kann kaum glauben, daß dies ein echter wilder Elefant ist, nicht wahr?« sagte Alan mit einem zufriedenen Lächeln. »Er ist so stark, daß er uns in einem Zug wegpusten könnte, aber er ist lammfromm.«

Das ist nicht immer so gewesen. Bis in die 70er Jahre wurden die Elefanten in diesem Landstrich am Rande des großen Hwange-Nationalparks erbarmungslos verfolgt; seit der viktorianischen Zeit, als Frederick Courtenay Selous zu Pferde auf Elefantenjagd ritt. Die Elefantenbullen wurden von Ignoranten zu bösartigen Einzelgängern abgestempelt; Großwildjäger schossen sie ab, um sich dann, auf ihren gigantischen Kadavern sitzend, fotografieren zu lassen, als ob sie eine Kompensation für ihre eigene Unzulänglichkeit suchten.

Wie so viele Gebiete Afrikas war auch das Buschland in Hwange ein blutiges Schlachtfeld der Jäger und Elfenbeinwilderer gewesen. Alan nannte den Homo sapiens »den aufrecht gehenden Affen, das schlimmste Raubtier«. Menschen waren lange Zeit die meistgefürchteten und meistgehaßten Feinde der Elefanten. Sie führten sie in das brutale Gesetz des Überlebens ein. Die Erfahrung hat die Elefanten gelehrt, wie man auf den Anblick eines Menschen am besten reagiert – es gibt nur zwei Möglichkeiten: Angriff oder Flucht.

Elliott erzählte: »Es ist einer der traurigsten Anblicke in Afrika, einen Elefanten zu sehen, der aus Angst vor den Menschen flüchtet. Ich wollte unbedingt erreichen, daß zumindest hier die Elefanten ihre Angst verloren und ihr Leben ohne Streß führen konnten.«

Es war nicht leicht. In Simbabwe, der letzten Hochburg des Elfenbeinhandels, gilt Elliott als Sonderling. Er brauchte zwanzig Jahre, um seine Elefanten zu schützen. Jetzt fraßen sie ihm wortwörtlich aus der Hand, wie er gerade so eindrucksvoll bewiesen hatte.

Aber er ist kein sentimentaler Träumer. Er ist ein Bär von einem Mann, ein harter Bursche im Stil von John Wayne, Mitte Fünfzig, in der vierten Generation in Rhodesien geboren und im Busch zusammen mit Matebele-Kindern aufgewachsen, deren Sprache er fließend spricht. Er träumte davon, professioneller Elefantenjäger zu werden. Aber als er als Distrikt-Offizier seinen ersten Elefantenbullen, einen notorischen Getreideplünderer, erschießen mußte, war er fast krank vor Scham und Traurigkeit.

In den frühen 70ern begann sich durch die Hwange-Safari-Lodge und die ersten Touristen in der Region die Einstellung gegenüber dem Wildtierschutz zu ändern. Die Simbabwe-Sun-Hotels kauften kilometerweit Buschland, um einen großen, privaten Schutzbereich am Rande des Nationalparks aufzubauen. Sie setzten professionelle Führer ein, die die Gäste auf den Fotosafaris begleiteten.

Der Verantwortliche dieser Führertruppe war der legendäre Johnny Uys, ehemaliger Chef-Wildhüter in Sambia. Tragischerweise wurde Uys von einem Elefanten getötet, als er eine Gruppe von deutschen Touristen begleitete. Die Deutschen dachten, es sei alles Show und applaudierten.

Uys starb 1973, und Elliott übernahm seinen Posten. »Das Leben im Schatten von Johnny war nicht leicht«, sagte er, »aber es war eine enorme Herausforderung.«

Als Elliott begann, gab es nur zweiundzwanzig ängstliche Elefanten. Jetzt sind es mehr als dreihundert, und ihre Angst vor Menschen ist verschwunden. »Sie wissen, daß sie sicher sind«, sagt Elliott. »Unser Wildpark ist der sicherste Platz für Elefanten in Simbabwe, vielleicht sogar in ganz Afrika.«

Aber was würde mit den Elefanten geschehen, wenn ihm etwas zustieße? »Diese Befürchtung quälte mich seit einiger Zeit«, sagte er. »Ich wollte einen Weg finden, der es ihnen ermöglichte, hier auch noch frei umherzuziehen, lange nachdem ich verschwunden bin.«

Es war Ahmed, der riesige Elefantenbulle aus Marsabit Mountain im nördlichen Kenia, der Elliott auf die rettende Idee brachte. In den 70er Jahren hatte der inzwischen verstorbene Präsident Kenyatta ein Dekret zum Schutz von Ahmed erlassen. Und dies machte den alten Bullen tatsächlich zu einem lebenden Nationalschatz.

Wenn das in Kenia möglich war, dachte sich Elliott, warum dann nicht auch in Simbabwe? Aber diesmal war es nicht ein Elefant, sondern eine ganze Herde, die geschützt werden mußte.

1990 sprach er Simbabwes Präsidenten Robert Mugabe an, und zu seiner großen Freude stimmte Mugabe zu. Seitdem ist aus seinen Elefanten die Herde des Präsidenten geworden.

Nachdem der Elefant seine Samenschoten bekommen hatte, fuhren wir weiter durch das schattige Waldland aus Simbabwe-Teak zu einem Wasserloch in der Nähe von Dete Vlei. Das *vlei* ist ein langes, flaches, grasbewachsenes Tal, der beste Ort in Afrika, um Rappenantilopen zu beobachten. Elliotts Safari-Unternehmen, das passenderweise *Touch the Wild* (Berührung mit der Wildnis) heißt, unterhielt hier zwei luxuriöse Lodges.

Auf unserem Weg zu dem Wasserloch fragte ich ihn, welche Philosophie hinter seinem Safari-Unternehmen stecke. »Warum *Touch the Wild?*« sagte er. »Weil das genau das ist, was die Leute tun sollen. Im Busch muß man alle seine Sinne einsetzen. Man muß gucken und hören, sich von neuem an die Natur heranzutasten lernen. Wenn man sich darauf einläßt, währt die Belohnung ewig, und nur dann fängt man an, Afrika zu verstehen.«

Er hielt den Wagen auf einer Lichtung an und pflückte eine getrocknete Samenkapsel wilden Basilikums ab. Er zerbröselte sie in seiner Hand und ließ mich daran riechen. Es roch sehr stark nach Kampfer. »Die Afrikaner benutzen es, wenn sie Schnupfen haben«, erzählte er. »Auch das gehört zur Berührung mit der Wildnis.«

Etwas später hielt er wieder an; frische Elefantenspuren kreuzten den Pfad, und er zeigte mir den alten Jägertrick, mit dem man die Größe eines Elefantenbullen durch das Vermessen seiner Fußabdrücke feststellen kann. Er legte eine Kordel um den Umfang eines Abdrucks des Elefantenvorderfußes herum und zeigte mir dann die gemessene Länge. »Wenn du das verdoppelst, kennst du die Schulterhöhe des Bullen«, sagte er.

Wir fuhren weiter und trieben langsam durch den sonnenbeschienenen Wald, bis wir das Wasserloch erreichten. Ein Dutzend Elefanten trank und badete in dem flachen Wasser, angeführt von einer vierzigjährigen Elefantenkuh. Elliott hielt deutlich Abstand. »Ich komme ihnen um diese Tageszeit nur ungern zu nahe«, sagte er. »Es ist nicht gut, sich ihnen aus dem Schatten heraus zu nähern. Toleranz ist eine goldene Regel. Sie zahlen es einem immer zurück, indem man nächstes Mal um so näher kommen darf.«

Wir parkten den Landcruiser im Schatten und ließen uns nieder, um zu warten. Als die Elefanten genug getrunken hatten, zogen sie sich langsam in den Combretum-Wald zurück. Am Rande des Wasserlochs erschien ein einzelner Kudu; ein Sattelstorch stand am gegenüberliegenden Ufer.

Bei Sonnenuntergang erschien eine große Herde Elefanten mit Jungtieren. Alan fuhr mit dem Landcruiser vorsichtig so weit vor, daß wir mitten unter ihnen waren. Seine Begeisterung für die Elefantenbeobachtung ist mit den Jahren nicht geringer geworden. »Guck dir ihre Rüssel an. Es sieht aus wie in einer Schlangengrube!« rief er aufgeregt, als die Herde unser Auto eingekreist hatte und zu trinken begann.

Ein junger Bulle kam heran und begann spielerisch seinen Rüssel um die Autoantenne zu winden. »He, mach das nicht kaputt«, rief Alan und gab dem jungen Bullen einen Klaps mit seinem Hut. »Wunderbare Tiere, nicht wahr?« sagte er. »Sie sind unsere Botschafter geworden. Sie geben Simbabwe ein sehr positives Image. Und was die Touristen angeht, beweisen die Elefanten täglich ihren wirtschaftlichen Nutzen.«

Der Himmel wurde rot, und die Elefanten gingen wieder fort. Wir blieben noch und unterhielten uns leise. Alan berichtete mir von seinen anderen Beschäftigungen: von seiner neuen Lodge zwischen den glatten Granithügeln der Matobo-Berge, wo die Steinadler über dem Grab von Cecil Rhodes schweben; und von seinem Camp in Makalolo im entlegenen Herzen von Hwange, ein traumhafter Platz im Winter, wenn die Dornbäume sich golden färben und das Geheul der Schakale weit durch die Nacht zu hören ist.

»Viele Löwen, viele Elefanten und auch Büffel und Leoparden«, erzählte er mir. Nachts bei Vollmond, wenn der Kalahari-Sand weiß wie Schnee schimmerte, beobachtete er die Löwen bei der Jagd auf Büffel und Weißbartgnus in der offenen Ebene. Von allen unberührten Plätzen in Afrika war dies sein Lieblingsort, und morgen würde er ihn mir zeigen.

Makalolo, in der San-Buschmann-Sprache bedeutet dies »Regenbaum«, besteht aus gut vierhunderttausend Hektar Privatbesitz. Es ist unberührte Wildnis, in der man noch den Geist des alten Afrika spürt.

Alans Camp war um einen riesigen, umgestürzten dreihundertjährigen Kameldorn-Akazienbaum errichtet worden, der am Rande der Samavundhla-Mulde lag, ein Amphitheater aus offenem Parkland mit einem großen Wasserloch in der Mitte.

In zwanzig Jahren Safari war dies das schönste Busch-Camp, das ich je gesehen hatte. Es gibt keinen luxuriösen Schnickschnack, keinen Pool, keinen Andenkenladen. Aber was Makalolo statt dessen zu bieten hat, ist mehr als ausreichend: ein geräumiges Zelt, ein warmes Bett, heiße Duschen und drei volle Mahlzeiten pro Tag, die in einem strohgedeckten Speiseraum mit Lagerfeuer und einer Aussichtsplattform, von der aus man über die ganze Ebene sehen kann, serviert wurden.

In Makalolo ist der Busch noch zeitlos, ungezähmt und voller Wild. Jeden Tag kann man eine stete Prozession von Tieren durch die Mulde beobachten: Zebras, Weißbartgnus, Elen- und Rappenantilopen, Giraffen und Elefanten. Jede Nacht kann man das sägende Keuchen von umherstreifenden Leoparden und die schaurigen Stimmen der Hyänen hören.

Es ist die Art Camp, in dem man – wie wir es getan haben – alles stehen- und liegenläßt, wenn man plötzlich während des Abendessens Löwengebrüll hört; man fährt hinaus, um sie mit einem Halogenscheinwerfer zu suchen.

Beim Frühstück am nächsten Morgen erzählte Alan mir, wie er 1980 zum erstenmal auf diesen Platz gestoßen war.

»Ich verfolgte Büffel durch den dichten Busch. Es war sehr heiß, und mittags stieß ich auf diese unglaubliche, alte Kameldorn-Akazie. Alles andere war grau, aber der Baum war grün und spendete viel Schatten. Der Rhodesien-Krieg war gerade vorbei, und es gab immer noch Dissidenten im Busch. Das Leben in Hwange war immer noch sehr schwierig, aber der Baum stand in voller Blüte, und die Bienen schwirrten herum. Der ganze Ort war so friedlich, daß ich beschloß, eines Tages wiederzukommen, um hier ein Camp zu errichten.«

Einige Jahre nachdem er das Camp aufgebaut hatte, fiel der Baum eines Nachts um und verfehlte ihn nur um einige Zentimeter.

Nach dem Frühstück machten wir uns auf in Richtung Ngamo-Ebene, einer Miniatur-Serengeti, wo Löwen, Weißbartgnus und großohrige Füchse leben. Ngamo bedeutet in der San-Buschmann-Sprache »der Platz, der von weitem glitzert«.

Auf dem Weg kamen wir an einem Bleibaum vorbei, in dem der Kadaver eines Steinböckchen hing. Das Steinböckchen ist eine fuchsrote Steinantilope, kaum größer als ein Schakal. Sie sind Meister der Tarnung, aber diese hier war in der Nacht entdeckt und von einem Leoparden getötet worden.

Wir fuhren durch karges Kalahari-Gestrüpp, kamen an schattigen Umtshibi-Bäumen vorbei und sahen gedrungene Affenbrotbäume, die wie Tempelsäulen aussahen, die den Himmel stützten. Zu Mittag hielten wir an, um am Rande einer Mulde ein Picknick zu machen. Eine Herde Rappenantilopen im welken Gras starrte uns aus sicherer Entfernung an. Hinter ihnen war der flache Horizont so weit wie der Ozean, umsäumt von hohen Mlala-Palmen.

»Jetzt ist es trocken«, sagte Alan und deutete mit einer Hühnerkeule auf die karge Landschaft, »aber im Sommer steht das Wasser in diesen Mulden dreißig Zentimeter hoch. Es ist genauso wie im Okavango, man würde es nicht wiedererkennen. Blaue Seerosen überall. Tausende von Störchen und wilde Enten.«

Rechtzeitig zum Abendessen waren wir wieder im Camp. Danach unternahmen wir eine Nachtfahrt, bei der wir auf fünf Löwinnen stießen, die unter dem Sternenhimmel jagten. Später trafen wir die beiden Löwenmännchen des Makalolo-Rudels beim Trinken am Wasserloch. Sie waren beide acht Jahre alt und in bestem Alter, einer mit einer blonden, der andere mit einer roten Mähne.

Nachdem sie ihren Durst gestillt hatten, erhoben sie sich, und der Blondmähnige trottete zielgerichtet auf unseren offenen Wagen zu. »Du frecher Junge«, sagte Alan, als ob er ein eigenwilliges Kind maßregeln wollte. »Hau ab.« Er winkte mit der Hand, und der Löwe blieb stehen, drehte sich dann um, um zu seinem Gefährten zurückzukehren.

Am nächsten Morgen in der Dämmerung machten wir uns wieder auf den Weg und fanden sehr bald die Spuren eines großen Löwenmännchens – vielleicht einer von den beiden, die wir in der vorigen Nacht beobachtet hatten. Im Gegenlicht waren seine tiefen Fußabdrücke deutlich zu sehen. Im Schatten des frühen Morgens lagen sie im Sand wie zarte, blaue Blumen.

»Sie sind sehr frisch«, sagte Alan, »nur Minuten alt. Laß uns versuchen, ihn zu finden. Er kann nicht weit weg sein.« Er parkte den Landcruiser und griff nach seinem Gewehr. »Man muß sich immer versichern«, sagte er.

Auf leisen Sohlen folgten wir der Fährte des Löwen an diesem kalten, stillen Morgen. Sie führte uns einen Elefantenpfad entlang, schlängelte sich durch hohes, gelbes Gras und herbstfarbenes Dickicht, das wie englischer Haselstrauch aussah.

Zweimal blieb Alan abrupt stehen und erstarrte, eine Hand zur Warnung erhoben. Jedesmal starrte ich in das verheddete Gestrüpp vor uns und fragte mich, ob der Löwe wohl darin wäre. Meine Ohren lauschten angestrengt, um auch das leiseste Geräusch wahrzunehmen. Aber außer meinem klopfenden Herzen konnte ich nur noch das Gackern von Nashornvögeln und das weit entfernte Trompeten eines Elefanten hören.

Vor uns wurde der Busch immer dichter und ließ nur noch wenige Meter Sicht zu. »Zeit umzukehren«, flüsterte Alan. »Es hat keinen Sinn weiterzugehen. Wir würden nicht viel von ihm sehen. Wir könnten direkt mit ihm zusammenstoßen und nicht mal merken, daß er da ist.«

Sicher konnte nicht einmal Makalolo Spannenderes bieten, als einen Löwen zu Fuß zu verfolgen, dachte ich auf der langen Fahrt zurück zum Camp. Aber ich sollte mich irren.

Bei Sonnenuntergang, diesem magischen Zeitpunkt, wenn die Bäume sich schwarz gegen den roten Himmel Simbabwes färben, wenn die Frankoline zu rufen beginnen und die Luft kühler wird, ließen wir den Landcruiser am Straßenrand stehen, nahmen einige Biere aus der Kühltasche mit und kletterten auf einen Ameisenhügel, um den Geräuschen des schwindenden Tages zu lauschen.

Wir saßen etwa eine Stunde dort und genossen den Zauber einer friedlichen Welt, während es um uns immer dunkler wurde. Keiner sagte etwas, denn das hätte den Zauber gebrochen.

Dann stieß Alan meinen Ellbogen an. Ganz in meine Träumerei versunken, hatte ich das Auftauchen eines einzelnen Elefantenbullen nicht be-

merkt. Sechs Tonnen Stille kamen auf riesigen, gepolsterten Füßen direkt auf uns zu. Knapp zwanzig Meter vor uns blieb er stehen und hob den Rüssel, um unsere Witterung aufzunehmen. Dann wedelte er plötzlich warnend mit seinen riesigen Ohren und ging an uns vorbei in die Nacht hinein.

Einen Tag nachdem ich Makalolo verlassen hatte, flog ich nach Bulawayo und fuhr hinauf in die Matobo-Berge, die etwa dreißig Kilometer südlich der Stadt im Herzen der Provinz Matabeleland liegen. Alan hatte mir über dieses Gebiet und dessen spezielle Bedeutung in der Geschichte des Matabele-Volkes berichtet, und das hatte mich neugierig gemacht. Jetzt wollte ich es selbst sehen; so kam es, daß ich nun hier auf dem Dach des südlichen Afrika, wie es mir vorkam, stand und halb Simbabwe zu Füßen hatte.

Die Matabele nennen es *Malilndidzimu*, »Platz der Geister«. Cecil John Rhodes, der Gründer Rhodesiens, ist auf seinem kahlen Gipfel begraben. Für ihn war es »der Ausblick der Welt«. Beide Namen haben ihre Berechtigung. Von Rhodes' Grab aus, einem der höchsten Punkte in den Matobo-Bergen, hat man einen Blick über eine verfallene Landschaft, die vor zwei Milliarden Jahren aus Granit geformt worden ist. In alle Richtungen erstrecken sich verwitterte Spitzgipfel und schwindelerregend hohe Felsburgen bis zum Horizont, die über ein Chaos von Tälern, übersät mit Felsbrocken, zu herrschen scheinen. Es sieht aus, als ob Gott alle alten Granitblöcke, die nach Erschaffung der Erde noch übrig waren, gesammelt und sie dann auf diesen dreitausend Quadratkilometern in Matabeleland verstreut hätte.

Einige Berge sind nichts als kolossale Felskuppen. Andere haben die Form von Ruinen verlassener

Städte; Felsblöcke sind gefährlich übereinander-
getürmt wie Bauklötze. Man hat das Gefühl, daß sie
beim kleinsten Schubs alle zusammenbrechen würden.

Es war in Matobo, wo dem damaligen Armee-
Oberst Robert Baden-Powell die Idee zur Gründung
der Pfadfinderbewegung kam. Aber für die Matabele
hat das ganze Gebiet mit seinen heiligen Höhlen und
den prähistorischen Felsmalereien eine viel tiefer ge-
hende Bedeutung. Für sie sind diese merkwürdigen,
brütenden Berge immer noch ein heiliger Ort. König
Mzilikazi, ihr erster großer Führer, liegt hier begraben. Für Mzilikazi sahen die Bergkuppen aus wie
eine dichtgedrängte Gruppe von Glatzköpfen, und
daher kommt auch der Name Matobo.

Vor etwa einhundert Jahren kämpften und star-
ben die Briten hier in einer Reihe von blutigen Auseinandersetzungen mit König Lobengulas Impis.
Lobengula, der Sohn von Mzilikazi, hatte mit Cecil
Rhodes einen Pakt geschlossen. Zu spät entdeckte er,
daß Rhodes ihn ausgetrickst hatte; da hatte er sein
Königreich bereits weggegeben. Aus seinem Kö-
nigssitz Bulawayo vertrieben, führte der König
seine Männer in die Matobos, wo sie sich in den
Höhlen versteckten und bis zu seinem Tode im Jahre
1896 einen Guerillakrieg gegen die weißen Ein-
dringlinge führten.

Jetzt herrscht in den Matobos wieder Frieden.
Nur der Schrei des Steinadlers und das Keuchen
eines umherziehenden Leoparden unterbrechen die
Stille in Lobengulas Königreich aus Granit.

Es gibt hier viele Leoparden. Man sagt, daß die
Matobos Afrikas größte Leopardenpopulation auf-
weisen, aber man bekommt sie nur selten zu sehen.
Zwischen den herumliegenden Felsbrocken und
dem verfilzten Dickicht gibt es Millionen von Plätzen, wo sich ein Leopard verstecken kann. Ich habe
einmal die frische Spur eines großen Leoparden-
männchens in der Nähe der Matobo-Hills-Lodge
gefunden, aber näher bin ich ihnen nie gekommen.

Man sollte auch nicht erwarten, Löwen, Elefanten
oder Büffeln zu begegnen. Obwohl Matobo inzwischen ein Nationalpark ist, ist es kein klassisches
Großwildgebiet. Hervorragend geeignet ist es je-
doch zum Beobachten von Antilopen: Rappenantilopen und Kudus, Impalas und Tsessebe sowie schnell-
füßigen Klippspringern, die auf Zehenspitzen über
die Felsen trappeln.

Außerdem wurde Matobo kürzlich zur Intensive
Protection Zone, einem besonders zu schützenden
Gebiet, für die gefährdeten Nashörner erklärt. Hier,
weit weg von den sambischen Wilderern, die über
den Sambesi kommen, wird der letzte Bestand der
Nashörner Simbabwes leben.

Ein paar unvergeßliche Tage lang teilte ich diese
Berge mit Nashörnern und Klippspringern sowie
den Geistern von Lobengulas Kriegern, während ich
zusammen mit Ian MacDonald den Park erkundete;
Ian betrieb die Matobo-Hills-Lodge und kannte die
Gegend schon sein ganzes Leben lang.

Der Regen hatte schon Anfang Januar aufgehört,
einen ganzen Monat früher als üblich, und würde
erst im November wiederkommen. Der Busch war
ausgedörrt, das Gras gelb. Die Tage waren heiß, der
Himmel wolkenloses Blau. Aber die Nächte waren
sehr kalt; bei Morgendämmerung konnte es bis zu
fünf Grad Frost geben.

Eines Morgens kraxelten wir über einen Felsen-
haufen, um eine überhängende Felswand zu erreichen, deren glatte Granitoberfläche von den längst
vergangenen San-Buschmännern als Leinwand benutzt worden war. Hier war in rötlichem Ocker ein
ganzer Trupp von rennenden Tieren abgebildet: Zebras, ein Warzenschwein, der gehörnte Kopf einer

Tsessebe-Antilope, ein Mann, der gerade einen Buschhasen mit dem Speer erlegt, und eine große Katze – vielleicht ein Leopard –, die einen Jäger angreift.

Die Bilder sahen so frisch aus, als ob die unbekannten Künstler gerade erst gegangen wären. Es war ein sehr merkwürdiges Gefühl: Zehntausend Jahre waren vergangen, und nichts hatte sich geändert. Ich saß auf demselben Felsensims, auf dem sie gesessen hatten, und fühlte dieselbe Sonne auf meinem Rücken. Und als ich mich umdrehte, sah ich noch mehr Tiere, aber diese waren echt: Eine Herde Rappenantilopen wanderte durch das goldene Gras in dem Tal unter uns.

Über der Felswand lag eine Höhle, deren obere Kammer durch einen langen Lichtschacht von oben beleuchtet wurde. Auf dem Boden der Höhle stand eine Reihe von rauhen Tongefäßen, jedes groß genug, um einen Menschen darin zu verstecken. Jetzt waren sie bis auf die vertrockneten Exkremente von Wildkatzen und Stachelschweinen natürlich leer, aber als sich vor einem Jahrhundert Lobengulas Krieger hier oben versteckt hielten, hatten sie Matabele-Getreide enthalten.

Es war ein beeindruckender Platz. Aber MacDonald sagte, er kenne einen noch besseren, eine erheblich größere Höhle mit wundervollen Malereien im Gebiet der Toghwe-Wildnis.

Am nächsten Tag ließen wir unseren Landrover am Toghwana-Damm stehen und gingen zu Fuß weiter. Verloren in einer einsamen Welt aus Granit, kletterten wir über Felsblöcke, so groß wie Bungalows und folgten einem ausgetrockneten Wasserlauf. In der Regenzeit wäre er unpassierbar gewesen, ein reißender Bach.

Wir kletterten immer höher, vorbei an den toten grauen Hülsen des Auferstehungsbusches, der zum Leben erwachen würde, wenn der Regen wiederkam. An einer Stelle fand MacDonald ein Stück Schlacke von einem primitiven Schmelzofen, in dem die Schmiede der Eisenzeit ihre Werkzeuge und Waffen vor etwa tausend Jahren geformt hatten.

Weiter oben zeigte er mir einen Steinadlerhorst auf einem Felsvorsprung. Der Steinadler ist einer der interessantesten Raubvögel Afrikas, und die Matobos sind ein wichtiges Verbreitungsgebiet: Es gibt mehr als fünfzig brütende Paare.

»Einige dieser Nester werden schon seit Jahrhunderten bewohnt«, sagte MacDonald. »Es würde mich nicht wundern, wenn sie hier schon ihre Horste hatten, als die Schmiede noch ihre eisernen Waffen formten.«

Von den windigen Gipfeln der hohen Kuppelberge blickten wir hinunter auf eine Reihe von versteckten Tälern, jedes dicht mit gelbem Gras bewachsen, ein Treffpunkt für Rappenantilopen und Breitmaulnashörner.

Unter den Füßen fühlte sich der rauhe Granit fest und sicher an, aber ich konnte auch sehen, wo der Felsen durch den ständigen Wechsel von Sonne und Frost brüchig und rissig geworden war. »Wenn die Sonne heiß ist, dehnt sich der ganze Berg aus«, erklärte MacDonald. »Nachts, wenn es abkühlt, zieht er sich wieder zusammen und bricht.«

Schließlich erreichten wir unser Ziel, eine große Höhle in einer Felswand, die wie die Hälfte einer umgekehrten Kuppel wirkte. Sie war bedeckt mit den mir nun schon vertrauten Formen von Strichmännchen mit Pfeil und Bogen, die Giraffen, Zebras, Kudus und Elenantilopen jagten. Die Farben waren noch so lebhaft wie an dem Tag, an dem es gemalt worden war.

Als wir die Höhle wieder verließen, kamen wir an der Spur einer großen Schlange vorbei, die in eine dunkle Spalte hinabführte. »Die ist sehr frisch«, sagte MacDonald. »Sie muß verschwunden sein, als wir hereinkamen. Wahrscheinlich eine Mamba, davon gibt es viele hier in den Bergen. Die Einheimischen würden sagen, daß sie der Wächter dieser Höhle ist.«

Es war schon dunkel, als wir in die Lodge zurückkehrten, und der afrikanische Himmel war voller Sterne. Es war die Nacht, in der der Jupiter von einem großen Kometen getroffen werden sollte. Als der Moment der Kollision kam, ging ich hinaus und starrte durch mein Fernglas in den Himmel hinauf. Da war Jupiter. Die Luft war so klar, daß ich sogar seine Monde sehen konnte.

War es nur meine Einbildung, oder leuchtete der Planet wirklich auf, als der Komet einschlug? Ich kann es nicht genau sagen. Was ich aber weiß, ist, daß mit unheimlicher Präzision genau im Moment des Auftreffens alle Schakale von Matobo zu heulen begannen und die kalte Nachtluft mit dem Auf- und Abschwellen ihrer schneidenden Stimmen erfüllten.

# Zwischen Wüste und Meer

Es gab keine Straße nach Purros, nur alte Reifenspuren, die Richtung Westen in den Bergen und der Wüste von Kaokoland verschwanden. Purros selbst bestand nur aus ein paar verstreuten Baracken und Lehmhütten der Himba, eines Nomadenvolks, das sich in Häute kleidete und mit seinen Ziegen und Rindern durch die ockergelben Berge zog.

Als wir durch das ausgetrocknete Flußbett des Gomatum, eines Nebenflusses des Hoarusib, rumpelten, wurde der Himmel schwarz, und Donner grollte in den Bergen. »Wird es regnen?« fragte ich. Mein Begleiter, der Fotograf David Coulson, saß am Steuer seines Toyota Landcruiser und schüttelte den Kopf. »Nein, nicht hier«, sagte er bestimmt. »Nicht in der Wüste.«

Coulson mußte es wissen, dachte ich. Er reiste seit Jahren durch Namibia. Aber noch während er sprach, fielen die ersten dicken Tropfen. Einen Moment später waren wir mitten in einem heftigen tropischen Unwetter – und ausgerechnet in diesem Augenblick hatten wir auch noch einen Platten! Wir waren sowieso schon spät dran und hatten keine andere Wahl, als im strömenden Regen den Reifen zu wechseln.

Innerhalb von Sekunden waren wir naß bis auf die Knochen. Als das Reserverad endlich montiert war, zog ich meine Stiefel aus und schüttete das Wasser heraus, das sich darin gesammelt hatte.

»Hast du nicht gesagt, daß dies eine verdammte Wüste ist?« fragte ich. Es war schon eine merkwürdige Art, eine Reise zu beginnen, während der ich die heißesten Wochen meines Lebens an einem der trockensten, einsamsten und am schwersten zugänglichen Plätze der Erde verbringen sollte.

Namibia ist die letzte große Wildnis im südlichen Afrika. Man muß sich ein Land vorstellen, das etwa viermal so groß wie England ist und weniger als 1,2 Millionen Einwohner hat. Ein Großteil ist Wüste, einige Flüsse führen jahrelang kein Wasser, und an einigen Stellen ist in diesem Jahrhundert noch kein Regen gefallen.

Um ein solches unwirtliches Terrain zu erforschen, muß man die Gegend sehr gut kennen. Deswegen waren wir auf dem Weg nach Purros; wir wollten uns mit Louw und Amy Schoeman treffen, die uns auf eine Safari an die Skelettküste mitnehmen wollten.

Der Skeleton-Coast-Nationalpark ist ein bis zu vierzig Kilometer breites und fast fünfhundert Kilometer langes Stück Wüste, das vom Fluß Cunene an der angolanischen Grenze bis zum Fluß Ugab in der Nähe von Cape Cross reicht. 1971 wurde dieser Landstrich zum Nationalpark erklärt, und man beschloß, den nördlichen Teil als echte Wildnis zu erhalten, zu der Touristen nur begrenzt Zutritt haben sollten. 1977 erhielt Schoeman, praktizierender Anwalt und ehemaliger Diamantensucher, der inzwischen Reiseveranstalter geworden war, die Konzession, in dieser Wildnis Safaris für Touristen durchzuführen. Seitdem hatte er das gesamte Gebiet per Flugzeug, Landrover und zu Fuß erkundet und kannte es besser als irgend jemand sonst.

»Man darf die Wüste niemals unterschätzen«, sagte er. »Sie ist nicht feindselig, aber sie kann gefährlich sein – sogar tödlich, wenn man sie nicht kennt. Aber ich komme seit dreißig Jahren hierher, und es ist, als ob ich mich in meinem eigenen Wohnzimmer befinde. Ich liebe die Wüste, wirklich. Ich finde, dies ist einer der schönsten Plätze der Erde.«

Wir folgten Schoeman von Purros aus durch das Land und durchquerten riesige Kiesebenen, die abgesehen von einigen Springböcken und Straußen am Horizont völlig unbewohnt zu sein schienen, bis wir bei Sonnenuntergang sein Camp am Fluß Khumib erreichten. Louw erzählte, daß der Fluß vor einem Monat nach heftigen Unwettern in den Bergen Wasser geführt hatte, aber jetzt war er wieder knochentrocken.

Das Küchenzelt war unter den Zweigen eines alten Omumborumbonga (Bleibaum), dem heiligen Baum des Herero-Volkes, errichtet worden. Während des Abendessens kamen scheue Kleinfleck-Ginsterkatzen aus den Zweigen hervor, um auf die Essensreste zu warten.

Als ich zu Bett ging, hatte ich das Gefühl, daß ich das Meer in der Nachtluft riechen könnte, obwohl die Küste gute zwölf Kilometer entfernt war. Und als ich am nächsten Tag in der Stille der Morgendämmerung erwachte, konnte ich tatsächlich das Rauschen der Atlantikwellen hören, das wie das entfernte Grollen eines vorüberfliegenden Düsenjets klang.

Bevor wir nach dem Frühstück losfuhren, bekam ich einen Hut: ein Käppi im Legionärsstil, mit einem Tuch hinten dran, das meinen Nacken vor der Wüstensonne schützen sollte. Schoeman selbst ging immer ohne Kopfbedeckung, selbst an den heißesten Tagen. Mit seinen grauen Haaren und dem onkelhaften Benehmen wirkte er wie ein Landarzt, aber in Wirklichkeit war er einer der erfahrensten Wüstenveteranen Namibias und hatte ein schier unerschöpfliches Wissen über diese unfruchtbare Welt um uns herum.

»Wir sind hier etwas paranoid, wenn es um Reifenspuren geht«, sagte Louw, als wir durch die Dünen Richtung Meer fuhren. »Die Wüste ist sehr empfindlich; leicht zu verletzen und schwer zu heilen. Ich kann euch Spuren zeigen, die 1943 bei der Rettung der Überlebenden des *Dunedin Star* entstanden sind. Sie sehen heute noch aus, als ob sie gerade eine Woche alt wären. Es gibt andere Gegenden hier, mit gröberem, stabilerem Kiesuntergrund, in denen die Reifenspuren jahrhundertelang zu sehen sind.«

Wir fuhren durch weit gestreckte Barchan-Dünen – wandernde Sandberge, die durch den vorherrschenden Südwind etwa dreißig Meter pro Jahr über den Wüstenboden vorangetrieben werden. Auf den ersten Blick scheinen diese sich verlagernden Sandberge ohne jedes Leben zu sein, aber auf jedem Hang findet man verschiedene Spuren – die Abdrücke von Eidechsen, Side-winder-Schlangen und Nebelkäfern, die den Tau sammeln, der auf ihrem Rücken kondensiert.

An einigen Stellen ist der Sand bordeauxrot gefärbt, als ob jemand riesige Bottiche Rotwein die Hänge heruntergekippt hätte. Louw gab mir ein Vergrößerungsglas und forderte mich auf, genauer hinzusehen. Mit der Nase im Sand blinzelte ich durch das Glas und entdeckte, daß jedes polierte Sandkorn in Wirklichkeit ein Mini-Edelstein war. Ich lag in einem Bett aus Granat!

Louw brachte mir bei, wie man in den Sanddünen Auto fährt. Man läßt einfach die Luft aus den Reifen, bis sie wie plattgedrückte Luftballons aussehen. Dann stellt man den Allradantrieb ein und gibt Gas – schon treibt man durch den weichen Sand; es fühlt sich an, als ob man durch Pulverschnee Ski fährt.

Als wir über den letzten Dünenkamm fuhren, bot sich unter uns der herrliche Anblick des Atlantiks, grüne und weiße Wellen brachen sich an der einsamen Küste, und eine kühle Brise kam von der See herauf.

Draußen auf See dümpelten zwei Fischtrawler in der Dünung. »Wahrscheinlich Spanier«, sagte Louw. »Sie haben diesem Land schon Millionen Tonnen Fisch gestohlen.«

Der Strand war kniehoch mit feinem Schaum bedeckt, ein Phänomen, das durch die üppige Blüte des Planktons entsteht, das im kalten Benguela-Strom sehr gut gedeiht. Durch die Brandung aufgeschlagen, bekommt es eine Konsistenz wie Rasierschaum und liegt in dicken, zitternden Feldern am Ufer, die langsam vom Wind aufgebrochen werden und in großen Flocken davonwehen.

So weit das Auge sehen konnte, war die Küste in beiden Richtungen mit dem Strandgut der Jahrhunderte bedeckt; ein Gewirr von Schiffsmasten, Planken und Spieren, hier und dort das ausgeblichene Skelett eines Wals, der von den amerikanischen Walfangflotten vor hundert Jahren getötet worden war. Seetang-Möwen beobachteten uns aus der Entfernung, und Geisterkrabben tanzten über den Strand wie flüchtige Schatten, aber unsere Fußabdrücke waren die einzigen weit und breit.

Am nächsten Tag flogen wir über die Skelettküste hinweg nach Norden zum Cunene, wo Schoeman ein weiteres Camp errichtet hatte, von dem aus man über den Fluß hinweg nach Angola sehen konnte. Unter uns lagen noch mehr Masten, Rippen, Teile von Wirbelsäulen und riesige Kieferknochen der verschwundenen Wale. Wir flogen in geringer Höhe über eine Kolonie von Südafrikanischen Pelzrobben hinweg, die sich auf dem Strand ausgebreitet hatte, und stießen fast mit einem Schwarm der seltenen Damara-Seeschwalben zusammen, die sich vor uns wie eine weiße Wolke aus dem Wasser erhoben. Wenn wir mit ihnen kollidiert wären, hätte das unser leichtes Flugzeug mit Sicherheit zum Absturz gebracht, aber Schoeman ließ sich nicht aus der Ruhe bringen. Später erfuhr ich, daß er bei seinen Freunden als »Tiefflieger-Schoeman« bekannt war.

Schließlich kamen wir zur braunen Mündung des Cunene und folgten ihm landeinwärts über eine Landschaft, die ein Bild totaler Verlassenheit bot. Richtung Süden war nur das Flirren der Salzpfannen zu sehen, eine angsteinflößende Leere, die bis in die Dünen und Bergzüge von Kaokoland reichte. Richtung Norden erhoben sich die sonnenverbrannten Berge Angolas. »Es ist bemerkenswert, daß in die meisten Gebiete, die wir überfliegen, noch nie ein Mensch seinen Fuß gesetzt hat«, brüllte Schoeman über den Motorenlärm hinweg. »Nicht einmal Buschmänner.«

Es schien unmöglich, daß es hier in diesem verbrannten und aufgerissenen Land einen sicheren Landeplatz geben sollte, aber schließlich tauchte eine Landebahn auf; wir setzten in einer weiten Ebene auf und traten hinaus in die Gluthitze des späten Nachmittags.

Ein Wagen erwartete uns, der uns zu Louws Camp bringen würde. Vor kurzem hatte es geregnet, und aus dem roten Sand war grünes Gras hervorge-schossen, aber es wurde bereits wieder von der sengenden Hitze verbrannt. Im Süden lag eine Reihe von namenlosen Hügeln mit Granitgipfeln. Fels-Turmfalken pfiffen zwischen den Felsspitzen, und Lerchen flogen auf, als wir auf der Suche nach einem sicheren Weg zum Fluß auf dem steinigen Kamm entlangfuhren, aber ihre Schreie wurden vom heißen Wind davongetragen.

Als wir das Camp erreichten, brach die Abend-dämmerung herein. Schatten sickerten aus dem Boden wie Rauch und füllten die Senken in den Hügeln über der Schlucht, in der der hochwasserführende Fluß gurgelte und wirbelte. Zwischen den Steinen gab es einen Swimmingpool (der Fluß selbst wimmelte von Krokodilen), und obwohl er kaum groß genug war, um sich herumzudrehen, war es schön, sich abkühlen zu können, um sich dann mit einem kalten Bier hinzusetzen und die Blitze in den Bergen von Angola zu beobachten.

Irgendwo da oben, in diesem unwirtlichen Hinterland, entspringt der Cunene derselben riesigen Wasserscheide, die auch den Sambesi und den Okavango speist. Aber anders als diese beiden fließt der Cunene westwärts Richtung Atlantik und bildet eine der einsamsten Grenzen der Erde.

»Hierher kommt man nicht, um Tiere zu sehen«, sagte Schoeman. »Es ist nicht wie im Etosha-Nationalpark. Wer hierherkommt, sucht die Abgeschiedenheit, die Schroffheit; darum geht es am Cunene. Massentourismus hat hier keinen Platz, aber ein paar Leute sind gewillt, für das Privileg zu bezahlen, ein so wildes Gebiet besuchen zu dürfen, und sie brauchen die Führung, die wir ihnen bieten können. Es ist kein guter Ort, um steckenzubleiben.«

Am nächsten Morgen ließ Schoeman ein Schlauchboot mit zwei riesigen Außenbordmotoren

zu Wasser, und wir fuhren flußaufwärts. Wir rumpelten über den schnell fließenden braunen Strom, Strudel und gefährliche Wellen gurgelten unter unserem Bug. Nach etwa anderthalb Kilometern wurde die Schlucht enger und das Wasser noch turbulenter, es schoß in röhrenden Stromschnellen auf uns zu. Der Fluß tat sein Bestes, um uns hinauszuwerfen, aber wir klammerten uns fest, während das Boot unter unseren Füßen bockte und tanzte.

Vor uns ragten turmhohe Granitwände auf und verengten sich wie das Tor zur Hölle. Irgendwie schafften wir es, uns durchzuquetschen, und wurden weitergetrieben durch ein Chaos aus sonnenlosen Klippen, die wie Haufen riesiger Dominosteine zusammengefallen waren. Schließlich wurde unser Weg durch einen enormen Wasserfall blockiert, und wir konnten nicht weiter.

Nachdem wir aus den Stromschnellen heraus waren, wurde die Fahrt flußabwärts erheblich angenehmer. Goliath-Reiher flatterten aus dem Schilf auf, und leuchtend grüne und gelbe Bienenfresser saßen in den schwankenden Zweigen der Winterdornbäume über üppigen Feldern aus Winden.

Zurück im Camp, genossen wir ein spätes Frühstück und verließen dann den Cunene, um zurück zum Khumib zu fliegen. Und wieder entfaltete sich die karge nördliche Landschaft unter unseren Tragflächen, der Sand in einem glühenden Marsrot, die blendenden Sodapfannen, die von Sonne und Wind blank geschliffenen Berge. Ich freute mich, daß ich am Cunene gewesen war, aber gleichzeitig war ich auch froh, seiner drohenden Feindseligkeit zu entkommen.

Am Khumib verabschiedeten wir uns von Louw und Amy Schoeman, starteten Coulsons Landcruiser und fuhren die Skelettküste entlang nach Süden davon. Ich wußte damals nicht, daß ich diesen bemerkenswerten Mann niemals wiedersehen sollte. Leider starb Louw 1993 an einem Herzinfarkt.

Nach etwa einer Stunde kamen wir zur Mündung des Hoarusib. Es hatte im Landesinneren noch mehr Unwetter gegeben, und der Fluß führte viel Wasser. Wir wateten hinüber, um zu prüfen, ob er schon zu tief zum Durchfahren war. Das Wasser reichte uns noch nicht bis an die Knie, aber es floß sehr schnell, kam in plötzlichen Wellen, die sich über den Sand ergossen, und stieg sichtbar an. Jetzt oder nie, wir konnten nicht länger warten. Langsam fuhren wir in den Fluß hinein und kreuzten ihn schräg; das Wasser reichte bereits bis an die unteren Türkanten, aber das Flußbett war fest, und wir hatten keine Schwierigkeiten, das andere Ufer zu erreichen.

Inzwischen war es Spätnachmittag geworden. An der Küste grasten im goldenen Licht des Atlantiks einige Springböcke. Es schien absurd, sie am Meer zu sehen. Coulson erzählte, daß manchmal sogar Wüstenelefanten den Sandflüssen bis an die Küste folgten und ihre riesigen Fußspuren am Strand hinterließen. Und ab und zu komme auch ein Wüstenlöwe aus Damaraland, um in der Brandung nach Seehundkadavern zu suchen.

Unser Ziel war die Ranger-Station an der Mowe Bay, wo wir zwei Nächte bei Rod Braby, dem obersten Naturschützer des Skeleton-Coast-Parks, und Sigi, seiner deutschen Frau, verbrachten. Die karge, kleine Siedlung sah mit ihren ausgeblichenen Hütten aus Treibholz und den kleinen Gärten, in denen sich Fischernetze, Walknochen, Elefantenschädel und anderes Strandgut angesammelt hatten, aus wie die Szenerie aus einem Steinbeck-Roman.

Aber trotz der Abgelegenheit schien sie die bemerkenswertesten und begabtesten Menschen anzuziehen. Eine der Hütten war das Zuhause der Wildlife-Filmemacher Des und Jen Bartlett, die seit vierzehn Jahren in den Parks Namibias lebten und arbeiteten. Bei einem Frühstück mit Tee und Räucherfisch erzählten sie mir, wie sie mit Hilfe von Ultraleicht-Flugzeugen erstmals die Wüstenelefanten filmen konnten, die durch die Dünen zogen.

Später trafen wir Garth Owen-Smith, einen großen, bärtigen Wüstenveteranen, der mehr als irgend jemand sonst zum Schutz der Elefanten in Damaraland und Kaokoland getan hatte, sowie seinen Kollegen Rudi Loutit, der für den Erhalt der letzten Wüstennashörner Namibias kämpfte.

In Loutits neuestem Projekt wurde den Nashörnern das Horn abgesägt, um sie für die Wilderer wertlos zu machen. »Die Leute waren sehr mißtrauisch, als wir anfingen«, erzählte er. »Sie sagten, die Nashörner würden von Löwen getötet werden, wenn wir ihnen die Hörner nähmen. Ich glaube, ein Großteil dieses Geredes war nur Meckerei. Jedenfalls ließen wir uns nicht abhalten, denn wir müssen diese wundervollen Tiere auch für das nächste Jahrhundert bewahren, und es war ein großer Erfolg.«

Er war ein dunkler, gutaussehender Mann in seiner grünen Ranger-Uniform. »Wissen Sie, meine Frau Blythe und ich haben wegen des Lebens, das wir führen, nie Kinder bekommen. Wir haben uns dafür entschieden, unser Leben der Erhaltung der Nashörner zu widmen, und das enthält eine gewisse Ironie: Wir sorgen für das Überleben der Nashörner, damit anderer Leute Kinder sie noch sehen können.«

Nachdem Rudi gegangen war, wanderte ich zur Küste hinunter, setzte mich an den Strand und dachte über diese außergewöhnlichen und einzelgängerischen Menschen nach, die so lange in der Wildnis gelebt hatten und nun selbst zu einer aussterbenden Spezies gehörten.

Eine Nebelbank rollte auf den Strand zu und brachte den starken Geruch nach Seetang mit. Der feuchte Meeresnebel schlang sich um meine nackten Beine, aber mir war nicht kalt. Ich ging kilometerweit, froh darüber, der Hitze der Wüste entflohen zu sein, und lauschte den Möwen, die mich an zu Hause erinnerten. Ich suchte den Strand zwischen Schakalspuren und Seeigel-Hüllen nach Achatsteinen ab. Es war kaum zu glauben, daß ich immer noch in Afrika war, aber ich wußte, daß der Himmel im Landesinneren weniger als acht Kilometer entfernt aus einem brennenden Blau bestand und der Sand unter den Füßen zu heiß zum Betreten war.

Wir verließen den Skeleton-Coast-Park durch seinen Südausgang hinter dem Fluß Ugab. Ein Ranger öffnete das Tor, das mit drohenden, schwarzbemalten Schädeln und gekreuzten Knochen geschmückt war. Wir fuhren am Atlantik entlang nach Swakopmund, einer kühlen Oase mit Palmen und Gebäuden, die noch von Kaiserdeutschland träumten. Swakopmund bot uns eine kurze Unterbrechung mit heißen Bädern, sauberen Laken und klimatisierten Räumen. Dann machten wir uns wieder auf in die Wüste und folgten dem knochentrockenen Kuiseb-Flußbett in den Namib-Naukluft-Nationalpark. Dies war die echte Namib – »der Ort, an dem nichts ist« –, eine sonnendurchdrungene Wildnis aus Kieselebenen, über denen Luftspiegelungen von weit entfernten Bergspitzen wie Felseninseln in einer zitternden blauen See erschienen.

Hohe, wellige Dünen begleiteten uns am westlichen Horizont auf dem Weg nach Süden, wie rot angemalte Höhenzüge aus Sussex. Weiter im Süden in Sossusvlei waren diese Dünen bis zu dreihundert Meter hoch, die höchsten Dünen der Welt. Es gab nirgendwo Wasser, aber neben dem Flußbett des Kuiseb standen Bäume, riesige Winterdornbäume, aus deren breiten, schattenspendenden Kronen große Samenschoten mit flauschigen Hüllen so weich wie Maulwurfsfell gefallen waren.

Hier, an einem Ort namens Homeb, schlugen wir unser Camp auf. Als es am späten Nachmittag kühler geworden war, durchquerten wir das Flußbett und kletterten aus dem Tal heraus, um die Sonne hinter den Dünen untergehen zu sehen. Wir kamen an ein Steinplateau, das mit windgestrahlten Kieseln aus klaren weißen und gelben Kristallen übersät war, die wie heruntergefallene Sterne im Sand glitzerten. Hier wuchs nichts außer einigen dünnen, grauen Grasbüscheln, die im Wind knarrten und zischten. Vereinzelte alte, trockene Spuren zeigten aber, daß Oryxantilopen und Zebras hier schon einmal längsgezogen waren.

Zurück im Camp, brach die Nacht schnell herein, und der Vollmond ging auf. In der klaren Wüstenluft konnte ich durch mein Fernglas jede Einzelheit auf seiner kraterreichen Oberfläche erkennen. Wir grillten die Steaks, die wir in Swakopmund gekauft hatten, und aßen sie zusammen mit in Alufolie gewickelten Kartoffeln und Zwiebeln, die in der Glut gegart wurden. Das Ganze wurde mit Bier aus der Kühltasche hinuntergespült.

Später lag ich auf dem Rücken in meinem Schlafsack und blickte zu den hellsten Sternen Afrikas hinauf. Die Buschmänner, die glauben, daß die Sterne Jäger am Himmel sind, sagen, daß sie sie in der tiefen Stille der Wüste hören können. Aber ich konnte nur den düsteren Ruf einer Eule irgendwo am Fluß und das Heulen der Schakale in den Dünen hören. Kurz vor dem Einschlafen fiel mir noch ein, daß heute Ostersonntag war.

Hinter Homeb führt der Flußlauf durch eine Reihe von schlanken Hügeln in die trostlosen

Canyons von Kuiseb, wo die beiden Deutschen Hermann Korn und Henno Martin sowie ihr Hund Otto sich fast drei Jahre lang versteckt gehalten hatten, um während des Zweiten Weltkrieges nicht von den Südafrikanern interniert zu werden.

Später veröffentlichte Henno Martin die Geschichte ihrer Robinsonade in einem Buch *(The Sheltering Desert)*, in dem er das einsame Leben, die Jagd auf Wild und die Wassersuche in den Canyons beschreibt und anschaulich schildert, wie sie mit den Entbehrungen fertig wurden, die ihnen einer der brutalsten Plätze der Erde aufzwang.

Wir besuchten eines ihrer alten Verstecke, Carp Cliff, die »Karpfen-Klippe«, hoch oben über dem Kuiseb-Canyon. Hier hatten sich die beiden Flüchtlinge eine Zuflucht unter dem überhängenden Fels gebaut und lebten wie die Menschen in der Jungsteinzeit von dem Wild, das sie fangen konnten. Die Mauern, die sie vor fünfzig Jahren errichtet hatten, waren immer noch da, genauso wie die Steinplatte, die ihnen als Tisch gedient hatte. Vor kurzer Zeit waren Bergzebras hier gewesen; wir fanden frische Spuren am Fuß der Klippe, und ich erinnerte mich an Henno Martins Beschreibungen, wie er und Hermann Zebras und Oryxantilopen geschossen, das Fleisch zu *biltong* (Dörrfleisch) und das Blut zu Würsten verarbeitet hatten. Manchmal hatten sie sich mitten in der Wüste ein nostalgisches Mahl aus Oryx-Leberknödeln und Sauerkraut zubereitet.

Die großen Entfernungen verleihen diesem weiten, unfruchtbaren Land eine surrealistische Perspektive, die wie Haifischflossen geformten Bergzüge ragen am Horizont in den Himmel. Hier, in der gnadenlosen Hitze der Namib, werden die Felsen einem Härtetest unterzogen: Unter dem Flammenwerfer Sonne und sandgestrahlt durch den unbarmherzigen Wind brechen sie auf – in Spalten und Schluchten, in denen das Auge vergeblich nach einem grünen Baum oder einem Wasserloch sucht. In der Namib ist die Erde bereits ein absterbender Planet. So wird es einmal aussehen, wenn die Menschheit und alle anderen Lebensformen von der Erdoberfläche verschwunden sind. Das reglose Skelett dieser unerbittlichen Wüste wird weiterhin durch das Weltall ziehen.

Ich habe die Wildnis und wilde, unberührte Plätze schon immer geliebt, aber die unnachgiebige Feindseligkeit der Namib machte mir zu schaffen. Ich spürte, wie meine Willenskraft in der Gluthitze dahinwelkte wie eine vertrocknende Blume. Nur in der letzten, goldenen Stunde vor Sonnenuntergang und wieder in den ersten kühlen Stunden der Morgendämmerung ließ die Wüste sich erweichen und erlaubte den tiefen Schatten, ihre harschen Konturen zu mildern und sie in eine schweigende Welt von überirdischer Schönheit zu verwandeln.

Auf dem Rückweg nach Swakopmund fuhren wir durch das ausgedörrte Ödland und die labyrinthartigen Canyons des Swakop-Flusses und kamen zu einem steinigen Tal, an dessen Hängen Hunderte von Welwitschia mirabilis wuchsen, eine der ältesten und merkwürdigsten Pflanzen der Erde. Einige dieser lebenden Fossilien sollen eintausendfünfhundert Jahre alt sein, aber sie produzieren in ihrem gesamten Leben nur zwei Blätter. Diese können bis zu drei Meter lang werden und spalten sich in lange, ledrige, grüne Wedel auf. Ich mochte die Welwitschia nicht. Sie lagen in der Sonne wie Wesen aus John Wyndhams Film *Day of the Triffids*; als ob sie nur darauf warteten, einen mit ihren bedrohlich wirkenden Blättern am Fußgelenk zu packen, alle Flüssigkeit aus dem Körper zu saugen und dann wie eine leere Papiertüte wegzuwerfen.

Am nächsten Tag fuhren wir von Swakopmund in die südafrikanische Enklave Walvis Bay, um Ernst Karlowa, den ersten Wildhüter des Skeleton-Coast-Parks zu treffen. Er war bereits über siebzig Jahre alt und lebte ruhig in einem Vorort von Walvis Bay. Dort pflegte er die Blumen in seinem oasengleichen Garten, der so anders war als die unwirtliche Küste, an der er den größten Teil seines Lebens verbracht hatte.

»Bis 1960 waren die Küste und das Hinterland selbst für Fahrzeuge mit Allradantrieb eine undurchdringliche Wildnis«, erzählte er. »In Afrikaans nennen wir es *Seekus van die Dood*, die Meeresküste der Toten. Ich habe drei Jahre lang alleine dort gelebt. Manchmal war es wie Einzelhaft, der Wind heulte, und das Camp seufzte und knarrte wie ein Schiff auf See. Ich würde es nie wieder tun. Es ist ein hartes Land, und doch nimmt es einen nach einer Weile gefangen, und es fällt einem schwer, es wieder zu verlassen.«

1974 machte Karlowa eine der aufregendsten Entdeckungen seines Lebens. Er war mit dem Landrover auf Patrouille in der Nähe des False Cape Fria. »Zuerst dachte ich, es wäre eine alte, hölzerne Scheibe, die da zwischen Schiffsbalken lag. Ich hob sie auf und blickte plötzlich in dieses mysteriöse Gesicht. Ich habe mich ganz schön erschrocken, kann ich dir sagen!«

Was Karlowa gefunden hatte, war das geschnitzte Gesicht der Galionsfigur eines Schiffes, wahrscheinlich einer Galeone aus dem sechzehnten Jahrhundert, vielleicht spanischer, aber wahrscheinlich portugiesischer Herkunft; eines von Hunderten namenloser Schiffe, die an der Meeresküste der Toten angespült wurden. Jetzt liegt es in dem kleinen Privatmuseum des Rangerpostens in Mowe Bay, eines der bewegendsten Relikte Afrikas, verstaubt in einer Wüstenhütte.

Später erklärte sich ein Freund von David Coulson bereit, uns zu einem Abschiedsblick über die Skelettküste zu fliegen, bevor ich am nächsten Tag wieder zurück nach England mußte. Wir kletterten in die viersitzige Cessna und flogen die Küste entlang zur Sandwich-Bucht, einer riesigen flachen Lagune aus Inseln, Sandbänken und Salzflächen, die von Pelikanschwärmen und Tausenden von Flamingos bevölkert wurde. Als unser Schatten über sie hinwegzog, ergriffen sie die Flucht und wirbelten in rosa Wolken über das blaue Wasser davon.

Wo die Brandung schaumig gegen die äußeren Ränder der Sandbänke schlug, schleppten sich ganze Kolonien von Südafrikanischen Pelzrobben aus dem Wasser und lagen in dichten, braunen Verbänden am Strand. Sie starrten auf die Schakale, die den Strand entlangliefen und darauf warteten, sich an den Kranken und Toten satt fressen zu können.

Weiter im Süden flogen wir über das Wrack der *Eagle*, einer Bark aus dem neunzehnten Jahrhundert, deren Spanten und Spiere aus dem Sand herausragten. Wir überflogen den Strand im Tiefflug, landeinwärts ragten die gelben Dünen hoch über uns auf, seewärts brachen sich die grünen Wellen unter unseren Rädern. Dann stiegen wir wieder auf, bis wir die endlose Leere der Küste sehen konnten, die bis zum Orange-Fluß irgendwo hinter dem Horizont reichte.

Als wir umkehrten, glühten die Gipfel der Dünen bereits im Abendlicht. Aus der Luft wirkten die Namib und ihre gigantische Dünenlandschaft so leblos wie der Mond. Dann aber sahen wir etwas, das unsere Herzen wieder froh stimmte: Aus dem Schatten galoppierte eine Gruppe Oryxantilopen heraus. Sie hielten ihre Hörner wie Lanzen, und von ihren Hufen stoben kleine Sandwolken auf, als sie den sanften Hang hinaufkletterten und dann in Richtung Sonnenuntergang davontrabten.

# Etosha

Wir fuhren nordwärts durch Hereroland, den ganzen Tag lang hatten sich in der glühenden Hitze riesige Gewitterwolken aufgetürmt. Hier war der Sommerregen reichlich gefallen, und den ganzen Weg von Windhoek kräuselte sich das hohe Gras am Straßenrand im Wind. Exotische afrikanische Schmetterlinge – kupferfarbene Monarchen und große, schwarzgelbe Schwalbenschwänze – flogen träge zwischen den reifenden Rispen hin und her. Nashornvögel kreisten über den Baumwipfeln, und die Luft, reingewaschen vom Regen, glitzerte diamantenhell über dem endlosen Buschmeer.

Bisher hatten wir trotz der Fülle von Leben, den Hühnerhabichten auf den Telegrafenmasten, der überwältigenden Menge cremeweißer Hibiskusblüten und üppiger Schlingpflanzen, noch keine Wildtiere gesehen. Aber vor uns lag Etosha, ein Nationalpark, der größer als die Schweiz ist. Etosha ist Elefantenland, das Land der Löwen und der Zebras, Heimat großer Antilopen- und Gazellenherden und die letzte Zuflucht für Spitzmaulnashörner. Lange bevor wir das Von-Lindequist-Tor am östlichen Zugang des Parks erreicht hatten, begann ich, den Busch um uns herum zu beobachten, in der Hoffnung, den Anblick eines behornten Kopfes erhaschen zu können.

Wir fuhren in den Park und erreichten das alte deutsche Fort in Namutoni gerade, als die Sonne hinter den hohen Makalani-Palmen unterging. Seit Mittag hatten sich die Gewitterwolken aufgetürmt; jetzt kamen sie langsam über die Ebene heran und führten dunkle Regensäulen mit sich. Die letzten Sonnenstrahlen brachten sie zum Glühen, während die Zebras aus dem Schatten des Waldlandes herauskamen und in der sich abkühlenden Luft dahintrabten.

Schnell verglühte das letzte Tageslicht und verschwand. Eine dünne Mondsichel ging über Namutonis Beau-Geste-Schutzwall auf, und innerhalb kürzester Zeit war es möglich, das viersternige Diadem des Kreuz des Südens an der weiten Kuppel des Nachthimmels auszumachen. Wieder völlig vom Zauber Afrikas gefangengenommen, konnte ich mir kaum vorstellen, daß ich erst an diesem Morgen aus Frankfurt abgeflogen war.

Eine Zwergohreule begann mit ihren hellen Rufen, und aus größerer Entfernung hörte man den schauerlichen Kampfschrei einer umherwandernden Hyäne. Irgendwo da draußen, hinter dem Trommelwirbel, den die Hufschläge der Zebras verursachten, lag die riesige Salzpfanne, das harte, weiße Herz der Etosha. Aber das würde noch bis morgen warten müssen.

Seit Jahren schon hatte ich nach Etosha reisen wollen, animiert durch die atemberaubenden Tierfilme von Des und Jen Bartlett und David Hughes.

Ich hatte bisher fast alle großen afrikanischen Parks gesehen, Etosha war das fehlende Teil im Puzzle.

Namibia war einige Jahre lang ein politischer Brennpunkt gewesen, als die SWAPO für die Befreiung ihres Landes von Südafrika kämpfte. Aber inzwischen hatten wir März 1991, und die Kämpfe waren vorüber. Namibia war seit über einem Jahr unabhängig, und Etosha war wieder voll im Geschäft.

Etosha – »der große, weiße Platz« – ist der Geist eines Sees, der vor zwölf Millionen Jahren gestorben ist; eine flache, lehmgesäumte Vertiefung, einhundertdreißig Kilometer lang und an ihrer breitesten Stelle zweiundsiebzig Kilometer breit, bedeckt mit Salzkristallen, die so stark strahlen, daß einem die Augen weh tun. Die meiste Zeit des Jahres ist sie so tot wie der Mars, eine gnadenlose Hölle, über die Staubwirbel hinwegfegen. Aber während der Regenfälle, wenn die Götter gnädig sind, erwacht Etosha wieder zum Leben. Für einige Wochen wird sie wieder ein See, ein zauberhafter Platz mit schimmernden Reflexen, gedrängt voll mit Zehntausenden von Flamingos, Schwärmen von Pelikanen und unzähligen Watvögeln.

Viel zu schnell verdunstet das salzige Wasser wieder in der heißen afrikanischen Luft; zurück bleibt eine frische Salzkruste, die in der unnachgiebigen Hitze aufbrechen wird. Wundersamerweise gibt es aber selbst auf dem Höhepunkt der Trockenzeit, verborgen in den umgebenden Ebenen und dem gelben Waldland, natürliche Brunnen und Wasserlöcher, die die Etosha zu einem der schönsten Schutzgebiete im südlichen Afrika machen.

Erst Mitte des neunzehnten Jahrhunderts schafften es die ersten europäischen Händlerpioniere, in die unberührte Welt der Etosha einzudringen, als sie für ihre Ochsenkarren Pfade nach Norden, in das

Ovamboland, anlegten. Aber schon 1907 war die deutsche Kolonialregierung so besorgt über das unkontrollierte Jagen, daß die Etosha Teil eines Schutzgebiets für Wildtiere wurde, das sich mitten durch das Kaokoland bis an die Skelettküste erstreckte. Es wurde einfach »Tierschutzgebiet Nr. 2« genannt und war mit über einhunderttausend Quadratkilometern das größte Wildtierreservat in Afrika.

Anfangs konnten die wilden Herden der Etosha kommen und gehen, wie es ihnen gefiel, und während der Regenzeit wanderten sie weit über die Grenzen des Schutzgebietes hinaus. Aber als Farmer und Rancher begannen, Zäune gegen die Wildtiere zu errichten, verschwanden die alten Freiheiten zwangsläufig.

1970 erlitt die Etosha einen schweren Schlag. Zu dieser Zeit war Namibia noch von Südafrika abhängig, das eine Kommission eingesetzt hatte, um Homelands für die Einheimischen im Norden zu gründen. Das Ergebnis dieses sehr umstrittenen »Odendaal-Plans« war, daß das gesamte Kaokoland seinen Status als Wildtierreservat verlor und die Etosha auf nur ein Viertel ihrer einstigen Fläche schrumpfte. Aber die zweiundzwanzigtausend Quadratkilometer Wildnis, die dieser Maßnahme entgingen, sind heute Nationalpark und immer noch eine der größten Wildtiergebiete in Afrika.

Am nächsten Morgen erwachte ich nicht durch den üblichen Chor der Tauben und Frankoline in der Morgendämmerung, sondern durch den blechernen Klang eines Horns. Die alte Festung hat sich zwar dem modernen Tourismus geöffnet, aber der Weckruf zu Sonnenaufgang wird immer noch vom Turm geblasen; eine Erinnerung an die Zeiten, als die schwarzweißrote Fahne des Deutschen Kaiserreiches noch über Namutoni wehte und sieben Mann der Schutztruppe einen Angriff von fünfhundert schwerbewaffneten Ovambo-Kriegern zurückgeschlagen hatten.

Die Luft war kühl, als wir losfuhren. Springböcke schnellten über das Gras davon, und die Kap-Turteltauben sangen in den Baumwipfeln. In Klein-Namutoni glitzerte ein tiefer See in einer Lichtung; er wurde von einer natürlichen Quelle gespeist, die aus dem umgebenden Kalksteingrat hervorsprudelte. Auf der gegenüberliegenden Seite lag ein Schakal mit halbgeschlossenen Augen und nahm ein Sonnenbad.

Aber Namutonis bekanntester Bewohner, ein prächtiges männliches Spitzmaulnashorn, genannt »der Ambassador«, war nicht zu Hause. Der Ambassador war mindestens dreißig Jahre alt und hatte wunderschöne Hörner. Wie die meisten der dreihundert Nashörner der Etosha hatten die Jahre der Wilderei ihn zu einem scheuen und nachtaktiven Tier gemacht, das sich tagsüber im dichten Buschwerk versteckte und nur nachts zum Trinken herauskam. Durch den Regen war er jetzt nicht mehr von den Wasserlöchern abhängig und hatte sich durch das pfadlose Waldland in den südlichen Teil des Parks davongemacht.

Die Lichtung war mit gelben Blumen übersät, wie eine englische Wiese mit Butterblumen, und ein Schwarm Grauer Turakos – langschwänzige Vögel mit gereizten Stimmen und Punkfrisuren – knabberte an den Blüten. Wir parkten den Landcruiser nur wenige Meter vom Ufer entfernt, und ich konnte aus dem Auto heraus eine Prozession von schwarzgesichtigen Impalas, einer der seltensten Antilopen Afrikas, beobachten, die zum Trinken herankam.

Vorsichtig schnupperten sie mit ihren typischen schwarzen Nüstern in der Luft. Vielleicht hatten sie unsere Witterung in der unbeständigen Brise wahrgenommen, denn ihre weißen Schwänze richteten sich alarmiert auf, und sie sprangen zwischen den Bäumen davon. Es war eine wunderbare Begegnung. Diese schwarzgesichtigen Impalas kommen nur im Norden Namibias vor, und in der Etosha gab es eine Population von etwa zweihundert Tieren, von denen ich eben mindestens sechzig Tiere gesehen hatte.

Am nächsten Tag fuhr ich um die Fisher's Pan herum, eine fast völlig von Land umgebene Salzbucht nördlich von Namutoni, am Rande der großen Etosha-Mulde. Es hatte hier sehr viel Regen gegeben, so daß Teile der Mulde noch überflutet und viele Tiere in die umliegenden Ebenen gelockt worden waren.

Im Morgenlicht kamen die Zebras aus dem Dornbusch, in dem sie die Nacht verbracht hatten, um in der offenen Ebene zu fressen. Giraffen standen zwischen den schönen Terminalia-Bäumen, deren reife Samenkapseln blutrot im schräg einfallenden Sonnenlicht leuchteten. Weit draußen in der Ebene konnte ich lange Reihen von Weißbartgnus erkennen, die im Gras wie lange, schwarze Perlenketten aussahen.

Meiner Meinung nach sind die Oryxantilopen die schönsten aller grasenden Tiere: kraftvolle Antilopen mit schnittigen, milchkaffeebraunen Körpern und Rapierhörnern, die sogar einen Löwen aufspießen können. Wenn Etosha ein Totem hat, dann sicherlich diese stolze Oryxantilope mit ihrem auffällig schwarzweißen Gesicht wie eine afrikanische Stammesmaske und ihrer außergewöhnlichen Fähigkeit, monatelang ohne Wasser auszukommen. In der Gegend von Namutoni gab es sie überall, sie zogen wie Ulanen den Horizont entlang oder stürmten in einem Sprühnebel durch flache Wasser.

Wie herrlich war es doch, an einem solchen schönen, goldenen Morgen wieder im Busch zu sein. In Afrika sind die ersten und die letzten Stunden des Tages immer die besten. Die klagenden Schreie der Lerchen und Pieper trieben im Wind, und eine Gepardenmutter mit einem einzelnen einjährigen Jungen trottete durch das Gras und kreuzte den Pfad vor mir, ohne sich viel umzusehen.

Am nächsten Tag, auf dem Weg zum Halali-Camp, begann die Landschaft sich zu verändern. Bald hatten wir das undurchdringliche Buschland, in dem die Nashörner sich im Dickicht versteckten, hinter uns gelassen. Beiderseits der staubigen, weißen Straße wuchs hohes Gras, das sich zwischen den Mopane-Lichtungen ausdehnte. Kleine Gruppen von Kuhantilopen standen unter den Bäumen, und die Luft war erfüllt vom Gesang der Vögel, was dieses träge Waldland wie einen englischen Park erscheinen ließ.

Halali ist ein großes Camp mit einem Restaurant und einem Swimmingpool mitten im Mopane-Land, wenige Kilometer unterhalb der südlichen Grenze der großen Etosha-Mulde. Es war 1967 am Fuße des Tsumases Kopje erbaut worden, einem der wenigen Hügel, die die Flachheit der östlichen Parkhälfte unterbrechen. Sein Name »Halali« rührt tatsächlich von dem Hornsignal her, das das Ende einer Jagd anzeigt.

Ich verließ Halali früh am nächsten Morgen und fuhr nordwärts durch die Ebenen, bis ich das Wasserloch in Salvadora am äußersten Ende der Mulde erreichte. Hier war keine Menschenseele, und es waren auch keine Tiere zu sehen. Abgesehen von einer Schwarzbürstel-Trappe, die mit lauten Rufen in die Luft aufstieg, gab es kein Anzeichen für Leben. Ich guckte durch mein Fernglas landeinwärts und

suchte die Ebene nach der sphinxartigen Silhouette eines rastenden Geparden ab, aber ich sah nur die flüchtigen Schatten eines Löffelfuchses, der durch die Dämmerung lief.

Vor mir lag die Mulde: eine Ödnis aus Sand und Salzkristallen, die bis an den Rand der Welt reichte und über der die Sonne jetzt wie eine zitternde rote Blase aufging. Ein Stunde später würde die Mulde glutheiß sein, eine blindmachende Ödnis mit grausamen Luftspiegelungen. Lange vor der Mittagszeit würde die Luft wie geschmolzen sein und kräuselnd über den Horizont rinnen, wodurch die schwindenden Ufer sich in schwimmende Inseln, schwankende Bergspitzen und Reihen von körperlosen Straußen verwandelten, die über schimmernde Seen tanzten. Die schmerzhafte Leere und die bedrohlichen Entfernungen machen die Etosha zu einem angsteinflößenden Ort. Aber in der ersten kühlen Stunde der Morgendämmerung und wieder in der goldenen Stunde vor der Abenddämmerung verwandelt sich die Etosha-Mulde in einen Ort klarer und fast unerträglicher Schönheit.

»Die Etosha hat etwas Besonderes an sich«, sagte Raymond Dujardin, der Oberste Ranger in Halali. »Es hat etwas mit der Wildheit und der Trockenheit zu tun, die die Tiere zusammentreibt, aber hauptsächlich ist es das Vorhandensein der Mulde.«

Dujardin war ein rauher, grauhaariger, kettenrauchender Belgier, der früher Elefanten im Kongo gejagt hatte. Jetzt war er ein leidenschaftlicher Naturschützer und hatte die letzten neun Jahre damit verbracht, die Tiere in der Etosha zu schützen.

An einem Nachmittag führte er mich einen verschlungenen Pfad hinunter zu seinem liebsten Wasserloch. Es lag tief in der Mopane, mitten in einer wilden Wiese, die bisher nur wenige Touristen gefunden hatten. Als wir ankamen, beobachteten uns zwei Giraffen vom Waldrand aus. Zebrahengste kämpften spielerisch, rollten sich im Gras und wirbelten Staubwolken auf. Ein Lappengeier saß in einem Baum und wartete darauf, daß irgend etwas verenden würde.

Plötzlich sahen die Zebras auf, und wir drehten uns ebenfalls um – ein riesiger Elefantenbulle kam zwischen den Bäumen hervor, um zu trinken. Er ging schwankend, die großen Ohren weit abgespreizt und den Rüssel im Rhythmus seines Ganges schwingend. Er trank langsam. Ein großer Elefant braucht sehr viel Wasser – über einhundert Liter pro Tag –, und ich konnte es in seinem Bauch rumpeln hören, als er das Wasser mit dem Rüssel aufsog und dann in großen Mengen in seinen Rachen spritzte.

Das Sonnenlicht glänzte auf seinen kaputten gelben Stoßzähnen. »Das ist ein Alter«, flüsterte Dujardin. »Schau nur, wie die Haut in den Höhlen seines Schädels eingefallen ist.« Er hatte recht. Dieser großartige Veteran mußte mindestens fünfzig Jahre alt sein, und ich fand es ergreifend, mir vorzustellen, daß er bereits seit Anfang des Zweiten Weltkrieges durch Namibia zog, ein lebendes Mahnmal, im Frieden mit seiner Welt.

Die Sonne ging hinter den Bäumen unter. Flughühner schwebten herbei und erleuchteten den Rand des Wasserlochs. Der Elefant hatte seinen Durst gestillt, drehte sich um und ging so lautlos fort, wie er gekommen war, ein grauer Geist, der im Wald verschwand. Wir blieben noch, fasziniert von der Schönheit des Ortes und des Augenblicks.

Es gab keinen Zweifel: Etosha war eine prächtige Wildnis. Und trotzdem nagte eine gewisse Unzufriedenheit an meiner Freude über die riesigen Herden und die grenzenlosen Ebenen. Ich hatte Tiere in Hülle und Fülle gesehen: Elefanten und Oryxantilopen und schwarzgesichtige Impalas – aber wo waren die Löwen? Es sollte dreihundert Exemplare in diesem Park geben, aber bisher hatte ich sie nur einmal nachts in Namutoni brüllen gehört.

Ich hätte mir keine Sorgen zu machen brauchen. Dujardin und ich fuhren schließlich zurück – und wir waren noch keine hundert Meter vom Wasserloch entfernt, als wir sechs dunkle Schatten sahen, die sich durch das Gras in unsere Richtung bewegten.

Zwei Löwinnen mit vier großen, fast ausgewachsenen Jungen kamen auf uns zu, ihr Fell hellgrau in der dunkler werdenden Dämmerung. Unsere Gegenwart interessierte sie überhaupt nicht, und sie liefen an beiden Seiten an uns vorbei und schwärmten auf der Wiese aus. Wir stellten den Motor ab und hörten in etwa anderthalb Kilometern Entfernung einen anderen Löwen, dessen Gebrüll in ein tiefes, hustendes Grunzen überging. Ich fragte mich, ob dies das Rudelmännchen war, das seine Gefährten rief.

Später würden sie bestimmt einen Hinterhalt für ein Zebra legen, aber es war jetzt schon zu dunkel, um etwas zu sehen. Fledermäuse flatterten durch unser Scheinwerferlicht, als wir zurück nach Halali fuhren und die Nacht den Rudeln der Etosha überließen.

# Die wunderbare Oase

Erstes Licht im Delta, Dunst steigt über dem Schilf auf, und der lauter werdende Chor der Kap-Turteltauben ermahnt die Welt: »Arbeitet härter, arbeitet härter.« Später würde der Tag sehr heiß werden, und die Impala-Herden, die am Rande der Schwemmebene tranken, würden durch das gelbe Gras zurück in den Schatten marschieren, aber diese strahlenden Okavango-Morgen im Juli waren immer kalt.

Mit unserem Bootsmann Mighty waren wir vom Pom-Pom-Safaricamp aufgebrochen, um einen über vier Meter langen Python zu beobachten, der auf einer einige Kilometer entfernten Insel Zuflucht gesucht hatte. Vor drei Wochen hatte der Python eine rote Lechwe-Antilope geschluckt und sich seitdem nicht mehr von der Insel entfernt. Er lag dort aufgerollt mit einer Wölbung in seiner Mitte und versuchte, dieses überdimensionale Mahl zu verdauen.

Mighty stakte uns in einem *mokoro*, dem traditionellen, aus dem Stamm eines Leberwurstbaumes geschnitzten Okavango-Kanu, über die Pom-Pom-Lagune. In der Flußmitte lagen Flußpferde und füllten die Luft mit lauten, glucksenden Geräuschen. Sie ruhten sich aus, nur der obere Teil ihres Kopfes guckte aus dem Wasser hervor. Sie schnauften und starrten uns mit ihren Schweinsäuglein an; Mighty achtete darauf, daß wir ihnen nicht zu nahe kamen – Flußpferde sind in Afrika für mehr Tote verantwortlich als jedes andere Tier.

Nachdem wir die Flußpferde passiert hatten, entspannten wir uns und genossen die Vögel: riesige Eisvögel mit kastanienbraunen Bäuchen und gepunkteten Flügeln, Reiher und Zwerggänse, einen Sattelstorch, der im flachen Wasser nach Fröschen stocherte, und einen afrikanischen Fischadler, dessen unbändiger, bellender Schrei uns über das Wasser verfolgte.

Leise glitten wir durch schmale Schilf-Canyons und ganze Felder mauvefarbener Seerosen auf dem Weg zu der Insel, deren Feigenbäume und stolze Hyphaene-Palmen in der Schwemmebene standen.

Als wir näher kamen, wurde das Wasser flacher – es war an einigen Stellen kaum noch dreißig Zentimeter tief und fast unsichtbar in dem überschwemmten Gras, das überall um uns herum war, wie grüner Dunst. Wäre nicht das gurgelnde Geräusch unter unserem Bug gewesen, wir hätten auch eine Wiese durchqueren können.

In dieser wilden Schwemmebene überraschten wir eine ganze Herde von Lechwe-Antilopen, die aufgeschreckt davonjagten und wie Delphine durch die tieferen Kanäle sprangen und dann platschend zwischen den Bäumen verschwanden. Als wir schließlich den Platz erreichten, an dem der Python gelegen hatte, war nur noch niedergetrampeltes Gras und ein Stück Rückgrat mit angetrocknetem Blut zu sehen. Es war klar, daß hier ein gewaltiger

Kampf stattgefunden haben mußte. Mighty wußte, was passiert war: »Dieser Python ist von einem sehr großen Krokodil gefressen worden«, sagte er feierlich.

Die Reise in einem *mokoro* ist mit Abstand der beste Weg, diese trägen afrikanischen Everglades kennenzulernen. Aber nur wenn man das Delta in einem fünfsitzigen Buschflugzeug überfliegt, kann man seine Größe und sein gesamtes Ausmaß begreifen.

In Maun, einer staubigen Ortschaft aus Blechhütten am Thamalakane-Fluß, von der aus alle Delta-Safaris starten, traf ich Tim Liversedge, früher Wildhüter in Botswana, außerdem Wildlife-Filmer und ein erfahrener Buschpilot. Ich hatte Tim in London kennengelernt, wo ich mit ihm an dem Text für seinen wunderschönen Film *March of the Flame Bird* gearbeitet hatte, der die Flamingos der Makgadikgadi-Mulde zeigt. Jetzt war er gerade dabei, einen der seltensten Vögel in Afrika zu filmen, die Pels-Fischereule, die in der Abenddämmerung wie ein orangefarbener Nachtfalter hervorkommt und zwischen den entlegenen Ebenholzhainen im sumpfigen Herzland des Okavango dahinschwirrt. Er hatte sich freundlicherweise bereit erklärt, sein Eulenprojekt kurz zu unterbrechen und mir das Delta von oben zu zeigen.

Wir starteten in Tims kleiner Maschine von Maun aus, einem winzigen internationalen Flughafen, der nur das Ausmaß von etwa zwei Zimmern hat. Dann flogen wir in Richtung Norden und hüpften von einer warmen Luftschicht zur nächsten über die unendliche, flache Weite Botswanas. Erst sah der Boden unter uns wie ein altes, in der Sonne vertrocknendes Löwenfell aus, an einigen Stellen kahl, mit gelbem Gras bewachsen und durch Wild-

pfade zerfurcht. Aber bald kündigte das Glitzern von Wasser den Anfang des Deltas an.

Einhundertachtzig Meter unter uns glitt der Schatten des Flugzeuges über eine unendliche Menge von Papyrusfeldern, tote Flußarmlagunen und glänzende Kanäle; eine wunderbare Oase, die sich über mehr als fünfundzwanzigtausend Quadratkilometer durch den Sand der nördlichen Kalahari ausdehnt.

Das Flugzeug summte weiter. Vor uns kreisten Pelikane in Spiralen über den Baumwipfeln, und wir flogen eine Kurve, um ihnen auszuweichen. Scheue Sitatunga starrten von ihren feuchten Lagern im Papyrus zu uns herauf. Herden von Lechwe-Antilopen planschten von Insel zu Insel, und Zebras zogen durch das flache Wasser. Sie folgten den Überschwemmungen auf der Suche nach frischem Gras.

Die Überschwemmungen kamen jedes Jahr. Sie wurden durch die Sommerregen im angolanischen Hochland, eintausendfünfhundert Kilometer westlich von hier, ausgelöst, wo der Okavango entspringt. Paradoxerweise kommen sie mitten in der Trockenzeit hier an, in den Wintermonaten Juli und August – aber der Okavango ist schon immer ein Rätsel gewesen. Bei den meisten Flüssen kann man den Verlauf vorhersagen: Sie folgen dem einfachsten Weg zum Meer. Aber der Okavango wendet sich vom Atlantik ab, der nur zweihundertsiebzig Kilometer von seiner Quelle entfernt ist, und verläuft in die entgegengesetzte Richtung bis zum Pazifik, der fast dreitausend Kilometer entfernt ist.

Der Okavango ist der drittgrößte Fluß im südlichen Afrika; anfangs sind seine Ufer fast einhundert Meter voneinander entfernt, und er fließt schnell. Aber in Botswana nimmt die Wassermenge ab. Vergeblich fächert sich der Fluß im Papyrus auf und sucht einen Weg durch die Wüste zum Meer. Die

Rinnsale versickern im Sand oder verdunsten in der heißen afrikanischen Sonne.

Manchmal wird nur das nördliche Delta überflutet, manchmal nur das südliche. Es hängt alles von den Erdbeben ab, die tief unter dem Sand der Kalahari stattfinden. Das Land ist so flach, daß der kleinste Erdstoß den Delta-Boden aufwerfen und das empfindliche Gleichgewicht erschüttern kann. Was letztes Jahr noch Staub war, kann dieses Jahr schon Wasser sein, Schilf-Marsch im nächsten und dann wieder Staub.

Diese Verlagerungen kann man auch am Vegetationsmuster nachvollziehen. Immer wenn der Sumpf sich ausdehnt, siedelt sich sofort der schnell wachsende Papyrus an und erobert neue Bereiche der *melapo* (Schwemmebene). Die hohen Stämme der langsam wachsenden Hyphaene-Palmen brauchen länger, um sich anzusiedeln, und sind somit ein Hinweis auf ältere Überflutungen.

Wenn die Fluten kommen, unterteilen sie das Delta in Millionen von Inseln. Viele sind tatsächlich nicht mehr als Ameisenhaufen oder alte Termitenhügel, klein genug, um vom Schatten einer einzelnen Palme geschützt zu werden. Andere wie beispielsweise Chief's Island (benannt nach Chief Moremi des Batawana-Volkes, der das Moremi-Wildlife-Reservat gegründet hat) sind größer als New York und bieten vielen Tieren eine Heimat: Leoparden und Löwen, großen Elefantenherden und donnernden Büffelherden.

Shinde Island ist so tief im Papyrus eingebettet, daß man von Xugana aus fünfundvierzig Minuten braucht, um es zu erreichen. Es ist ein perfekter Mikrokosmos des Okavango, eine sich selbst erhaltende, verborgene Miniaturwelt, mit eigenen Ebenen, Sümpfen und Akaziengehölzen. Das Camp auf Shinde wird genauso wie das auf Pom-Pom von Ker

and Downey geführt, einem Ableger der in Nairobi ansässigen Safari-Firma, die auch in Maun Niederlassungen hat. Wie alle ihre Camps ist es klein, aber luxuriös. Es gibt nur sieben Zelte mit Doppelbetten, einen Speisesaal unter freiem Himmel und eine Gruppe Stühle am Lagerfeuer unter einem großen Ebenholzbaum.

Ich war zusammen mit dem Fotografen David Coulson nach Shinde gekommen, der mich auf meiner Reise durch Namibia begleitet hatte. David war ein alter Freund aus Kenia, wo wir schon zusammen gereist waren, aber wir waren noch nie auf Safari in Botswana gewesen. Er ist ein blonder, hochgewachsener Engländer (in Nairobi ist er als *Bwana Mrefu* – »Herr Lang« – bekannt), geboren in Paris als Sohn eines britischen Diplomaten. Nachdem er seine Ausbildung in England beendet hatte, begann er eine Karriere in der Management-Beratung, aber 1980 schmiß er alles hin und folgte seinem Glücksstern nach Afrika, wo er seitdem lebt und die Tierwelt und die Wildnis durch die Linse seiner Kamera beobachtet.

In Shinde brachen wir morgens früh auf, um Shaka Zulu zu suchen, den prächtigen, zwölf Jahre alten, schwarzmähnigen Löwen ohne Schwanzquaste, dessen hier ansässiges Rudel aus acht Löwinnen gerade zwei Würfe zur Welt gebracht hatte. Wir hörten ihn bei Sonnenaufgang brüllen und fanden auch bald die Abdrücke seiner großen Pfoten, die uns auf einen staubigen Pfad nur anderthalb Kilometer vom Camp entfernt führten.

Die Luft war frisch, sauber und trocken, angefüllt mit dem afrikanischen Duft nach Heuwiesen. Die flachen Lichtstrahlen fielen über die Ebene und zeigten die scharfe Silhouette eines Giraffen-Trios, das am Horizont entlanglief. Wenige Augenblicke später trafen wir auf eine Lechwe-Antilope, die nervös in das hohe Gras starrte. Und da war Shaka, weniger als zwanzig Meter entfernt; ein leiser, gelbbrauner Schatten, der auf seinen dicken, weichen Pfoten durch die Morgendämmerung tappte.

Er schnupperte beim Laufen in der Luft und steuerte genau in Richtung eines Ameisenhügels. Dann sprang er plötzlich darauf zu und begann wie wild zu graben; große Erdklumpen flogen durch seine Hinterbeine hindurch, wie bei einem Hund, der nach einem Knochen sucht. Ein Warzenschwein hatte seinen Bau an der Seite des Ameisenhügels angelegt, und Shaka versuchte, es auszugraben. Eine halbe Stunde lang grub und buddelte er; seine kräftigen Schultern zogen sich vor Anstrengung zusammen, wenn er versuchte, das verängstigte Schwein zu erreichen. Ab und zu machte er eine Pause, kam aus dem Loch heraus und starrte uns mit seinen gelben Augen an. Dann schüttelte er den Staub aus seiner zerzausten Mähne und fing wieder an zu graben. Aber der Bau war zu tief, und schließlich zog er ab in den Schatten.

In Machaba, einem weiteren Delta-Camp von Ker & Downey, das am Rande des Flusses Khwai lag, gab es noch mehr Löwen. Der Khwai fließt in einer Reihe von Seerosenteichen und Flußpferdtümpeln durch dichtes Schilf und hohes, gelbes Gras. Das Camp hat seinen Namen von den Machaba-Bäumen, Ahornfeigen, deren gesprenkelte Stämme und großzügiger Schatten die Zelte vor der Tageshitze schützen. Es ist ein wunderschöner Platz, um Elefanten und Kudu zu beobachten, die aus dem Wald zum Trinken kommen, und es besteht eine gute Chance, einen Löwen zu Gesicht zu bekommen.

In Machaba fanden wir, schon Minuten nachdem wir das Camp verlassen hatten, frische Löwenspuren. Es gab zwei verschiedene Abdrücke – von einem Löwen und einer Löwin, sagte Willie Senkora, unser Führer und Fahrer aus Botswana. Willie war früher Kellner gewesen, hatte aber immer davon geträumt, Safari-Führer zu werden. Jetzt ist er, gekleidet in einen dschungelgrünen Tarnanzug, ein Experte im Lesen von Fährten und im Aufspüren von Tieren.

Und natürlich holten wir die Löwen schon bald ein; sie überquerten gerade eine Ebene mit ausgeblichenem, gelbem Gras. Wir näherten uns langsam, hielten aber einen respektvollen Abstand. Und trotzdem drehte sich der Löwe ohne ersichtlichen Grund um und entblößte seine Eckzähne. Dann fing sein Schwanz an gereizt hin- und herzuschlagen, und das ist immer ein schlechtes Zeichen.

Als er in großen Galoppsprüngen auf uns zurannte, war Willie schon bereit. Er startete den Motor, und unser offener Toyota-Geländewagen entfernte sich schnell von der angreifenden Katze. Ich war sehr erleichtert, aber David Coulson, der mit seiner schußbereiten Kamera hinten aus dem Wagen heraushing, war nicht zufrieden. »Können wir nicht kurz für ein weiteres Bild anhalten?« bat er.

»Wißt ihr, in meiner ganzen Zeit hier im Busch war dies das allererste Mal, daß ich von einem Löwen angegriffen worden bin«, sagte Willie hinterher.

»Ich auch, Willie«, sagte ich zu ihm.

Es war ein außerordentliches Erlebnis. Es zeigt sowohl die Unberechenbarkeit von Wildtieren als auch die Notwendigkeit, die »Großen Fünf« – Löwen, Leoparden, Elefanten, Büffel und Spitzmaulnashörner – mit größtem Respekt zu behandeln. An Willies Fahrverhalten gab es nichts auszusetzen. Er hatte für die Sicherheit seiner Kunden gesorgt und sich außerdem bemüht, die Löwen nicht durch zu nahes Heranfahren zu stören. Und trotzdem hatte der Löwe sich zu einem Angriff provozieren lassen.

Wie bei dem Angriff des Leoparden auf meinen Wagen im Luangwa-Tal war auch diese Attacke so schnell erfolgt, daß keine Zeit zum Angsthaben geblieben war. Von einem wütenden Elefanten verfolgt zu werden war erheblich furchterregender, und am nahesten dran, getötet zu werden, war ich wohl, als ich einmal zu Fuß unterwegs war und von einem Flußpferd in der Massai Mara gejagt wurde. Aber diese Momente höchster Dramatik plagten vor allem mein Gewissen. Die ideale Art und Weise, Tiere zu beobachten, ist meiner Meinung nach als unsichtbarer Beobachter, um sowenig wie nur irgend möglich in ihre Welt einzudringen. Nur so läßt sich natürliches Verhalten beobachten.

Glücklicherweise war unser Zusammentreffen mit den Löwen das einzige Ereignis dieser Art in dieser sonst so trägen Welt. Wenn ich an Machaba denke, erinnere ich mich vor allem an die schläfrige Wärme und das köstliche Gefühl verträumter Ruhe. Nach dem Mittagessen lag ich bis zur Aufforderung zum Nachmittagstee in meinem Zelt, eingelullt von den hypnotischen Rufen der Bartvögel und Nashornvögel und den Waldtauben mit ihren traurigen Stimmen. Nach dem Tee fuhren wir dann noch einmal los, bis Sonnenuntergang.

Nachts raschelten die trockenen Samenkapseln der Regenbäume beruhigend im Wind. Der Mond ging auf. Glockenfrösche »läuteten« in der Dunkelheit, und die trockenen Mopane-Scheite glühten rot im offenen Herd. Das Kreuz des Südens und das Sternbild des Zentauren glitzerten über uns wie Diademe, und Lupus, das Sternbild des Wolfes, jagte in einem Sternenwald.

Manchmal erwachte ich in den frühen Morgenstunden, wenn die Frösche ruhig waren, und konnte hören, wie Elefanten hinter der Küche des Camps die Samenkapseln der Akazien herunterschüttelten.

Einmal erklang sogar das tiefe Knurren eines Löwen von der anderen Seite des Flusses herüber und verebbte langsam.

Jeden Morgen stand ich vor Sonnenaufgang auf und wurde von den Rufen der Frankoline und dem süßen Gesang einer Heuglins-Drossel begrüßt. Trotz der Kälte und der frühen Stunde konnte ich es kaum erwarten, wieder draußen im Busch zu sein. Die Luft roch nach Staub, Gras und Tieren, durchzogen von dem würzigen Duft des Kampferbusches, und unter unseren Rädern zerdrückten wir wilden afrikanischen Salbei.

Wenn man an einem solchen Morgen den immensen Horizont, die unendlichen Weiten mit wogendem Gras und die blauen Wände von weit entfernten Wäldern erblickte, war es unmöglich, nicht zutiefst von der Weite und dem Gefühl von Freiheit berührt zu sein. Man entdeckt Afrikas verlorenes Zeitalter der Unberührtheit wieder, teilt die Welt der Löwen und Antilopen und fühlt den eigenen Geist vorwärts über die Ebenen drängen wie die Taubenschwärme, die auf ihrem Weg zum Wasser vorbeischnellen.

Jeder Ausflug barg neue Überraschungen. An einem Tag war es der Anblick eines majestätischen Kudu-Bullen mit seinen kalkfarben gestreiften Flanken und Spiralhörnern, der zu einem Wasserloch schritt. Am nächsten Tag war es eine Familie von Kaffernhornraben, unbeholfene Vögel von der Größe eines Truthahns mit scharlachroten Kehllappen und schwarzem Gefieder, die langsam wie ein Trauerzug durch das Gras marschierten. Beim Laufen stießen sie mit ihren düsteren, dumpfen Stimmen Rufe aus, die man kilometerweit im Busch hören konnte und mit denen sie die Herrschaft über ihr Revier deutlich machten.

Aber die Elefanten hinterlassen den größten Eindruck. Schon ihre bloße Größe verlangt Respekt, und die Elefanten in Botswana sind sowohl größer als auch zahlreicher als anderswo. Die Bullen tragen Stoßzähne aus dickem, schwerem Elfenbein, wie man es seit dem Elefantenschlachten in den 80er Jahren nirgendwo sonst in Ostafrika mehr finden kann.

Einer der besten Plätze, um Elefanten zu beobachten, ist Moremi, ein Wildtierreservat, das über sechzehntausend Quadratkilometer des Deltas zwischen den Flüssen Khwai und Boro einnimmt. Es erstreckt sich tief in die Sümpfe des Chobe-Nationalparks bis Chief's Island und ist das erste Schutzgebiet für Großwild im südlichen Afrika, das von einem afrikanischen Stamm auf seinem eigenen Land geschaffen wurde. Heute ist es nicht nur wegen der Elefanten, sondern auch als Zuflucht für zwei der am meisten gefährdeten Säugetiere Afrikas bekannt: der Pferdeantilopen und der Hyänenhunde. Pferdeantilopen kann man jetzt wieder ständig in der Schwemmebene des Khwai sehen, und die Hyänenhunde-Rudel in Moremi machen heute ungefähr dreißig Prozent der gesamten afrikanischen Population aus.

Die Elefanten lieben das Waldland von Moremi. Selbst wenn man sie nicht sieht, weiß man, daß sie da sind und die Mopane-Bäume mit lautem Krachen niederreißen. Ihre Gegenwart ist überall zu spüren. Ihr Geruch hängt in der Luft, ihre riesigen Fußabdrücke zeichnen sich im Staub ab, und manchmal unterbricht ihr schrilles Trompeten aus den Tiefen des Waldes die Stille.

Mitten in diesem riesigen Königreich der Elefanten liegt Abu's Camp auf Pom-Pom Island, das Sprungbrett für die ultimative Safari. Abu ist ein afrikanischer Elefantenbulle, ein prächtiges, gut drei Meter

großes, dreißigjähriges Tier. Fünf unvergeßliche Tage lang ritt ich auf seinem breiten Rücken und ließ mich durch die überflutete Schwemmebene auf einem langsamen Marsch durch das Paradies tragen.

Fast jeder glaubt, daß afrikanische Elefanten im Gegensatz zu ihren asiatischen Vettern heimtückisch, unberechenbar und nicht abzurichten sind. Aber Randall Jay Moore, ein amerikanischer Biologe und Tiertrainer, hat dieses allgemein akzeptierte Vorurteil widerlegt und bietet in Botswana Safaris auf dem Rücken von Elefanten an.

Seine drei erwachsenen Elefanten, Abu, Benny und Cathy, waren aus Zirkussen und Zoos nach Afrika zurückgekehrt, von wo aus sie einmal als Waisen verschickt worden waren. Jetzt haben sie ihrerseits sieben junge Elefanten adoptiert, die das Töten überschüssiger Tierbestände, *culling* genannt, im Krüger-Nationalpark überlebt hatten.

Abu ist Randalls ganzer Stolz; er reagiert auf siebzig Kommandos und hat in verschiedenen Filmen mitgewirkt, zum Beispiel in *Weißer Jäger, schwarzes Herz* mit Clint Eastwood; als Reitelefant ist Abu unübertroffen.

Wenn er geräuschlos durch die Mopane-Wälder trabt oder bis zum Bauch im Wasser durch seerosenbestandene Lagunen planscht, ist Abu in seinem Element. Ein perfektes, sechs Tonnen schweres Allzwecktransportmittel mit eindrucksvollen Kräften, umweltfreundlich und – abgesehen von gelegentlichem lautem Rumpeln am hinteren Ende – völlig abgasfrei.

Ich fand schnell heraus, daß der gepolsterte *howdah* nicht nur ebenso komfortabel wie ein Sessel, sondern auch der ideale Aussichtspunkt für den Blick über das Okavango-Delta ist. Wenn man mit dem *mokoro* unterwegs ist, wird man häufig von hohen Schilfwänden eingeschlossen, aber vom

Rücken eines Elefanten aus, drei Meter über dem Boden, kann mal alles sehen.

Jeden Morgen ging ich zu den Elefanten hinter dem Camp. Auf das Kommando »*Stretch down*« gingen Abu, Benny und Cathy in die Knie und ließen uns aufsteigen. Dann rief Randall: »*Come, babies, come*«, und unsere Reise durch das Schilf begann; die sieben kleinen Elefanten folgten immer in unserem Kielwasser, Rüssel an Schwanz.

Für die Elefanten waren unsere täglichen Ausritte ein einziges langes Festessen, eine stete Prozession von einem Mundvoll saftiger Palmenwedel oder Mopane-Blätter zum nächsten. Ich war bereits zwanzig Jahre lang durch Afrika gereist, aber dies war das größte Abenteuer.

Wir unternahmen eine echte Reise in die Wildnis. Wir konnten gehen, wohin wir wollten, gänzlich unabhängig von irgendwelchen Straßen; wir konnten in kühlen Hainen aus Mopane- und Ebenholzbäumen umherwandern, einem Flußpferdpfad durch silberquastiges Schilf folgen, das sogar noch höher aufragte als wir, und das alles mit einer beständigen Geschwindigkeit von knapp fünf Kilometern pro Stunde. Und es gab immer Tiere zu beobachten: einen Leoparden in einem Bleibaum, drei alte Büffelbullen mit riesigen Hörnern, Herden von Lechwe-Antilopen, die durch das Flachwasser spritzend davonsprangen.

An einem zauberhaften Morgen liefen wir direkt in ein Rudel von vierzehn Hyänenhunden, die sich am Wasserrand ausruhten. Zuerst waren sie etwas überrascht, aber dann schienen sie sich nicht gestört zu fühlen. Obwohl das Alpha-Weibchen hochschwanger war, erlaubte sie uns, mehr als eine Stunde lang mit ihnen zusammen in der Nähe der Höhle zu bleiben, in der die Welpen bald geboren werden würden.

Eines Tages schloß ich mich Randall an und ging mit ihm zu Fuß zwischen den Elefanten. Eingeschlossen in einem Wald aus Säulenbeinen, schwingenden Rüsseln und riesigen, wedelnden Ohren, lauschte ich ihrem zufriedenen Grummeln und fragte mich, was für ein Gefühl es wohl ist, ein Elefant zu sein, Teil einer Familie, die ebenso eng zusammengehört wie eine menschliche.

Bei Sonnenuntergang zurück im Camp, wurde erst einmal eine heiße Dusche genommen, während die ersten Schilffrösche zu quaken begannen. Dann zauberte Lothar Swoboda, der beste Koch im ganzen Delta, ein tolles Menü aus frisch gefangenen Brassen und Botswana-Rind, gefolgt von einem Kaffee am Lagerfeuer.

Lothar hatte eine Freundin, einen mondänen Rotschopf namens Valentina, die ich eines Morgens kennenlernte. Sanft knabberte sie an meinem Ohr, während ich mich vor meinem Zelt rasierte. Valentina war eine zahme Fischereule, ein wunderhübsches Geschöpf mit vollen orangefarbenen Federn, das am St.-Valentins-Tag geschlüpft war. Fischereulen sind seltene Vögel, und das Okavango-Delta ist ihr wichtigstes Verbreitungsgebiet.

An meinem letzten Morgen im Camp erlebte ich eine beeindruckende Demonstration der verschiedenen Kunststücke (keine Tricks, wie Randall betonte), die die Elefanten für ihre Filmrollen gelernt hatten. Auf ein bestimmtes Kommando hob ich die Kamera, um einen heißblütigen Angriff von Abu zu sehen. Ich beobachtete Abu durch die Linse meiner Kamera, ein riesiger und furchterregender Schatten, der mit voller Geschwindigkeit auf mich zukam. Als er wenige Meter entfernt von mir in einer Staubwolke zum Stehen kam, fielen mir die Worte von Iain Douglas-Hamilton über einen Elefantenangriff wieder ein: »Es soll imponierend sein; die Elefanten haben Millionen von Jahren an der Perfektionierung gearbeitet!«

Noch lange, nachdem ich Abu's Camp verlassen hatte und zum Chobe-Nationalpark geflogen war, hatte ich die schönen Erlebnisse dieser fünf Tage in meinem Kopf – wie ein Endlos-Video. Ich erinnerte mich an die Geräusche der Tauben in den Bäumen hinter meinem Zelt, den Geruch von wildem, niedergetretenem Salbei und den Anblick der Brassen, die bei Sonnenuntergang an die Oberfläche der klaren Lagunen kamen. Ich dachte an Randall mit seiner nie endenden Zigarre, seinem Gewehr, seinem Pferdeschwanz und seinem trockenen Humor. Ich dachte an die grenzenlose Fröhlichkeit von David, meinem *mahout*, und an Valentina, die an meinem Ohr geknabbert hatte; aber am häufigsten dachte ich an die Elefanten: Abu, Benny, Cathy und die Kleinen. Schon vermißte ich sie stärker, als ich es beschreiben konnte.

Auf dem Weg nach Kasane gab es noch mehr Elefanten entlang des Flusses Chobe, aber dies waren Wildtiere. Kurz bevor wir landeten, konnte ich sie noch sehen, sie ragten wie glatte, dunkle Felsbrocken aus der Schwemmebene. Andere kamen aus dem herbstfarbenen Waldland heraus, um zu trinken und sich zu wälzen. Als wir eine Schleife für den Landeanflug flogen, sah ich immer mehr Elefanten in goldenen Staubwolken zwischen den Bäumen hervorkommen.

Chobe ist klassisches Elefantenland. Es gibt viele Bäume, reichlich Wasser, anscheinend unbegrenzten Raum und, abgesehen von den Touristen in den Toyota-Geländewagen, keine Menschen. Es ist der schönste Nationalpark in Botswana: zehntausend Quadratkilometer ursprüngliche Wildnis – unermeßliches Waldland aus Mopane, Teak und Knoten-Akazien –, die südlich vom Fluß Chobe das hohe Grasland der Mababe-Senke umfaßt, wo die großen Löwenrudel umherziehen, und westlich den großen Linyanti-Sumpf mit seinen verschlafenen Flußpferden und den scheuen Sitatunga-Antilopen einschließt.

Im Oktober in der Trockenzeit findet man an den Ufern des Chobe die dichteste Konzentration von Elefanten auf der ganzen Welt: bis zu fünf Dickhäuter pro Quadratkilometer Parkland. Aber sobald im November die ersten Regentropfen fallen und die Mulden und Wasserlöcher im Inneren des Parks sich füllen, verschwinden sie wieder in den grenzenlosen Wäldern – bis die Trockenzeit im Mai wiederkommt.

Es gibt in Chobe eine Lodge namens Chobe Chilwero, die einen perfekten Einstieg in das Leben im Busch von Botswana bietet. Ihr Name bedeutet »der dankbare Blick«, und von der Terrasse aus hat man einen Ausblick über den glitzernden Fluß und kann Fischadler über der Schwemmebene und dem Caprivi-Streifen dahinter kreisen sehen.

Von Chobe Chilwero aus führen breite Straßen aus weichem Kalahari-Sand in das Parkinnere. Man kommt an der luxuriösen Chobe-Lodge vorbei, wo einst Elizabeth Taylor und Richard Burton ihre Flitterwochen verbrachten. Kaum hatten wir das Parktor durchfahren, als wir auch schon Spuren von einer Herde Rappenantilopen sahen, die die Straße vor uns überquert hatte. Aber diese schöne Antilope ist schwer zu finden, es ist fast ein sagenhaftes Geschöpf, und wir sahen die Herde nur aus großer Entfernung, als sie durch dichtes Buschland an einem Hang entlangwanderte, angeführt von einem prächtigen nachtschwarzen Bullen, dessen krummsäbelartige Hörner sich bis weit zurück über seine kräftigen Schultern bogen.

Aber Elefanten gab es überall; der Sand war in großen, frischen Spuren flach gedrückt, die zum Fluß und wieder von ihm weg führten. Aus den Tiefen des Waldes hörte man das vertraute, knurrende Rumpeln ihrer Bäuche und das plötzliche Knacken abgebrochener Zweige von ihren Freßplätzen.

Schließlich kamen wir am Fluß heraus und beobachteten einen einzelnen Elefantenbullen weit draußen in der Schwemmebene auf der anderen Flußseite, der seine riesigen Ohren abgespreizt hatte und durch das gelbe Gras auf uns zu wogte, wie ein altes Segelschiff auf Vorwindkurs.

Die Sonne ging unter, und der Himmel färbte sich orangefarben, als immer mehr Elefanten zwischen den Bäumen hervorkamen. Sie gingen lautlos durch eine Staubwolke, die im dämmriger werdenden Licht leuchtete. Lange, nachdem die Sonne untergegangen war, glühte der Himmel immer noch wie ein ausgehendes, großes Feuer; der Fluß leuchtete rot, und die Silhouetten der Elefanten, die jetzt völlig bewegungslos dastanden, schienen mit ihren Spiegelbildern entlang des Ufers verwachsen, im Frieden mit ihrer Welt. Schwarm für Schwarm flogen weißgesichtige Enten aus der Nacht zu ihren Schlafplätzen im Westen vorbei und füllten die Luft mit ihren pfeifenden Rufen.

Dies ist ein Anblick, der durch zwei Jahrzehnte Schlächterei der Elfenbeinwilderer in anderen Teilen Afrikas größtenteils zerstört worden ist. Aber in Chobe hat er überlebt, wo eine glückliche Kombination aus Zufall und Ignoranz Botswana die größte gesicherte Elefantenpopulation des Kontinents beschert hat. In dieser Beziehung ist Botswana das genaue Gegenteil von Kenia, dessen zwanzigtausend Elefanten jetzt praktisch in den Nationalparks festsitzen und von einer menschlichen Bevölkerung eingeschlossen sind, die zu den am schnellsten

wachsenden der Welt gehört. Während der Elefantenkrieg im Westen Afrikas wütete, blieben Botswanas Elefanten durch einen geographischen Glücksfall verschont. Im Süden liegt die Republik Südafrika, deren Grenzen aufgrund politischer Spannungen streng bewacht wurden, was den Wilderern das Leben schwermachte. Im Westen liegt die namibische Wüste, die bis vor kurzem auch von Südafrika kontrolliert wurde, genauso wie der Caprivi-Streifen im Norden. Bleibt Simbabwe an der Nordostgrenze von Botswana, in dem aber ebenfalls Tausende von Elefanten leben und wo außerdem der gezielte Todesschuß für Wilderer angeordnet wurde.

Das Ergebnis ist, daß Botswana – früher das britische Protektorat Bechuanaland – eines der wenigen Länder ist, dessen Elefantenpopulation gewachsen ist. Niemand weiß, wie viele Elefanten es dort gibt, insbesondere da die Herden auch über die Grenzen nach Simbabwe ziehen und wieder zurückkommen. Die Schätzungen liegen bei etwa sechzigtausend, und bisher hat es, anders als in Simbabwe und Südafrika, kein *culling* wegen zu großer Herden gegeben.

Daß Botswana sich den Luxus einer so großen Anzahl von Elefanten leisten kann, ist ebenfalls pures Glück. Obwohl das Land etwa so groß wie Frankreich ist, leben dort weniger als 1,25 Millionen Menschen. Ein Großteil des Landes wird von der flachen und kargen Kalahari-Wüste dominiert, aber die Wirtschaft ist stabil, das Land hat die ergiebigsten Diamantenminen der Welt. Achtzig Prozent der Bevölkerung leben auf nur einem Fünftel der Fläche von Botswana, und so ist dies hier einer der letzten Plätze der Erde, wo sich große Herden von Elefanten auf ihre langen Wanderungen machen können, ohne mit den Menschen in ernste Konflikte zu geraten.

Zurück in Chobe Chilwero, saß ich an diesem Abend mit André Martens, Naturforscher und Führer der Lodge, am Lagerfeuer. Er war schlank und braun gebrannt durch die langen Jahre im Busch, trug einen ledernen Crocodile-Dundee-Hut und wärmte sich die Hände über der Glut. Er erzählte mir, daß seine Familie bereits seit 1705 in Afrika lebt.

Wir tranken Bier und unterhielten uns bis weit in die Nacht hinein über die mißliche Lage der afrikanischen Elefanten und die Unzulänglichkeiten der CITES, die versucht hatte, die Elfenbeinwilderei durch ein System von Quoten und Genehmigungen unter Kontrolle zu bringen, aber kläglich dabei versagt hatte, die illegale Ausfuhr von Stoßzähnen aus Afrika zu stoppen.

Nur im politisch stabileren Süden, in Simbabwe, Botswana und Südafrika, blieb den Elefanten das ganze Ausmaß der Elfenbeinwilderei erspart. Und obwohl die Großwildjagd auf Löwen, Büffel und andere Tiere in Botswana immer noch floriert, wurde die Elefantenjagd 1983 verboten. Seitdem können die Elefanten in Botswana in Frieden kommen und gehen, wie es ihnen gefällt. Aber wenn sie sich weiterhin so vermehren, wird man dem Druck, ihre Anzahl zu kontrollieren, nicht widerstehen können.

Die Frage, ob man überschüssige Tierbestände töten soll oder nicht, beschäftigt die Naturschützer in Afrika seit Jahren und hat sie gespalten. Auf der einen Seite stehen die Staaten des südlichen Afrikas und ihre Unterstützer aus dem Elfenbeinhandel. Sie sind ganz unsentimental an der nachhaltigen Nutzung der Tierwelt interessiert und unterstützen *culling*. Dies sei der beste Weg, »Wildlife-Ressourcen« zu managen. Mit anderen Worten, die Tierwelt muß einen ökonomischen Wert haben, wenn sie im

modernen Afrika überleben will. Dieser pragmatische Ansatz zum Naturschutz ist einfach und läßt sich in einem Satz zusammenfassen: Wenn er sich bezahlt macht, wird er betrieben.

In Simbabwe und Südafrika, wo das Töten überschüssiger Tierbestände in der Vergangenheit regelmäßig durchgeführt worden ist, werden die Gewinne aus dem Verkauf von Fleisch, Häuten und Stoßzähnen wieder in die Parks gesteckt, oder es werden damit Einheimische unterstützt, die durch die Verwüstungen von Getreide fressenden Elefanten Schäden zu beklagen hatten. Diese Politik ist in den Ländern gut angeschlagen, in denen es wenig Korruption gibt und deren Parks und Reservate effizient kontrolliert werden. Verständlicherweise möchten sie ihr Elfenbein weiterhin verkaufen und sprechen sich somit für einen kontrollierten Elfenbeinhandel aus.

Der Rest Afrikas steht auf der anderen Seite, angeführt von Kenia und Tansania und unterstützt von der EU und den USA, die bis zum Handelsverbot 1989 die Hauptkonsumenten von Elfenbein waren. Sie bestreiten die Notwendigkeit des *culling* nicht, sind aber der Meinung, daß nur ein internationales Moratorium des Elfenbeinhandels die Ausrottung der Elefanten aufhalten kann.

In Botswana befürworten auch Wissenschaftler und Naturschützer, die ernsthaft besorgt sind, daß das flußnahe Waldland in Chobe zerstört werden könnte, das *culling*. Aber die stärkste Lobby bilden der Elfenbeinhandel und seine Befürworter in Simbabwe. Durch diese Kontroverse ist die Naturschutzbewegung in Botswana hoffnungslos zerstritten. Die meisten Menschen in der Hauptstadt Gaborone sind für *culling*. Aber in Chobe und dem Okavango-Delta, wo die Elefanten die Hauptattraktion für die Touristen sind und jedes Jahr dreißigtausend Besucher in das Land locken, sind die Einheimischen und auch die Reiseveranstalter erbitterte Gegner des *culling*.

Es ist ein grausames Paradoxon: Wenn Elefanten gut geschützt werden, vermehren sie sich bis zu einem Punkt, an dem ihr Lebensraum unter ihrer schieren Menge kollabiert. Wenn dieser Punkt erreicht ist, gibt es momentan keine Alternative zum *culling*. Aber in Botswana, so sagen die Verteidiger der Elefanten, gibt es keine Anzeichen dafür, daß dieser kritische Punkt bereits erreicht ist.

André Martens ist Pragmatiker. Er war für das *culling* und unterstützte die Theorie der nachhaltigen Nutzung. So war es in Südafrika und in Simbabwe gemacht worden, und auch in Botswana, meinte er, sei *culling* die einzige Methode, die Herden unter Kontrolle zu halten.

Aber er war kein blutrünstiger Killer. »Hör zu, Mann«, sagte er in seinem ruhigen südafrikanischen Akzent mit den flachen, abgeschnittenen Vokalen. »Ich habe bereits Elefanten abgeschossen, und, glaube mir, das ist kein Vergnügen. Man mußte ganze Familien erschießen, da die Kleinen ohne ihre Mutter nicht überleben können.« Einmal, nachdem er eine Elefantenkuh erschossen hatte, kam ihr kleines Kalb auf ihn zugelaufen, um ihn zu verjagen. »Und ich wußte, daß auch dieser kleine Kerl erschossen werden mußte«, sagte er. »Aber ich konnte es nicht, Mann. Ich hatte Tränen in den Augen und gab mein Gewehr meinem afrikanischen Fährtenleser und befahl ihm zu schießen.«

Ich argumentierte mit dem Standpunkt, den Richard Leaky vertrat: Auch eine beschränkte Wiederaufnahme des Elfenbeinhandels wäre verhängnisvoll. Schon der legale Verkauf von Elfenbein aus den *cullings* würde genügen, um den Preis in die Höhe zu treiben und die Nachfrage zu erhalten, und

er könnte das alte Triumvirat aus Wilderern, korrupten Mittelsmännern und Händlern wieder entstehen lassen. Aber Martens ließ sich durch diese Argumente nicht überzeugen.

Unser Gespräch hatte mich in eine düstere Stimmung versetzt, aber am nächsten Morgen schien die Sonne aus einem perfekt blauen Himmel, und es war unmöglich, nicht guter Laune zu sein, als ich noch vor dem Frühstück Richtung Fluß aufbrach. André hatte hier ein kleines Boot mit Außenborder liegen, und er hatte mir versprochen, mir einen Trick zu zeigen, den er während seiner Zeit in Chobe perfektioniert hatte.

Wir legten ab und trieben stromabwärts. Der Fluß war spiegelglatt. Gescheckte Eisvögel schwebten über uns, und große Nilwaran-Eidechsen mit goldgesprenkelter Haut sonnten sich am Ufer. André hatte eine Plastiktüte mit silbernen Brassen mitgenommen, die er gestern gefangen hatte. Jetzt schnitt er ein Stück von einem Schilfstengel ab und steckte es in einen Fisch hinein. Das Schilf hat den gleichen Auftrieb wie Kork und würde verhindern, daß der Fisch unterging.

Schließlich war er fertig. Er warf den Fisch eine Bootslänge entfernt ins Wasser, hielt die Hände vor den Mund und ließ den Ruf des Fischadlers ertönen.

Ein Fischadler hatte uns von einem nahen toten Baum beobachtet. Beim Klang von Andrés Stimme flog er mit seinen breiten schwarzen und kastanienfarbenen Flügeln auf uns zu. Er flog niedrig und stieß mit seiner gelben Klaue zum genau richtigen Zeitpunkt hinunter, um den Fisch aufzunehmen und an seinen Platz zurückzukehren.

Wie im Okavango kommt auch das Wasser des Chobe aus dem Hochland von Angola. Es kommt den Kwando-Fluß herunter und verliert sich dann im Linyanti-Sumpf, der flüsternden Wildnis aus

Papyrusfeldern und gewundenen Kanälen, die die Nordwestgrenze des Chobe-Parks bilden. Schließlich kommt der Kwando aus der Marsch wieder heraus, heißt jetzt aber erst Linyanti und dann zum Schluß Chobe, ein Zufluß des mächtigen Sambesi.

Wenn sich im Juni und Juli die Fluten durch den Linyanti-Sumpf ausbreiten, speist das Wasser auch die Selinda-Überlaufrinne und verbindet dieses nördliche Feuchtgebiet mit dem Okavango-Delta. Selinda liegt außerhalb des Parks, aber die Überlaufrinne zieht in der Trockenzeit viele Tiere an: Elefanten, Büffel, Zebras, Weißbartgnus, Impalas und Giraffen sowie alle größeren Raubtiere.

Selinda ist ein konzessioniertes Jagdrevier, aber es gab auch ein kleines Buschcamp für Fotosafaris mit Schlafgelegenheiten für sechs Touristen und einem Speisezelt, das am Rande der Überlaufrinne auf der abgeflachten Spitze eines Termitenhügels stand.

Als ich das letztemal dort war, wurde das Camp von Mike Penman geführt, einem bärtigen, breitschulterigen Südafrikaner, dessen größte Passion das Aufspüren von Löwen war. Er hatte sein Buschhandwerk von einem Shangaan-Spurenleser gelernt und konnte eine Spur lesen wie andere Leute ihre Morgenzeitung. »Es steht alles da im Staub, wenn man es nur versteht«, sagte er. »Spuren sind wie Kassetten, auf die alles aufgenommen wurde, was in den letzten vierundzwanzig Stunden passiert ist – alles, bis auf den Ton.«

Er zeigte mit dem Finger auf ein Labyrinth frischer Spuren, das in der Nacht auf dem Wildtierpfad entstanden war. Hier hatte sich ein Zebra gedreht, dort hatte eine Hyäne die Straße überquert. »Und hier«, sagte er und deutete auf eine Reihe breiter, vierzehiger Abdrücke, »sind frische Löwenspuren.«

Wir folgten ihrer Fährte durch eine offene Ebene, auf der das grobe gelbe Gras ganz kurz gefressen war, und kamen an einen seichten Bach. Während wir am Ufer entlangfuhren und nach der Stelle Ausschau hielten, an der die Löwen ihn überquert haben könnten, flogen Waffenkiebitze auf, und Schwärme von Tauben flatterten aus dem Mopane-Wald über unsere Köpfe hinweg zum Trinken und Baden.

Schließlich holten wir die Löwen ein: eine große, graue Löwin und ein junges Männchen, ein nervöser Zweijähriger mit dem Ansatz einer prachtvollen Mähne. Mike kannte sie beide. Sie gehörten zu einem Rudel von fünf Löwinnen, dessen einziges erwachsenes Männchen vor kurzem von Trophäenjägern erschossen worden war. Mike war hart wie Teakholz, aber hinter seinem etwas furchteinflößenden Äußeren versteckte sich eine freundliche Seele. Er war ständig in Sorge, daß dem zweijährigen Löwen, der inzwischen sein Lieblingslöwe war, bald das gleiche Schicksal ereilen könnte. Während wir die beiden beobachteten, merkten wir plötzlich, daß auch wir von einer Gruppe von Jägern aus den entfernten Bäumen heraus beobachtet wurden.

Nachdem wir weggefahren waren, hörten wir drei Schüsse, die einen Schatten auf den Rest des Tages warfen. Wir sahen den halbwüchsigen Löwen nie wieder, obwohl Mike sicher war, daß er seine Spuren zusammen mit denen der alten Löwin gesehen hatte. Ich hoffte auch, daß die Jäger ihn nicht erschossen hatten, und erinnerte mich am liebsten an ihn, wie ich ihn zuletzt gesehen hatte: Er stand auf einem Termitenhügel, und der Wind hob die Haare seiner Mähne, während er über die Schwemmebene hinwegstarrte.

Sogar im Camp konnte man Tiere beobachten. In einem Baum nahe meinem Zelt lebte ein Sperber, der kleine Vögel fing und sie zu seinem Baum zurückbrachte, um sie hier auf einem überhängenden Zweig zu rupfen und zu fressen. Ein Chamäleon wohnte neben der Camp-Küche, so grün wie der Busch, in dem es hing. Und einmal erwachte ich aus meinem Mittagsschlaf und sah, wie ein schlanker Indischer Mungo in mein Zelt spähte, ein geschmeidiges, wieseldünnes, braunes Geschöpf mit einem zierlichen Backenbart und einer schwarzen Schwanzspitze.

Mein Zelt stand halb versteckt in einem belaubten Dickicht, dessen Schatten ich mit zwei Vögeln teilte, einem Sumpf-Boubou sowie einem lauernden schwarzweißen Würger mit blutroten Augen. Der Würger hatte den merkwürdigsten Ruf, den ich je gehört hatte: Er begann mit einem froschähnlichen Quaken und ging dann in ein reines, flötengleiches Pfeifen über. Manchmal, wenn ich mich nach dem Mittagessen auf meinem Bett ausruhte, machte ich mir einen Spaß daraus, seine Rufe zu erwidern, und wir pfiffen eine Zeitlang im Duett, bis er von einem vorbeifliegenden Insekt abgelenkt wurde.

Die Tage in Selinda gehören zu den schönsten, die ich in Afrika verbracht habe. Einerseits kam das durch Mike Penmans außerordentlichen Enthusiasmus und sein Wissen über den Busch, andererseits durch die Vielzahl von Vögeln und anderen Tieren. Wir sahen Geparden und Leoparden, wunderschöne Flötenwürger mit purpurroter Brust und eine zwei Meter lange Schwarze Mamba mit ihrem unverwechselbaren sargförmigen Kopf. Aber immer wenn ich an Selinda denke, ist das stärkste Bild in meinem Kopf das von drei alten Elefantenbullen, die uns ganz nah herankommen ließen, während sie im Schatten eines kleinen Palmenhains ausruhten.

Sie waren groß und schwer, mit abgebrochenen Stoßzähnen und zerfetzten Ohren. Jeder von ihnen mußte mindestens fünfzig Jahre alt sein. In ihren eingefallenen, weise aussehenden Köpfen waren die Erinnerungen an die Wanderschaften über ein hal-

bes Jahrhundert hinweg gesammelt. Sie kannten die Elefantenpfade, auf denen ihre Eltern vor langer Zeit gewandert waren, sie wußten, wo man Wasser fand, wenn das Land von einer Dürre heimgesucht wurde, und sie kannten die versteckten Plätze im Waldland, an denen ihre bevorzugten Früchte und Samenkapseln wuchsen.

Weiter im Norden, über den Sambesi hinweg in Sambia und den ganzen Weg hoch durch Ostafrika nach Sudan und Somalia, und westlich durch den Regenwald des Kongobeckens waren die großen Bullen und die stolzen alten Kühe größtenteils verschwunden. Als die Elfenbeinwilderei begann, waren sie die ersten, die getötet wurden. Und mit ihnen ging auch das wertvolle Wissen verloren, die gesamte Kultur einer Spezies, und zurück blieben die restlichen Herden, im Chaos.

Darum glaube ich, wie Richard Leakey, daß ein ständiges Verbot des Elfenbeinhandels der einzige Weg ist, das Überleben der afrikanischen Elefanten zu sichern und den Herden Zeit zur Erholung zu geben. Die Alternative ist ein neuer Elfenbeinkrieg, der erneut Hunderte von Menschenleben kosten könnte und der innerhalb von vielleicht nur zehn Jahren zu einer unvorstellbaren Tragödie führen könnte – einer Welt ohne Elefanten.

Heute steht Botswana am Scheideweg. Obwohl es so aussieht, als ob ein *culling*-Pilotprogramm durchgeführt werden wird, kann die Regierung sich noch anders als Simbabwe entscheiden. Und wenn sie das tut, kann Botswana seine einzigartige Position als letztes wahres Königreich der Elefanten halten.

In Botswana kann man noch den Anblick von Elefantenfamilien genießen, die ungestört durch den Busch wandern. Sie sind so gut geschützt, daß sie auswachsen und die beeindruckende Größe und die schweren Stoßzähne entwickeln können, die ich bei den Tieren in Chobe und Moremi häufig gesehen habe. Nur in Botswana kann man eine Herde nach der anderen aufsuchen und ihr Vertrauen spüren – ein Vertrauen, das zerstört wird, wenn man die Scharfschützen hereinläßt.

Im Moment ist es noch möglich, in der Morgendämmerung aufzustehen und den Gesang der Löwen zu hören, hinaus in den kalten, strahlenden afrikanischen Morgen zu fahren, die Sonne und den Wind zu erleben und diese letzten großen, leeren Flächen mit den Elefanten zu teilen. Aber wie lange noch? Wenn man zwischen diesen wandernden Riesen lebt, atmet man die Luft einer schwindenden Freiheit und versteht, warum die Welt Elefanten braucht, wenn wir selber überleben wollen.

# Die Letzten der Freilebenden

George Adamsons Tod 1989 war ein Wendepunkt in der Geschichte Kenias. In seinem langen Leben hatte er dieses Land reifen sehen: Es hatte sich von der britischen Kolonialherrschaft befreit, die dunklen Tage der Mau-Mau-Kampagne überstanden und war schließlich mit seinem ersten Präsidenten, M'zee Jomo Kenyatta, wirklich unabhängig geworden. Unter Präsident Moi, Kenyattas Nachfolger, erlebte George, wie das Land zur Ruhe kam; der alte Pioniergeist verschwand, als der Massentourismus immer tiefer in die Hügel und Wildparks sowie an die einstmals menschenleeren Küsten des Pazifiks vordrang.

Leider hat er das Ende des Elfenbeinhandels und den Untergang der *shifta* nicht mehr erlebt. Richard Leakeys neue, schlagkräftige Anti-Wilderer-Truppe räumte im nördlichen Kenia auf und verjagte die Somalis in einer Reihe erbitterter und blutiger Auseinandersetzungen. Inzwischen war – auch dank des internationalen Handelsverbots für Elfenbein – der Preis für Stoßzähne in Mogadischu, der Hauptstadt Somalias, ins Bodenlose gefallen: von 13,50 Dollar pro Kilogramm auf 1,35. Für die Wilderer war der Verdienst das Risiko nicht länger wert, und der akut gefährdete Elefantenbestand begann sich wieder zu erholen.

Manchmal gab es Neuigkeiten aus Kora. Dougie Collins, ein weiterer großartiger alter Kämpfer, so alt wie George, berichtete, daß einer der Kora-Löwen auf Adamsons Grab gelegen haben soll, genau wie Karen Blixen es in *Jenseits von Afrika* beschreibt: Ein Löwe ruhte auf dem Grab von Denys Finch-Hatton in den Ngong-Hügeln.

Spätere Berichte waren leider nicht so gut. Im November 1992 hörte ich, daß Somalis die Überreste von Georges »Löwen-Camp« geplündert hatten. Sie schändeten sein Grab, zerschlugen den Grabstein in zwölf Stücke und setzten den schönen Flußwald in Brand, der entlang den Ufern des Tana wuchs.

Ich hatte gehört, daß Batian, Rafiki und Furaha, die drei Löwenjungen, die George gerade aufzog, als er ermordet wurde, von Gareth Patterson mit nach Botswana genommen worden waren. Der junge Engländer hatte sich bereit erklärt, für sie zu sorgen und sie zu gegebener Zeit auszuwildern.

1992 erhielt ich eine Einladung nach Botswana, um Mashatu, eine luxuriöse Safari-Lodge im Tuli-Wildtierpark zu besuchen. Der Park liegt am östlichen Rand von Botswana, eingegrenzt von Simbabwe und dem kargen Niederveld des nördlichen Transvaal. Ich wußte, daß Gareth mit den Löwenjungen irgendwo im Tuli-Wildtierpark lebte, und da ich neugierig war, was aus Georges letzten Löwen geworden war, besorgte ich mir Gareth' Adresse und schrieb ihm sofort.

Einige Wochen später bekam ich aus heiterem Himmel einen Brief mit einer Briefmarke aus Botswana. Gespannt riß ich ihn auf; er war von Gareth. Er warnte mich vor dem einfachen Leben in seinem Camp, aber wenn es mich nicht störe, für ein paar Tage ohne Komfort zu leben, wäre ich herzlich eingeladen, ihn und seine Löwen zu besuchen.

Diese Gelegenheit mußte ich unbedingt wahrnehmen. Im Juli landete ich auf dem Jan-Smuts-Flughafen von Johannesburg und flog von dort weiter nach Mashatu in Botswana.

»Komm her, Rafiki; komm her, Furaha!« Gareth' Rufe waren in der kalten Morgendämmerung des Wintermorgens in Botswana weit zu hören. Wieder wölbte er die Hände über die Lippen und rief. Das Echo seiner Stimme kam von den felsigen Hügeln zurück, dann tiefe Stille. Aber plötzlich kam aus etwa anderthalb Kilometern Entfernung die Antwort – das *aaounhh* eines Löwen. Gareth lächelte. »Sie kommen«, sagte er.

Während wir warteten, ging die Sonne auf und überflutete die Mopane-Bäume mit goldenem Licht. Plötzlich wurden die Impala unruhig. Gareth bedeutete mir, außer Sicht zu bleiben, denn er fürchtete, daß meine Anwesenheit die Löwen verscheuchen könnte. Dann öffnete er das Tor in der Umzäunung seines Camps und trat hinaus.

Einen Augenblick später erschien Rafiki, eine voll ausgewachsene Löwin im besten Alter. Ich konnte ihre Tatzen auf den Boden trommeln hören, als sie direkt auf Gareth zulief. Sie erhob sich auf ihre Hinterbeine, um ihre großen Vordertatzen über seine Schultern zu legen. Er umarmte sie und streichelte ihre gelbbraunen Flanken. »Rafiki«, murmelte er, und die große Löwin knurrte vor Freude, daß sie ihren Freund wiedersah.

Rafiki war schon seit drei Wochen nicht mehr im Camp gewesen. Sie und ihre Schwester Furaha waren jetzt wirklich unabhängig und konnten kommen und gehen, wie es ihnen gefiel. Furaha hatte bereits zwei in Freiheit geborene Junge. Gareth' Aufgabe war erledigt, aber er konnte nicht einfach aufhören. »Weißt du«, sagte er, »immer wenn sie nicht auftauchen, mache ich mir Sorgen um sie, als ob sie meine Töchter wären.«

Als Rafiki und Gareth mit ihrer Begrüßung fertig waren, kam Furaha und führte ihre beiden Jungen zu einer Wanne mit Wasser, die Gareth immer für sie stehen hatte. Abgesehen von dem Wasser gab es für die Löwen keine Notwendigkeit, zu Gareth zurückzukehren, und trotzdem kamen sie, wenn er rief. Es schien, als ob auch sie die Bande nicht zerreißen wollten, die sie so eng verbunden hatten.

Später lagen die Löwinnen nebeneinander in der Sonne, während die Jungen miteinander spielten und herumtollten. Sie waren jetzt ein Jahr alt; bald würden sie ihre Milchzähne verlieren und kräftige Eckzähne bekommen.

Vor zwölf Jahren hatte ich aufgeregt beobachtet, wie George Adamson auf genau die gleiche Weise begrüßt worden ist, als er mir sein wildes Löwenrudel in Kora vorstellte. Es war ein Anblick, von dem ich nicht erwartet hatte, ihn jemals wieder zu sehen. Aber nun war ich hier in Botswana und sah dem Mann zu, der so bescheiden Adamsons Part übernommen hatte.

Durch Georges Tod waren Rafiki, Furaha und Batian zum zweitenmal Waisen geworden. Wenn nicht ein Wunder geschehen wäre, wären sie zu einem Leben hinter Gittern in irgendeinem Zoo verdammt gewesen. Da kam Patterson. Er hatte Adamson erst vor etwa einem halben Jahr kennengelernt, glaubte aber wie er an die Unantastbarkeit der Würde wilder

Löwen. Er konnte den Gedanken an einen einge-
sperrten Löwen nicht ertragen und bot an, die
Löwenjungen mit nach Botswana zu nehmen. Die
kenianischen Behörden waren froh, die Jungen los-
zuwerden, und stimmten zu. Im November 1989
traten Rafiki, Furaha und Batian ihre Reise an, um
ein neues Leben im fast zweitausend Kilometer entfernten Tuli-Reservat zu beginnen.

Als Gareth zurück nach Kenia flog, um die Jungen zu holen, war er überrascht, wie groß sie seit
ihrem letzten Zusammentreffen geworden waren.
»Sie starrten mich zuerst verwirrt an«, erzählte er.
»Aber zu meiner großen Freude begrüßten sie mich
dann wie einen wiedergefundenen Freund. Sie hatten mich nicht vergessen.«

Ihre Abfahrt war ein denkwürdiger Tag für Patterson, der aber von großer Traurigkeit überschattet
war. Als er die betäubten Junglöwen für die lange
Reise in ihre Käfige legte, blickte er auf und sah, daß
Abdi, Adamsons langjähriger Assistent, weinte.
Adamson war gegangen. Und jetzt gingen auch die
jungen Löwen.

Die Ähnlichkeit zwischen Patterson und Adamson
war erstaunlich. Schlank und braungebrannt, gekleidet in verschossene Shorts und Sandalen, fehl-
ten Gareth nur noch der Bart und das Alter (er war
achtundzwanzig), um dem alten Mann wie aus dem
Gesicht geschnitten zu sein.

Gareth war in Margate geboren worden, aber abgesehen von zwei Schuljahren in England, die er ge-
haßt hatte, war er in Malawi aufgewachsen. Zu seinem elften Geburtstag bekam er von seiner Mutter
ein Buch geschenkt, das sein Leben verändern sollte.
Es war *Bwana Game* von George Adamson.

1989 lernte er Adamson in Nordkenia kennen,
aber schon lange vorher war er in die wilde Welt der

Löwen eingetreten. Er hatte erst als Hilfsranger und
dann als Safari-Führer im Tuli-Reservat gearbeitet,
wo er dreieinhalb Jahre blieb und die Tuli-Löwen
kennenlernte. »Seitdem bin ich von Löwen völlig
fasziniert«, sagte Patterson.

»Wahrscheinlich hat kein anderes afrikanisches
Tier so viel an Revier verloren wie die Löwen«, sagte
Patterson, der genauso ruhig und leise spricht wie
George. »Noch vor zehn Jahren gab es etwa zwei-
hunderttausend, heute sind es vielleicht nicht einmal mehr dreißigtausend, und überall werden es
weniger.«

Die Tuli-Löwen waren ein typischer Fall. Es gab
nicht einmal mehr dreißig von ihnen; das war alles,
was von einer Population übriggeblieben war, die
früher das Gebiet des nördlichen Transvaal, Ost-
botswana bis tief nach Simbabwe hinein bevölkerte
– bis Jäger, Wilderer und Viehzüchter ihr Königreich übernahmen. Heute leben ihre nächsten
Nachbarn im Krüger-Park, mehr als dreihundert
Kilometer entfernt.

Das neue Zuhause der Löwenjungen in Tuli war
Kora nicht unähnlich: siebenhundert Quadratkilometer Dornbusch, Sandflüsse und rote, felsige Hügel. Es war rauh und trocken, aber auch schön und
voller Tiere.

Die jungen Löwen hatten schon vor ihrer Ankunft in Botswana gelernt, Perlhühner zu töten.
Aber in den folgenden sechs Monaten mußte Gareth ihnen beibringen, wie man größere Tiere jagt.
So führte er sie jeden Tag durch den Busch, manchmal bis zu zwölf Stunden hintereinander, und zeigte
ihnen ihr Erbe.

Zu ihrer eigenen Sicherheit brachte er ihnen auch
bei, Menschen zu meiden und sich bei dem
Geräusch von Autos sofort zu verstecken. Aber vor
allem gab er ihnen Sicherheit. »Ich war ihre Löwin«,

sagte er. »Der Jagdinstinkt war ihnen angeboren, ich mußte ihn nur verfeinern.«

Nach diesen ersten sechs Monaten waren sie wirklich frei. Auf ihren nächtlichen Jagden hatten sie gelernt, Kudus, Warzenschweine, Impalas, Weißbartgnus und sogar eine tonnenschwere Elenantilope, die größte Antilopenart Afrikas, zu töten. »Die Löwen schienen in dieser Zeit sehr mit sich zufrieden zu sein«, sagte Gareth. »Sie kamen manchmal zum Camp zurück und führten mich zu ihrer Beute, als wollten sie sagen: ›Sieh nur, wie gut wir sind!‹«

Pattersons Erfolg bei der Auswilderung der Löwen in ihrer neuen Heimat wäre eigentlich ein Grund zum Feiern gewesen, aber er erfuhr erbitterte Ablehnung aus der Wissenschaft. Die Wissenschaftler kritisierten sein Projekt als »George Adamson Rummel« und meinten, seine Arbeit entspringe purer Sentimentalität und habe keinerlei wissenschaftliche Glaubwürdigkeit. Die Cat Specialist Group, ein Ableger der International Union for the Conservation of Nature, schlug in ihrer Veröffentlichung im Juli 1991 sogar vor, Pattersons Löwen sterilisieren zu lassen, damit die Reinheit der lokalen Löwenpopulation erhalten bliebe.

Gareth war verständlicherweise verärgert. »Vielleicht sollten Menschen, die solche unsinnigen Vorschläge machen, selber sterilisiert werden«, schlug er vor. »Sie beurteilen die Sache, ohne etwas von den Tuli-Löwen zu verstehen. Die Tuli-Löwen sind eine Inselpopulation, die sich aus nur einer Handvoll Überlebender entwickelt hat und somit inzuchtgefährdet ist. Ich glaube, daß sie von der Zuführung neuen Bluts aus Kenia nur profitieren kann.«

Gareth hatte schon immer eine Schwäche für Batian gehabt. »Es war ein unglaubliches Gefühl, mit Batian durch den Busch zu wandern. Ich hatte meine Hand auf seiner Schulter, wenn er in der Dämmerung brüllte«, erzählte er mir. »Ich wußte, daß das Leben für ihn viel härter werden würde als für seine Schwestern. Als einziges Männchen mußte er sich beweisen und kämpfen, um sein Gebiet und sein Rudel aufzubauen.«

Als er drei Jahre alt war, geriet Batian in einen Kampf mit zwei wilden Löwenmännchen, die ihn beim Fressen überrascht hatten. Er kämpfte tapfer, wurde aber schwer verletzt. Ein Biß trennte seinen Schwanz bis auf fünfzehn Zentimeter ab.

Als Gareth ihn fand, war er in einem schlechten Zustand. »Er war weit vom Camp entfernt und zu geschwächt, um laufen zu können. So schlief ich während der nächsten vier Nächte neben ihm und hielt die Löwen und die Hyänen in Schach. Er war so voller Vertrauen. Ich konnte sogar mit meinem Messer Maden von seinem Nacken entfernen.«

Innerhalb eines Monats erholte sich der junge Löwen auf wunderbare Weise – um neun Wochen später von einem südafrikanischen Farmer erschossen zu werden. Batian hatte fast zwei Jahre in Botswana überlebt, schaffte es aber nur vier Tage im Transvaal. Er war sich seines tödlichen Fehlers nicht bewußt gewesen, als er zwei Löwinnen über die Grenze folgte. Dort bezahlte er mit seinem Leben für das Verbrechen, ein Löwe am verkehrten Platz zu sein.

Gareth war völlig niedergeschmettert. Am Tag nach meiner Abreise erhielt er das Fell und den Schädel seines geliebten Löwen. Es hatte Monate gedauert, bis die südafrikanischen Behörden seinen eindringlichen Bitten nachgaben, die Überreste herauszugeben. Jetzt kam Batian, das Waisenkind, das lange genug überlebt hatte, um die Wildnis zu erfahren, nach Hause. Ein Grab war ausgehoben worden, und ein Steinhaufen markierte den Platz, an dem er und Gareth abends immer gesessen und über die goldenen Ebenen hinausgeschaut hatten.

»Ich habe viele Tränen für die Löwen Afrikas vergossen«, sagte Gareth, »und ich werde zweifellos noch viele vergießen.« Aber immerhin waren die beiden Löwinnen Rafiki und Furaha noch am Leben, und beide hatten bereits als Dreijährige Nachwuchs in der Wildnis bekommen. »Sie sind die jüngsten wildlebenden Löwenmütter, die je registriert wurden«, erzählte Gareth. Rafiki hatte drei Junge bekommen, und Furaha hatte Zwillinge. Aber es sollte noch mehr Kummer geben: Rafikis Junge verschwanden, als sie elf Monate alt waren.

»Ich bin sicher, daß es ein gewaltsamer Tod war«, sagte Gareth. »In der einen Woche waren alle drei noch da, und in der nächsten waren sie alle verschwunden – höchstwahrscheinlich von einem wilden Löwenmännchen getötet.«

Eine Woche später war Rafiki wieder in Hitze und kam direkt zu Gareth. Sie sah ihn immer noch als das führende Männchen an und erwartete offensichtlich von ihm, daß er etwas unternahm. Sie machte ihre Absichten sehr deutlich, indem sie sich Gareth präsentierte und dann über sein T-Shirt urinierte.

»Es tat mir so leid für sie«, sagte er. »Sie hatte ihre Jungen verloren, nachdem alles so gut gelaufen war. Jetzt wollte sie neue Junge. Sie ließ mich nicht mehr in das Camp zurück. Sie rieb sich immer weiter an mir. Und plötzlich wurde mir klar, daß ich in zwei Welten lebte: in meiner und der der Löwen.«

Kurz vor meiner Ankunft im Tuli-Reservat hatte die Trockenzeit Gareth und Julie Davidson, seine ständige Begleiterin seit drei Jahren, gezwungen, in ein Übergangscamp namens Tawana umzuziehen. Tawana bedeutet »Kleiner Löwe«, Gareth selber

wird von den Eingeborenen *Ra di Tau* – »Herr Löwe« – genannt.

Sie hatten für mich ein Feldbett in der Umzäunung aufgestellt, und in dieser Nacht lag ich dort und sah hinauf zu den Sternen. Ich konnte die Schakale in der Kälte heulen hören und das weit entfernte Knurren eines Löwen; ich fragte mich, ob das einer aus Gareth' Rudel war.

Am nächsten Morgen hatte Gareth schon vor Sonnenaufgang das Lagerfeuer aus der Glut der vorangegangenen Nacht wieder entfacht und kochte Tee in einem rußgeschwärzten Kessel.

Tawana war kein luxuriöses Safari-Camp. Wie George Adamsons alte Behausung in Kora war es eine spartanische Einfriedung mit einem fast zwei Meter hohen Zaun. Zoo verkehrt: Die Menschen waren drinnen, und die Löwen waren draußen. Gareth' und Julies Zuhause bestand aus zwei sonnengebleichten Zelten, einem Plumpsklo mit dem Kieferknochen eines Elefanten als Sitz (ein alter Jägertrick, den sie von George abgeguckt hatten) und einer Eßecke mit einem nackten Holztisch und Leinensäcken als Wänden.

Wasser ist wertvoll in diesem von Dürren heimgesuchten Land, und es mußte in 180-Liter-Fässern alle drei Tage von einer sechseinhalb Kilometer entfernten Quelle geholt werden. Es gab kein Funkgerät; Gareth' einzige Verbindung zur Außenwelt war ein ramponierter Lastwagen mit Ladefläche. »Man macht so was nicht zum Vergnügen«, sagte er, während wir auf seine Löwen warteten. »Wer sonst würde so leben wollen, in einem primitiven Buschcamp und ständig bemüht, Geldquellen zu finden, die das Weitermachen erlauben.«

Trotz des Todes von Batian und des Verlusts von Rafikis Jungen hatte er weitergemacht. Es waren zermürbende drei Jahre gewesen, aber die Verzauberung durch das Leben mit seinen Löwen war nie vergangen. Er hatte erreicht, was er wollte, und es war Belohnung genug, Rafiki, Furaha und die Jungen als wildlebende Löwen in diesem Reservat zu wissen, das sie jetzt als das ihre betrachteten.

Drei Monate nachdem ich nach England zurückgekehrt war, schlug das Schicksal im Tuli-Reservat wieder zu und zerstörte Gareth' Welt für immer. Am 29. Oktober ging ein afrikanischer Fährtensucher, der in einem Buschcamp im Reservat lebte, nachts in den Busch hinaus, um sich zu erleichtern, und wurde von einem Löwen tödlich verletzt.

Am nächsten Morgen wurden Furaha und ihre beiden fünfzehn Monate alten Jungen in der Nähe gefunden und von den Rangern des Wildlife Department erschossen. Jetzt war Rafiki der letzte der Adamson-Löwen.

Glücklicherweise war Rafiki zur Zeit des Unglücks einige Kilometer entfernt und fraß an einer Elenantilope, die sie in der Nähe von Gareth' Camp getötet hatte. Aber nun wurden sie und Gareth von den Eigentümern des Reservats aufgefordert zu gehen. »Ich bin erschüttert«, sagte er mir. »Es tut mir sehr leid für die Familie des Mannes, und ich trauere um meine Löwen.«

Zwangsläufig rief dieser Vorfall die gleiche Kritik hervor, die auch schon gegen George Adamson in Kenia erhoben worden war: Von Hand aufgezogene Löwen verlieren ihre Angst vor Menschen. Patterson widerspricht dieser Behauptung vehement; er glaubt, daß das Opfer nur angegriffen wurde, weil es hockte – eine Position, von der bekannt ist, daß sie bedrohliche Reaktionen bei Raubtieren auslöst.

»Dieser Unfall geschah nicht, weil Furaha eine ausgewilderte Löwin war. Sie hatte zweieinhalb Jahre lang als freie Löwin gelebt und war in dieser Zeit keine größere Bedrohung für die Menschen als jeder andere Tuli-Löwe.«

Während ich bei Gareth und seinen Löwen war, dachte ich oft an George Adamson und die Tage, die ich mit ihm in Kora verbracht hatte. Er hatte sich damals Sorgen gemacht, was mit seinen Löwen geschehen würde, wenn er einmal nicht mehr da wäre.

Immerhin hätte es den alten Mann getröstet, daß Batian und Furaha beide die Freiheit erlebt hatten, bevor sie getötet wurden. Und Rafiki hat nach dem Vorfall drei Junge geboren, aber das Wildlife Department bestand weiterhin darauf, daß sie Tuli verlassen mußte.

In der Zwischenzeit versuchte Gareth Patterson ein neues Zuhause für sie zu finden. »Sie kommt immer noch, wenn ich sie rufe«, sagte er. »Aber sie hält sich von allen anderen fern. Sie hat Angst vor Menschen. Sie ist jetzt ein wilder Löwe und somit keine größere Bedrohung als jeder andere Löwe in Botswana.«

# Die Leoparden von Londolozi

Es war früher Morgen im Niederveld von Transvaal, und der südafrikanische Sommer ging langsam in den Herbst über. Die Elefanten fraßen unter den Marula-Bäumen, nachdem sie die reifen Früchte heruntergeschüttelt hatten. Die europäischen Schwalben waren bereits abgeflogen. Bald würde die Brunftzeit der Impala beginnen, und die Luft würde angefüllt sein mit dem Klappern der Hörner, das die Männchen bei ihren Rangkämpfen erzeugen.

Ich war in der Morgendämmerung in einem offenen Landrover unterwegs zur Wildbeobachtung und holperte die sandigen Pfade des Mala-Mala-Wildtierreservats entlang. Der Tau war noch nicht verdunstet, die Luft war kühl, und der Himmel erstrahlte in einem perfekten Blau, als wir ein flaches Tal durchquerten, in dem die Zebras durch die verstreuten Dornenbüsche wanderten und das Gras mit ihren schwarzen, samtenen Mäulern abrissen.

Auf der anderen Seite des Tals fuhren wir an einem Schakalbeeren-Baum vorbei, dessen Stamm ganz glatt gerieben war von den vorbeiziehenden Viehherden. Eine frische Spur aus großen, vogelähnlichen Fußabdrücken wies darauf hin, daß hier vor kurzem ein Nashorn vorbeigekommen war. »Der alte Dreizeher war letzte Nacht hier«, sagte Angus Sholto-Douglas, mein Führer in MalaMala.

Heutzutage sind Nashörner ein seltener Anblick in Afrika, aber hier im nordöstlichen Transvaal, am Rande des großen Krüger-Nationalparks, mußte man schon Pech haben, wenn man kein Nashorn traf.

Der Krüger-Nationalpark ist mit Abstand der größte Park in Südafrika. Das Gebiet ist so groß wie Wales und reicht bis an die Grenze Mosambiks heran. Zur Jahrhundertwende, kurz nach seiner Einrichtung, konnte man die Elefanten im Krüger-Nationalpark an zwei Händen abzählen. Heute gibt es hier mehr als achttausend Elefanten. Mit den anderen der »Großen Fünf« (Nashorn, Büffel, Löwe und Leopard) sind sie die Megastars des Parks, in dem es mehr Wildtierarten als in jedem anderen afrikanischen Wildtierpark gibt.

Aber der Krüger-Nationalpark ist ein Staatsunternehmen, das den Bedürfnissen des Tourismus angepaßt wird. Die meisten Besucher aus Übersee zieht es in die privaten Reservate an der Westgrenze, die gehobenen Komfort und größere Abgeschiedenheit bieten. MalaMala ist davon das größte, achtzehntausend Hektar groß. Das Hauptcamp an den Ufern des Sandflusses ist als eine der luxuriösesten Safari-Lodges bekannt.

Abgesehen vom Wecken um 5.30 Uhr für die frühmorgendlichen Ausfahrten folgte das Leben in MalaMala einer entspannenden Routine. Mittags ein Picknick am Swimmingpool, um vier Uhr Tee und Kuchen auf der Terrasse und dann ein weiterer

Ausflug, bevor es das Abendessen unter freiem Himmel in einem *boma* aus Bambus gab.

»Versuchen Sie Impala im Teigmantel«, drängte Angus Sholto-Douglas mich, der nicht zu Übertreibungen neigt. »Es ist köstlich, Bambi en croûte.«

Sholto-Douglas, ein gedrungener junger Mann mit Fußballerbeinen, war MalaMalas Chief-Ranger. Wo immer wir hingingen, nahm er sein .475-Kaliber-Gewehr mit und vermittelte den Eindruck, daß ein Löwe, der dumm genug wäre, ihn zu beißen, keine zweite Chance bekommen würde.

Am nächsten Morgen waren wir natürlich wieder im Busch, Angus am Steuer, und Saliot, sein Shangaan-Fährtenleser, kauerte hinter uns, eingehüllt in einen alten Armeemantel, um die Morgenkälte abzuhalten.

Die Shangaan, ein Ableger des Zulu-Volkes, sind hervorragende Fährtenleser, und das hier ist ihr Land. MalaMala ist der Shangaan-Ausdruck für die Rappenantilope. Allerdings war dies das einzige größere Säugetier, das wir in den nächsten drei Tagen nicht zu Gesicht bekamen.

Wir überquerten den Matshaphiri-Sandfluß und stießen auf die erste Leopardin. Sholto-Douglas kannte sie gut; sie sei noch nicht lange von ihrer Mutter getrennt, erzählte er mir, habe sich aber bei der Jagd geschickt angestellt und sei bei bester Gesundheit. Wir verließen den Pfad und folgten ihr, tauchten unter den tückischen Stacheln des Büffel-Dornenbusches hinweg und drückten mit unserem offenen Landrover die silberblättrigen Rosinen-Büsche platt, bis die Leopardin in einer Rinne verschwand.

Die Niederveld-Reservate an der Grenze des Krüger-Parks bieten die besten Voraussetzungen, um in Afrika Leoparden zu beobachten. Das benachbarte Londolozi-Reservat ist allgemein als das weltweit beste für Leoparden anerkannt. Aber MalaMala folgt ihm dichtauf und bietet manchmal auch noch eine zusätzliche Überraschung in Gestalt eines sogenannten Königsgeparden.

Diese außerordentlichen Tiere sind keine eigene Art, sie sind einfach nur eine wunderhübsche Laune der Natur, ein Schluckauf in den Genen, durch den manchmal ein Tier mit einem marmorartig gemusterten Fell statt der üblichen Flecken geboren wird. Und MalaMala ist wohl der einzige Ort in Afrika, wo man diese Seltenheit bewundern kann.

Eines Abends beim Essen erzählte mir Mike Rattray, der Besitzer von MalaMala, wie Lady Thatcher 1991 einen Königsgeparden gesehen hatte. »Sie hatte unglaubliches Glück«, sagte er. »Sie hat einen Königsgeparden beim Beutefang beobachten können. Ich war auch dabei, und ich hatte vorher noch nie einen Königsgeparden gesehen!«

Rattray erzählte außerdem, wie das Fahrzeug der Eisernen Lady von einem Elefanten angegriffen wurde. »Alles warf sich auf den Boden«, sagte er. »Aber Maggie bewegte sich nicht. Sie starrte den Elefanten an, und schließlich drehte er sich um und ging weg.«

Leider sah ich keinen Königsgeparden, aber MalaMala hatte doch ein Geschenk für mich auf Lager. An meinem letzten Morgen fanden wir ein Rudel Hyänenhunde, das sich am Fluß ausruhte. Sholto-Douglas boxte vor Aufregung in die Luft; dies waren die ersten Hyänenhunde, die er seit acht Monaten sah. Hyänenhunde sind Afrikas am stärksten bedrohte Raubtiere.

Sie mußten schon sehr früh gejagt und gefressen haben, denn ihre Bäuche waren dick. Jetzt ruhten sie sich, im Gras liegend, aus, dunkle Gestalten mit gestreiftem Fell, großen Ohren und furchterregenden Zähnen.

Eine Stunde verging. Die Sonne wurde heißer, die Tauben sangen aus den Uferbäumen, und die Hyänenhunde schliefen immer noch.

»Ich kann unser Glück kaum fassen«, sagte Sholto-Douglas. »Sie bewegen sich auf einem so großen Gebiet. Sie sind bestimmt vom Krüger-Park herübergekommen. Heute abend werden sie wieder auf die Jagd gehen. Und morgen können sie schon wieder über dreißig Kilometer entfernt sein.«

Der Sommerregen hatte es gut gemeint mit Ngala. Jetzt trocknete das Land wieder aus. Schon war das Gras gelb wie das Fell eines Löwen, und es würde nicht mehr lange dauern, bis die Mopane-Wälder den orangefarbenen Farbton des Herbstes annehmen würden, der die kalten, strahlenden Morgendämmerungen und die heißen, trockenen Tage des südafrikanischen Winters ankündigte.

Anfang der 80er Jahre wurde hier am Westrand des Krüger-Parks eine Lodge gebaut. Inzwischen wurde sie in einer einzigartigen Partnerschaft mit der Parkleitung von der Conservation Corporation übernommen, einer südafrikanischen Organisation, deren Engagement für den Schutz der Tierwelt und der einheimischen Bevölkerung weltweit Anerkennung gefunden hat. Die Conservation Corporation ist ein Öko-Tourismus-Unternehmen, das 1990 von den Brüdern Dave und John Varty gegründet wurde. Sie besitzen das Londolozi-Reservat. Die Varty-Brüder vertreten die Idee des ressourcenerhaltenden Lebens (sustainable living).

»Wir müssen zeigen, daß der Mensch mit der Natur auf einer erhaltenden Basis zusammenleben kann«, sagt Dave Varty. »Es ist der einzige Weg. Und wir können es nur umsetzen, wenn die einheimische Bevölkerung von diesen Aktivitäten profitiert. Wenn das passiert, wie beispielsweise in Londolozi,

steigt der Lebensstandard aller Beteiligten beträchtlich. Das Land und die Tierwelt werden wieder als etwas angesehen, was sich zu schützen lohnt.«

Die Varty-Brüder sind Idealisten, aber sie sind auch knallharte Geschäftsmänner. Sie wissen, daß in ganz Afrika der Wert von Land, auf dem die Viehzucht gescheitert ist, ansteigt, weil man das Wildlife- und Tourismuspotential dieses Landes zu erkennen beginnt. Deshalb haben sie die Conservation Corporation gegründet, die nach dem Vorbild von Londolozi im gesamten südlichen Afrika Wildlife-Parks errichtet.

Was die Varty-Brüder bezüglich der Aufhebung von Rassentrennung erreicht haben, wäre überall auf der Welt bewundernswert gewesen. Aber daß sie diesen Erfolg ausgerechnet in Südafrika hatten, ist wirklich bemerkenswert. Wie in MalaMala sind auch die Eingeborenen in Ngala vom Stamm der Shangaan. Ngala ist ihre Bezeichnung für Löwe. Als die Conservation Corporation die Leitung übernahm, waren sie erst mißtrauisch. Jetzt sind sie begeisterte Unterstützer, und schon hat der Ansatz der Vartys begonnen Früchte zu tragen.

Dezent hinter der Lodge versteckt, liegt das Dorf, in dem die afrikanischen Angestellten und ihre Familien leben. Hier gibt es eine medizinische Station mit einer Krankenschwester, einen Fußballplatz, einen Kindergarten und einen Dorfladen, der auf genossenschaftlicher Basis geführt wird und dessen Überschüsse auf die Dorfbewohner verteilt werden. Außerdem sind die schäbigen, barackenähnlichen Behausungen, die der frühere staatliche Betreiber aufgestellt hatte, durch neue Häuser mit liebevoll angelegten Gärten ersetzt worden. Die neuen Gebäude sind im traditionellen Shangaan-Stil gebaut, aber das heiße Wasser wird durch moderne Solarheizplatten erzeugt.

»Wir wollen kein Wildtier-Reservat, bei dem die Eingeborenen außerhalb leben müssen und mit begehrlichen Augen über den Zaun auf den Spielplatz des weißen Mannes schauen«, sagte Hugh Marshall, Ngalas Leiter.

Auch für die Gäste ist der Einfluß der neuen Eigentümer überall zu spüren. Die Lodge ist in die Luxusklasse aufgestiegen. Abends spiegelt sich Kerzenlicht auf den Kristallgläsern und dem polierten Silber. Das Geschirr ist von Villeroy und Boch. Das Essen wird von einem Meisterkoch zubereitet.

Am nächsten Morgen hatte ich zwei Pullover übergezogen, um den kalten Ausflug gut zu überstehen, und entdeckte dann einen weiteren Vorteil dieser Lodge. Ngala hat einen eigenen Fuhrpark mit insgesamt sieben offenen Landrovern, und im Gegensatz zu meinen Erfahrungen in Kenia, wo sich die Wagen manchmal um die Löwen drängten, sind dies auch die einzigen Fahrzeuge, die man trifft.

Justin Carey, ein weißer südafrikanischer Ranger und mein Begleiter, war ein Mann mit untadeligen Manieren; immer auf der Hut, die Tiere nicht durch zu schnelles oder zu dichtes Heranfahren aufzuregen. Er und Eric, unser Shangaan-Fährtenleser, waren ein Team; eine Partnerschaft, die auf gegenseitigem Respekt basierte.

Als wir starteten und langsam einen weichen, sandigen Pfad hinunterfuhren, fiel mir eine besondere Eigenschaft südafrikanischer Safaris auf. In Ostafrika besteht das Wildtierland größtenteils aus offener Savanne, und man spürt die Tiere einfach nach Sicht auf. Im östlichen Transvaal aber, mit seinem dichten Buschland, kann man die Tiere nur finden, wenn man ihren Fährten folgt.

Eric hockte auf der Motorhaube und las die Spuren im Sand. Seine Fähigkeiten waren verblüffend. Ich hatte genügend Zeit im Busch verbracht, um einzelne Spuren in dem Labyrinth zu erkennen, das vor uns lag: Giraffe, Zebra, Elefant, Löwe. Aber Eric konnte sagen, ob der Löwe männlich oder weiblich war und wie lange es her war, daß er hier vorbeigekommen war, und ob er gegangen, gerannt oder auf der Pirsch gewesen war.

Ngala ist typisch für das Krüger-Niederveld. Wie viele Teile Afrikas ist es ein Meer aus Büschen; flaches Land, aber trotzdem niemals langweilig. Elefanten lieben dieses gesprenkelte Waldland. Löwen jagen in dem Dornendickicht. Vor uns glitt ein afrikanischer Raubadler über die Bäume. Auf beiden Seiten des Pfades sah man Goldkügel-Spinnen, deren gigantische Netze wie Tennisnetze zwischen den Büschen hingen, stark genug, um kleine Finken einzufangen.

Im Busch ist es niemals still. Die Luft vibriert vom Summen der Insekten, dem Glucken der Gelbschnabel-Tokos und dem ermüdenden Gesang kleiner schwarzweißer Vögel namens Chinspot batis, die ihre drei Töne ständig wiederholten.

Weiter unten auf dem Pfad trafen wir auf eine Herde Elefanten mit Jungen, die im dichten Mopane-Dickicht fraßen. Von überall hörte man brechende Zweige, langsames Kauen und geräuschvolles Entleeren des Darmes. Plötzlich hatten sie uns eingekreist und waren nicht mehr als eine Rüssellänge entfernt: kleine Kälber mit Dumbo-Ohren, halbwüchsige Bullen und ein Dutzend großer Kühe, darunter eine alte mit gekreuzten Stoßzähnen.

Sie schienen ganz ruhig zu sein, aber ein plötzliches Magengrollen ließ die Stimmung sofort umschlagen. Die Ohren wedelten hin und her, und sie begannen ihren Unmut herauszutrompeten. Dann drehten sie sich um und verschwanden mit vorgereckten Köpfen und erhobenen Schwänzen im Busch.

Wenn wir nicht gerade Elefanten beobachteten oder nach Löwenspuren suchten, unterhielt Justin mich mit kleinen Geschichten aus dem Busch. Ich lernte beispielsweise, daß ein Zweig des magischen Guarri-Busches eine ideale Zahnbürste abgibt, daß die Samenhülsen der Buschweide es mit jedem Teebeutel aufnehmen können und daß ein Madenhacker pro Tag bis zu eintausend Zecken von dem schlammigen Rücken eines Büffels picken kann.

Ich war drei Tage in Ngala, und kein Ausflug war wie der andere. Nachmittags brachen wir bei Sonnenschein auf und kamen erst bei Sternenlicht wieder. Zum Sonnenuntergang schlief der Wind ein, und das Licht wurde golden. Schatten fielen über das Gras, und Borsten-Frankoline begannen zu rufen, sie wiederholten immer wieder eine Lautfolge, die wie »Bier und Cognac« klang.

Wie aufs Stichwort öffnete Justin die Kühltasche. Es gab verschiedene gekühlte Weine und Biere. Ich nahm mir eine Dose Castle, und wir setzten uns hin und warteten darauf, daß der Abendstern aufging, dicht gefolgt vom Kreuz des Südens, dann erschien noch einer und noch einer, bis der ganze Nachthimmel leuchtete. Auf dem Weg nach Hause knipste Eric den Handscheinwerfer an, und wir sahen einen Aardwolf (Proteles cristatus), eine seltene, von Insekten lebende Hyänenart. Justin war überglücklich: Dies war der erste, den er je gesehen hatte.

An meinem letzten Morgen in Ngala beobachteten wir unseren ersten Beuteschlag. Wir fuhren am Ufer des Timbavati entlang und durften das belustigende Schauspiel mit ansehen, wie vier erwachsene Löwinnen einen Hasen jagten. Wir waren so nahe dran, daß ich ihre Tatzen auf dem ausgetrockneten Flußbett trommeln hören konnte.

Fünf Minuten später fuhren wir um eine Flußbiegung herum und sahen vor uns plötzlich einen gedeckten Tisch mit weißer Tischdecke und Schüsseln mit Früchten und Müsli. Innerhalb kürzester Zeit hatte Eric Eier und Schinken gebraten. Eine wundervolle Überraschung: Frühstück im Busch mit den Löwen.

Auf dem Rückweg zur Lodge fuhren wir an der Grenze entlang, die Ngalas einhundertvierzig Quadratkilometer vom Krüger-Park abtrennt. Bis vor kurzem war hier noch ein Zaun. Jetzt waren nur noch rostige Pfähle übrig, und die Tiere konnten wieder frei umherziehen und den alten Wanderrouten folgen, die ihnen so lange verwehrt gewesen sind.

Entlang der gesamten Westgrenze des Krüger-Parks sind inzwischen die Zäune gefallen, und die alten Grenzen zwischen staatseigenem Land und privat geführten Reservaten sind aufgehoben. Das Niederreißen dieser Zäune ist eine passende und kraftvolle Metapher für die Entwicklungen im heutigen Südafrika: Die Abschaffung der Apartheid ermutigt neue, kühne Initiativen der Art, wie sie in Ngala stattfinden.

Die Politik der Begrünung von Ngala war in Londolozi erprobt worden, das nur zehn Minuten Flugzeit entfernt ist. Es ist ebenfalls einhundertvierzig Quadratkilometer groß und liegt an der Westgrenze des Krüger-Parks an den Ufern des Sandflusses.

Londolozi ist das Flaggschiff der Conservation Corporation, und die dortige Lodge ist die beste, in der ich je gewohnt habe. Es ist auch die einzige Lodge der Welt, die im Pariser Hotelführer *Relais et Châteaux* verzeichnet ist.

Tatsächlich sind es eigentlich drei Lodges in einer: Hauptcamp, Buschcamp mit nur acht Zimmern und Baumcamp, wo das Essen auf einem Balkon serviert wird, der fünfundzwanzig Meter über dem Boden in einem alten Ebenholzbaum schwebt.

Hier, sicher aufgehoben in meiner eigenen, geräumigen Hütte, schlief ich tief zwischen frischen Baumwollaken in einem Doppelbett. Draußen war ein Balkon, der von majestätischen Tamboti- und Schakalbeeren-Bäumen beschattet wurde und von dem aus man auf den Sandfluß blickte. Was das Essen betrifft, so waren die Buffets zum Mittagessen und die Abendessen mit Kerzenlicht sogar noch ein bißchen besser als in Ngala.

Aber der größte Luxus dieser Lodge hat nichts mit Küche oder Komfort zu tun: Londolozi bietet einen praktisch garantierten Anblick von Afrikas scheuester Großkatze, dem Leoparden. Für mich haben Leoparden seit den längst vergangenen Tagen in der Mara mit Jonathan Scott einen besonderen Zauber. Sie sind so geheimnisvoll, so schön und so perfekt in der Kunst des Versteckens, daß selbst der kürzeste Blick eine Freude ist.

Aber in Londolozi hatten die Leoparden dank der jahrelangen Geduld und Hingabe der Ranger und Fährtenleser des Reservats gelernt, die Anwesenheit von Safari-Fahrzeugen zu akzeptieren, und konnten jetzt täglich beobachtet werden.

Es begann alles 1979, als eine Leopardin, die das Tugwaan-Weibchen genannt wurde, zwei Junge zur Welt brachte. Es war das erstemal, daß so kleine Leoparden in Londolozi gesehen wurden, und entsprechend groß war die Aufregung. Tag für Tag kehrten die Ranger zurück und konnten die Leoparden bald regelmäßig beobachten.

Zuerst waren Mutter und Junges sehr scheu; aber die Ranger achteten immer darauf, sie nicht zu verschrecken. Immer, wenn sie aufgeregt erschienen, zogen sich die Landrover zurück und ließen sie in Ruhe.

Innerhalb von sechs Monaten hatte das Tugwaan-Weibchen seine Angst völlig verloren und blieb zur Freude der beobachtenden Touristen in hellem Tageslicht auf der offenen Ebene liegen. Ihre Jungen erbten ihre vertrauensvolle Natur, die inzwischen von mindestens einem halben Dutzend der Londolozi-Leoparden übernommen wurde. Leoparden sind inzwischen ein Synonym für Londolozi.

Ich hatte schon immer Glück beim Aufspüren von Leoparden. Aber ich hatte nicht erwartet, während meines ersten Ausflugs in Londolozi gleich eine Leopardin bei einem Überraschungsangriff auf zwei Impala-Böcke zu sehen. Die Impalas hatten die Hörner im Kampf miteinander verschränkt und waren so beschäftigt, daß sie die Leopardin erst im allerletzten Moment sahen, es aber trotzdem irgendwie schafften zu entkommen.

Chris Kane-Berman, mein Ranger-Führer, kannte diese Leopardin gut. »Sie hat zwei sieben Monate alte Junge«, sagte er. »Die müssen hier irgendwo in der Nähe versteckt sein. Wir werden sie später finden.«

Und tatsächlich fanden wir sie mit Hilfe von Erence Inyati, dem Shangaan-Fährtenleser, dessen Name »Herr Irgendwo-Büffel« bedeutet. Gegen Abend fanden wir die Mutter, die mit herunterhängenden Pfoten in einem hohen Marula-Baum ausruhte. Ebenfalls auf dem Baum fraßen ihre hungrigen Jungen von einem Stück frischem Impala, während unten eine Hyäne herumschlich, die wegen des verführerischen, aber unerreichbar über ihr schwebenden Kadavers frustriert jaulte.

Auf dem Rückweg zur Lodge trafen wir auf noch mehr Katzen, diesmal war es ein Löwenrudel, das sich an einem Zebra gütlich tat. Das ist kein Anblick für zarte Gemüter. Es waren zwei erwachsene Weibchen und ein Haufen halbausgewachsener Junge; die Luft war erfüllt mit herzhaftem Grollen und schrecklich knackenden Lauten, während die Löwinnen sich aneinanderdrängten und ihre blutigen Mäuler tief in die Rippen des Zebras schlugen.

In Ngala hatte ich zwei Tage zuvor zwei Löwinnen des Nashatang-Rudels gesehen, als sie ihre kleinen Jungen zärtlich ableckten, die im Abendlicht herumtollten. Dies war nun die andere Seite: der Löwe als Raubtier, der ultimative Fleischfresser.

Ob das Gebrüll der Löwen weiterhin die Besucher faszinieren wird, nicht nur hier in Londolozi, sondern auch im noch verbliebenen wilden Afrika, wird vielleicht eines Tages von diesen neuen, mutigen Konzepten abhängen, die hier im Niederveld mit bisher durchaus beeindruckendem Erfolg umgesetzt werden.

# Danksagung

Auf all meinen Reisen durch Afrika bin ich immer mit so großer Liebenswürdigkeit und außerordentlicher Gastfreundschaft empfangen worden, daß ich sie nie wiedergutmachen kann. Die verschiedensten Leute – Wildhüter, Ranger, Fährtenleser, Lodge-Leiter, Fahrer und Camp-Köche – haben mir bereitwillig ihre Zeit geopfert und mich an ihrem Wissen teilhaben lassen, damit ich diese komplexe und schöne Welt des afrikanischen Busches besser verstehen lernte. Leider sind einige von ihnen nicht mehr unter uns – darunter so legendäre Persönlichkeiten wie George Adamson, Jeff Stuchbury und Louw Schoeman. Allen anderen, darunter auch denen, die zu guten Freunden geworden sind, kann ich nur meinen Dank sagen. Einigen von ihnen möchte ich im folgenden besonders danken. Insbesondere David Coulson und Jonathan Scott für ihre hervorragenden Fotos, mit denen dieses Buch illustriert worden ist.

In Kenia geht mein spezieller Dank an Jock Anderson, Iain und Oria Douglas-Hamilton, Herbie Paul und seine Familie in der Kingfisher-Lodge in Malindi, Ari Grammaticus vom Governor's Camp, Julian und Jane McKeand für unsere wundervollen gemeinsamen Kamel-Safaris, Don und Iris Hunt, Kay Turner, Karl Amman, Patrick »Chui« Hamilton, Fiona Alexander, Rick Bonham, Mike Mockler, Marcus Russell und Bunny Allen.

In Tansania ein besonderes *asante sana* an Hugo van Lawick, Tony Fitzjohn, Paul Oliver, Mike und Gisela Leach in Ngare Sero, Aadje Geertsema von der Ndutu-Lodge und allen auf der Gibb's Farm.

In Sambia gilt mein Dank als erstes Norman Carr, aber ebenso Robin Pope, Ian MacDonald, Phil Berry und Babette Alfieri.

In Simbabwe schulde ich meinen Dank Alan und Scottie Elliott von Touch-the-Wild-Safaris und ebenso Dick Pitman, John Stevens, dem Doyen der professionellen Safari-Führer in Simbabwe, Ian MacDonald, der mir die Wunder der Matobo-Hügel gezeigt hat, und Denis van Eyssen, der mein Treffen mit Kabakwe im Gonarezhou-Nationalpark organisiert hat.

In Botswana wären meine Informationen über das Okavango-Delta sehr lückenhaft gewesen ohne die großzügige Unterstützung von Tim und June Liversedge, Mike Penman, Ker & Downey, dem unbezwingbaren Randall Jay Moore und »Abu«, dem Elefanten! Ebenfalls in Botswana danke ich Gareth Patterson und Julie Davidson dafür, daß sie sich während meines Besuchs im Tuli-Reservat genauso liebevoll um mich gekümmert haben wie um ihre Löwen.

In Namibia geht mein Dank an Des und Jen Bartlett für ein Bücklingsfrühstück an der Skelettküste, Rod und Sigi Braby, Rudi Loutit und Garth Owen-

Smith, Wächter über die kostbaren Wüstennashörner und -elefanten.

In Südafrika danke ich Dave Varty von der Conservation Corporation für seine Freundlichkeit, ebenso seinem hervorragenden Team aus Rangern und Trackern in Londolozi, Ngala und Phinda. Auch Michael Rattray vom Rattray-Reservat danke ich für seinen freundlichen Empfang in MalaMala.

Auch in England gibt es eine Menge Leute, bei denen ich mich für ihre jahrelange großzügige Unterstützung bedanken möchte: Als allererstes bei Harold Evans und Philip Clarke, meinen Herausgebern bei *The Sunday Times*, die es mir ermöglichten, so häufig nach Afrika zu reisen. Vieles aus diesem Buch ist erstmals auf den Reiseseiten von *The Times* und *The Sunday Times* erschienen, und ich bin den beiden und Christine Walker, der Reise-Redakteurin von *The Sunday Times*, dankbar, daß sie mir so viel wertvollen Platz überließen.

Viele auf afrikanische Safaris spezialisierte Reiseveranstalter haben mich uneingeschränkt unterstützt wie auch British Airways, Air Zimbabwe, Namib Air und South African Airways. Mein besonderer Dank gilt Primrose Stobbs von Abercrombie & Kent, Hedda Lyons von Twickers World, James Ewart von Grenadier Travel, Bill Adams von Safari Consultants und Suzie Cazenove von Cazenove & Loyd Safaris.

Patrick und Patt Orr haben mich ebenfalls seit meinem ersten Kenia-Besuch sehr unterstützt, ebenso wie John und Pat Eames, die mich mit George Adamson bekannt gemacht haben.

Und schließlich geht mein großer Dank natürlich an meinen Agenten Mike Shaw von *Curtis Brown* für seine viele Arbeit und die Ermutigungen sowie an Alastair Simpson von *Swan Hill*, der dafür sorgte, daß meine Träume von *Schreie in der Dämmerung* wahr werden konnten.

# Register